América Latina y el Caribe:

Relaciones Internacionales en el siglo XXI

Diplomacia de Cumbres
y espacios de concertación regional y global

Francisco Rojas Aravena (Editor)

América Latina y el Caribe:

Relaciones Internacionales en el siglo XXI

Diplomacia de Cumbres y espacios de concertación regional y global

América Latina y el Caribe : Relaciones Internacionales en el siglo XXI. Diplomacia de Cumbres y espacios de concertación regional y global / edición a cargo de Francisco Rojas Aravena . - 1a ed. - Buenos Aires : Teseo, 2012.
412 p. ; 20x13 cm. - (Relaciones Internacionales)
ISBN 978-9-87186-748-6
1. Relaciones Internacionales. 2. Globalización. I. Rojas Aravena, Francisco, ed.
CDD 327.1

Buenos Aires, Argentina
ISBN 978-9-87186-748-6
Editorial Teseo
Hecho el depósito que previene la ley 11.723
Para sugerencias o comentarios acerca del contenido de esta obra, escríbanos a: **info@editorialteseo.com**
www.editorialteseo.com

Índice

Introducción. Cambios y nuevas tendencias en el sistema internacional: abriendo nuevos espacios de concertación e integración efectiva
Francisco Rojas Aravena 11

SECCIÓN I. CAMBIOS GLOBALES, DISTINTAS VISIONES

China ante bruscos cambios internacionales y su desarrollo
Song Xiaoping 29

Los cambios globales: una visión europea
Günther Maihold 47

Cambios globales. La visión de los Estados Unidos de América
Arturo Valenzuela 57

Cambios globales. Distintas visiones: la visión de América Latina
Francisco Carrión 61

SECCIÓN II. DIPLOMACIA DE CUMBRES: DIVERSAS EXPRESIONES

La Cumbre de la APEC: (des)encuentro de distintas visiones de liberalización económica y cooperación regional
Olaya Hanashiro 81

La crisis europea y América Latina y el Caribe: mutaciones y reequilibrios en las relaciones birregionales
José Antonio Sanahuja 105

Auge y declive de la Cumbre de las Américas
Thomas Legler 151

Nuevo espacio de concertación regional: la CELAC
Francisco Rojas Aravena 169

SECCIÓN III. TEMAS EMERGENTES TRANSNACIONALES

Ciudadanía global: respuestas de las organizaciones de la sociedad civil a los desafíos mundiales. El caso de América Latina
Manuela Mesa 193

Gobernanza y desarrollo en democracia
Juany Guzmán León 221

La integración como respuesta a los desafíos emergentes
Josette Altmann Borbón 233

SECCIÓN IV. SEGURIDAD Y DEFENSA EN EL SIGLO XXI

Desafíos emergentes a la luz del concepto de *seguridad multidimensional* en el hemisferio occidental
Abraham Stein 247

Tareas de Seguridad y Defensa en el siglo XXI
Juan Emilio Cheyre 275

SECCIÓN V. ACTORES RELEVANTES EN POLÍTICA EXTERIOR HEMISFÉRICA

Actores relevantes en la política exterior hemisférica: espacio y rol de los Estados Unidos
David Scott Palmer 307

Espacio y rol de Canadá en las relaciones internacionales con América Latina en el siglo XXI
Hal Klepak 325

México y América Latina: un cortejo de seis años
Natalia Saltalamacchia 347

El Caribe frente a los cambios globales
Rubén Silié Valdez 369

SECCIÓN VI. UNA MIRADA GLOBAL AL HEMISFERIO

Visión desde América Latina sobre la crisis y los cambios en el sistema internacional
Luis Maira 379

Relación de autores 401

Introducción. Cambios y nuevas tendencias en el sistema internacional: abriendo nuevos espacios de concertación e integración efectiva

Francisco Rojas Aravena[1]

Nos encontramos en un nuevo contexto global con múltiples actores, pero sin un multilateralismo efectivo. Esto lleva a afirmar que el sistema multilateral se encuentra hoy en día en crisis, debido en parte a la crisis económico-financiera que se vive desde el año 2008; a la retirada o la menor atención de los Estados Unidos con respecto a América Latina y otras regiones del mundo, y su inercia unilateral; al bloqueo en el sistema de Naciones Unidas y la baja legitimidad de instituciones emergentes que no logran dar gobernabilidad global. La transición en las relaciones de poder dificulta aun más el establecimiento de una institucionalidad internacional multilateral eficiente y con legitimidad. En el ámbito de Occidente, se constatan cambios profundos e importantes, como lo es la profundización de las relaciones de América Latina, particularmente de América del Sur, con la región de Asia Pacífico; la consolidación de China como socio comercial estratégico relevante para América Latina, desplazando a la Unión Europea. Las revoluciones y los cambios en los países árabes y los cambios en África reorientan prioridades y tendencias en Europa que sin duda repercuten en América Latina. Estados Unidos ha bajado aun más la prioridad latinoamericana en su agenda de política exterior; el nivel de polarización y falta de consenso en su política exterior ha aumentado, y la ausencia de una estrategia para el mundo y para América Latina se hace cada vez más evidente.

---

[1] Secretario General de la Facultad Latinoamericana de Ciencias Sociales, FLACSO (2004-2012).

La emergencia del Asia-Pacífico, el crecimiento económico de los países en desarrollo, en especial de los BRICS, y el estancamiento de los países desarrollados, la emergencia de actores con mayor peso político global -además de su peso y crecimiento económico y demográfico-, como son China y la India, auguran una transición de poder desde Occidente hacia in mundo postoccidental, con nuevas relaciones de poder regionales y globales.

Estamos ante la emergencia de un multilateralismo regional latinoamericano y caribeño en términos de espacio de diálogo, incidencia, coordinación, donde instancias como la UNASUR y el SICA representan dos logros importantes. Sin embargo, América Latina genera procesos reactivos con iniciativas de integración, pero con respuestas aún fragmentadas. En lo político, el esfuerzo mayor está en la Comunidad de Estados Latinoamericanos y Caribeños (CELAC). No obstante, en la integración económica y comercial los avances son muy limitados y las frustraciones son muchas. Lo que vale la pena ser discutido es qué modelo de integración es el que posibilita avanzar hacia una propuesta coherente y en un proyecto político estratégico. A esto se le suma la tensión existente entre, al menos, dos visiones. Por un lado, una visión más vinculada al mercado, más neoliberal, donde la integración viene de la mano del mercado, las empresas translatinoamericanas, empresas aéreas, entre otras. Y por otro lado, existe una visión más vinculada al Estado, que demanda que sea el Estado el encargado de regular y facilitar ciertos aspectos esenciales para la integración. El debate sobre mercado, Estados, sociedad y desarrollo es aún incipiente. En América Latina y el Caribe, es posible señalar que existe consenso en relevar y promover un mayor rol regulador del Estado para combatir la pobreza y para mantener los equilibrios macroeconómicos. Pero existen dificultades para concordar acuerdos supranacionales vinculantes que faciliten de manera eficiente el comercio, la inversión y la asociación productiva.

En este contexto, existe una disputa por el liderazgo regional, y sin una concertación efectiva entre Brasil y México, no habrá liderazgo latinoamericano capaz de tener proyección global, ni para Brasil ni para ningún otro país de la región. En este marco, Brasil ha desarrollado una perspectiva importante que se relaciona con el surgimiento de la UNASUR y la CALC. Por otro lado, México se centró en el proyecto mesoamericano, mantuvo y recuperó la herencia del Grupo de Río, pero ambas ideas parecen no encontrarse. Todo esto tiene lugar en un contexto en que Venezuela surge con el proyecto político-ideológico del ALBA, y que posee una expresión de cooperación muy eficiente: Petrocaribe.

La emergencia de este nuevo contexto internacional obliga a la región latinoamericana a diseñar respuestas coordinadas entre los Estados, y entre estos y los actores no estatales, para enfrentar nuevos procesos y sus consecuencias nacionales y regionales. La asociación para la cooperación aparece como una demanda efectiva para satisfacer los intereses nacionales. De allí la necesidad de superar las deficiencias del multilateralismo y avanzar hacia un modelo de mayor cooperación, dentro de un marco que busque concitar reglas básicas de convivencia y las normas que posibiliten una vida en común que aminore el conflicto y la polarización, y que potencie la participación y la consulta entre los países de la región.

La integración es un medio para alcanzar metas políticas, económicas, sociales y culturales. Es un camino que debería posibilitar que mejoren las condiciones para la inserción internacional, para ampliar y consolidar el desarrollo otorgándole sustentabilidad, a la vez que mejora el bienestar de la población y consolida la estabilidad y la paz. Lo anterior significa que la integración debe constituirse en un proyecto político estratégico. La base esencial para ello es, primero, reafirmar la naturaleza política que orienta el proceso, y que por lo tanto pueda generar opciones económicas u otro tipo de aspectos. Segundo, pensar y sentir de manera compartida para construir una voz común en áreas sustantivas que permitan alcanzar las metas antes señaladas. Tercero, consolidar una certidumbre mayor en los acuerdos que se adoptan y así evitar la fatiga y la falta de legitimidad que están afectando a los actuales procesos de diplomacia de cumbres.

Este proyecto político estratégico[2] promovido por los procesos de integración es necesario en tiempos de globalización. La globalización es el factor que mayor incidencia posee en el sistema de actores y agentes económicos, políticos, sociales y culturales, tanto en jerarquización de estos como en sus capacidades de acción y reacción. La mundialización o globalización como fenómeno –entendido en sus múltiples componentes, y no sólo en el económico y comercial– es el factor crucial en las relaciones de poder mundial, con la excepción del poder militar. El peso de las variables externas es cada vez mayor en la política doméstica, estableciendo condicionalidades sobre las decisiones del desarrollo nacional impensables en la lógica del orden estatal autárquico. De allí la importancia de generar visiones, orientaciones y coordinaciones sobre este conjunto de temas que se ven acelerados con los cambios globales y los fenómenos transnacionales.

Hasta el momento, la región ha demostrado ser incapaz de plantear y producir un proyecto político estratégico que le permita presentarse como actor importante y unido en el escenario internacional. La fragmentación que evidencia

---

2 Rojas Aravena, Francisco (2007), *La integración regional: un proyecto político estratégico*, III Informe del Secretario General. FLACSO-Secretaría General. Disponible en línea: www.flacso.org.

América Latina y el Caribe posee consecuencias negativas importantes para los países de la región, particularmente porque los hace más vulnerables al impacto de la globalización, dejan de percibir los frutos de los aspectos positivos y se abren mayores espacios para el impacto del lado oscuro de la globalización y de sus guerras. En síntesis, aumentan los costos de transacción para todos independientemente del tipo de proyecto político nacional que se impulsa.

A pesar de que los procesos de integración latinoamericanos muestran flaquezas, no se puede obviar que durante los últimos años se desarrollaron en América Latina y el Caribe significativas iniciativas y acuerdos que podrían contribuir a generar un mejor clima para dichos procesos, abriendo oportunidades de cooperación recíprocas y generando espacios de beneficios mutuos. El esfuerzo político en la CELAC podría cambiar esta inercia y proyectar a la región en el sistema global.

Existe cierto consenso en que América Latina y el Caribe apuntan hacia la aparición de una nueva forma de regionalismo e integración en la región,[3] donde priman los aspectos políticos sobre los comerciales y donde el tema de la soberanía ha adquirido especial importancia. A esta tendencia, que es más evidente en los países sudamericanos, se debe sumar el hecho de que los nuevos instrumentos creados por este tipo de regionalismo, como por ejemplo, la UNASUR y la Alianza Bolivariana para los Pueblos de Nuestra América (ALBA), reivindican, en el primer caso, los esfuerzos puramente sudamericanos, y ambos reivindican la identidad regional. En los países centroamericanos y México, donde los vínculos con Estados Unidos son más

[3] Serbin, Andrés (2011), "Regionalismo y soberanía nacional en América Latina: los nuevos desafíos", en Rojas Aravena, Francisco (ed.), *América Latina y el Caribe: Multilateralismo Vs Soberanía: La Construcción de la Comunidad de Estados Latinoamericanos y Caribeños*, Buenos Aires, FLACSO, Editorial Teseo.

estrechos y continúan dándose en condiciones de poder desiguales, los proyectos de integración regional no han adquirido ese fuerte componente político, por lo que el componente comercial sigue siendo el principal. Los esfuerzos en este ámbito, desarrollados desde el Mecanismo de Diálogo y Concertación de Tuxtla, no son comparables a los desarrollados desde la UNASUR y el ALBA.

La importancia de privilegiar la dimensión política y de cooperación de los procesos de integración debe ser enfatizada. La integración como objetivo histórico no puede y no debe ser equiparada con los procesos de apertura comercial. De hecho, esta apertura tiene sentido y adquiere gravitación -en una perspectiva de largo plazo- si viene acompañada de procesos de armonización y articulación regional crecientes, basados en un efectivo diálogo político; en entendimientos compartidos, sustentados en una adecuada normativa y acompañados por una mínima estructura institucional, que le dé seguimiento a los acuerdos, para afianzar el proceso.

En la actualidad, los procesos integradores sufren de un déficit de certidumbre respecto a la aplicación de los acuerdos adoptados. Estos, incluso siendo vinculantes, no se cumplen. Sin un mayor peso institucional que sea capaz de efectivizar los acuerdos presidenciales y ministeriales en propuestas específicas y en normas nacionales vinculantes, los agentes económicos tendrán pocos incentivos para realizar inversiones y desarrollar los procesos que se busca fomentar. Por el contrario, se genera una fatiga con el proceso integrador que redunda en su retroceso.

Este libro recoge las ideas expuestas en el Seminario Internacional *América Latina y el Caribe: Relaciones Internacionales en el siglo XX. Diplomacia de Cumbres y espacios de concertación regional y global,* donde participaron destacados académicos (as) e investigadores (as) provenientes de diversos países de América Latina, de los

Estados Unidos, Europa y China. En esta reunión, se discutió acerca de los cambios globales y las distintas visiones de países hegemónicos, tanto de la región como fuera de ella; las diplomacias de cumbres en instancias como la de APEC, CELAC, de las Américas y la Unión Europea. Además, el debate giró en torno a las ideas expuestas sobre temas transnacionales emergentes, como el cambio climático, la seguridad, la gobernanza, la gobernabilidad y la integración. A su vez, se analizaron los temas de seguridad y defensa de cara a los nuevos desafíos del siglo XXI, y el papel de los actores relevantes en la política exterior hemisférica, tales como Canadá, los Estados Unidos, México y Brasil.

La primera sección de este libro, llamada "Cambios globales, distintas visiones", tiene como objetivo identificar cuáles han sido los cambios globales y las distintas visiones que poseen de estos en las distintas regiones y países hegemónicos. En relación con esta temática, Song Xiaoping, profesor del Instituto de América Latina de la Academia de China de Ciencias Sociales, afirma que China tiene muy claro que los primeros veinte años del presente siglo serán un período de importantes oportunidades estratégicas de desarrollo para China. A pesar de los cambios bruscos y las características del contexto internacional, el ambiente externo es favorable para China. En contraste a lo que expone Valenzuela, para Xiaoping, el poderío de los Estados Unidos se ha debilitado de manera importante en términos relativos, y son los BRIC y el G-20 los que están ejerciendo importantes influencias sobre el rumbo de la economía y la política internacional.

Por su lado, Gunther Maihold, titular de la Cátedra Humbolt del Colegio de México, analiza la visión europea acerca de los cambios de poder en las relaciones internacionales. Maihold propone que estos cambios deben ser entendidos a partir del concepto de *power shift* y de la aparición del IBSA y los BRIC, que representan el comienzo de un importante, aunque lento, cambio de distribución del poder mundial. Además, argumenta que la Unión Europea, en lugar de estar sacando provecho como socio interesante con estos grupos, continúa haciendo frente a la crisis financiera y a la inestabilidad del euro que, junto con los cambios políticos en África del Norte, acaparan la atención de Europa e impiden que tenga un papel activo en otras regiones, como en América Latina.

Por su parte, Arturo Valenzuela, profesor de Ciencias Políticas del Centro de Estudios Latinoamericanos de la Universidad de Georgetown, analiza los cambios globales desde la visión estadounidense. Para Valenzuela, la visión de los Estados Unidos en la mirada de Barack Obama y su equipo de política exterior difiere sustancialmente de la política que manejaba su antecesor, George W. Bush. Esta política exterior busca ante todo dar primacía al multilateralismo, a la creación de alianzas nuevas y a dar espacio e importancia a los países emergentes. Por lo tanto, para Valenzuela, Estados Unidos aún tiene un liderazgo muy importante. Este está determinado por la búsqueda de cómo ir sumando fuerzas en distintas partes del mundo para resolver los temas de envergadura internacional y planetarios.

Seguidamente, Francisco Carrión, profesor del Programa de Relaciones Internacionales de la Sede FLACSO Ecuador, analiza la visión de América Latina y su rol como región que ha logrado pasar de ser una región pasiva, sin iniciativas, a una región propositiva y con resultados alentadores. Con respecto a esto, el autor cita el ejemplo de la crisis financiera del año 2008 y las fortalezas que ha tenido la región latinoamericana para enfrentar los cambios globales resultantes de esa crisis económico-financiera, y hasta el momento, salir bien de ellos. Por último, países como Brasil, Argentina y Venezuela han tomado un mayor espacio en el sistema internacional, en especial Brasil, que se ha posicionado entre las ocho principales economías del planeta.

La segunda sección de este libro estudia el tema de la "Diplomacia de cumbres: diversas expresiones". La diplomacia de cumbres es la principal forma de expresión del multilateralismo en el siglo XXI, y por lo tanto, constituye un tema de gran importancia cuando se busca seguir el pulso de las relaciones internacionales en este siglo, incluida América Latina y el Caribe. Al respecto, Olaya Hanashiro, investigadora del Fórum Brasileño de Seguridad Pública, inicia esta sección con un análisis actual de la labor y las limitaciones que posee actualmente el Foro de Cooperación Económica Asia Pacífico (*Asia Pacific Economic Cooperation*, APEC). Hanashiro insiste en que la crisis financiera de 2008 ha agravado la crisis de identidad de la APEC y ha aumentado las dificultades para que el foro logre alcanzar sus objetivos de cooperación económica y comercial. Más que un conflicto entre dos modelos o marcos institucionales, Occidente vs. Oriente, la APEC debe buscar formalizar y desarrollar en conjunto una diversidad de instituciones regionales de gobernanza que consoliden una interacción positiva en la cuenca del Pacífico.

El trabajo de José Antonio Sanahuja, profesor titular de Relaciones Internacionales de la Universidad Complutense de Madrid, analiza detenidamente la situación que atraviesa en estos momentos la Unión Europea y sus repercusiones en América Latina. Desde que inició la crisis económico-financiera, la situación de la UE se ha deteriorado hasta el punto de poner en juego su propia construcción institucional. Uno de los principales problemas que enfrenta la UE es su supuesta rigidez y disfuncionalidad para hacer frente a las urgencias de la crisis y buscar un acomodo en el sistema global; esto pone en duda su viabilidad. Sanahuja, además, argumenta que esta crisis está alterando profundamente los equilibrios y la tradicional asimetría que durante varias décadas caracterizaron a las relaciones entre la UE y América Latina, y ha provocado un reequilibrio de las partes y una mayor simetría.

Por su parte, Thomas Legler, profesor de Relaciones Internacionales en la Universidad Iberoamericana en Ciudad de México, analiza el desempeño de la Cumbre de las Américas, desde la primera cumbre realizada a la pasada Cumbre de las Américas realizada en Cartagena, Colombia. Legler considera que la Cumbre de las Américas pasa por un período que llama de declive. Para el autor, la única manera en que la Cumbre de las Américas pueda sobrevivir de manera significativa es si se somete a una redefinición dramática de acuerdo con las nuevas realidades regionales y de poder. El argumento central de este artículo es que lo que se requiere para rescatar a estas cumbres es nada menos que un nuevo proyecto hemisférico respaldado por todos los países, y un nuevo clima de trabajo caracterizado por la madurez, la igualdad y el respeto mutuo.

El Secretario General de la Facultad Latinoamericana de Ciencias Sociales (FLACSO), Francisco Rojas Aravena, analiza el funcionamiento, el rol, los antecedentes y los desafíos de la Comunidad de Estados Latinoamericanos y del Caribe (CELAC) como nuevo espacio de concertación regional. Para Rojas Aravena, la CELAC ha recogido la herencia histórica del Grupo de Río y ha asumido de manera plena la capacidad de interlocución del conjunto de América Latina y el Caribe, de los treinta y tres Estados parte de esta entidad internacional. Por último, dentro de los desafíos de esta institución se encuentran: establecer mecanismos que amplifiquen las oportunidades y capacidades de construir una identidad latinoamericana y caribeña; establecer procesos decisorios eficientes; consolidar una institucionalidad permanente, y cautelar el desarrollo de bienes públicos, globales y regionales.

La tercera sección de este libro analiza los "Temas emergentes transnacionales" que se producen en el contexto de globalización de los distintos ámbitos de carácter efectivamente global, y las diversas respuestas globales que se han estructurado. La Directora del Centro de Educación e Investigación para la Paz (CEIPAZ) con Sede en Madrid, Manuela Mesa, analiza en su trabajo el nuevo multilateralismo y el papel de la sociedad civil latinoamericana en responder a los desafíos mundiales. Para la autora, el principal cambio que debe identificarse en el ámbito multilateral es la creciente influencia de los nuevos actores en el sistema internacional, como los movimientos de la sociedad civil, los poderes locales y el sector privado en los más diversos temas, tales como: el cambio climático, la deuda, las minas terrestres, el VIH-Sida, las armas ligeras o el Tratado sobre el Comercio de Armas. La autora concluye que las organizaciones de la sociedad civil se muestran cada vez más activas en la búsqueda de respuesta a los problemas globales, y se han convertido en actores decisivos para alcanzar los objetivos internacionales sobre desarrollo humano y sostenible, y en la lucha contra la pobreza y las desigualdades, la crisis alimentaria, entre otros.

En su trabajo, la Coordinadora Académica Regional de la Secretaria General de FLACSO, Juany Guzmán, destaca que América Latina se encuentra en la actualidad en una coyuntura realmente novedosa, donde se ha trascendido del malestar con la democracia a una dimensión más propositiva. La autora analiza los factores clave para la democracia, que a su vez se presentan como desafíos importantes para hacer frente al desarrollo en la región latinoamericana. Estos factores son: las relaciones entre gobernantes y gobernados; los mecanismos de participación política, y el procesamiento de los conflictos. La autora destaca y retoma la importancia de trabajar en conjunto, ya que los desafíos que enfrentan las comunidades trascienden en mucho sus ámbitos de acción, por lo que es preciso abrir los canales de intercambio, diálogo e interacción entre diversos municipios de países en la región para generar integración y vincular las distintas dimensiones que se tengan de los conflictos o problemáticas.

El trabajo de la Coordinadora Regional de Cooperación Internacional de la Secretaría General de FLACSO, Josette Altmann, analiza la importancia de la integración como respuesta a los desafíos que enfrenta una región llena de contrastes y paradojas como lo es América Latina. La integración en América Latina, según la autora, continúa siendo complicada, y existe una compleja institucionalización de los diferentes mecanismos de integración que evidencian la ausencia de un eje ordenador de los procesos y un liderazgo significativo. Por último, para Altmann, la región latinoamericana debe superar una serie de desafíos: con los altos niveles de desigualdad, los bajos niveles de confianza y la falta de consensos fundamentales, se atenta contra la gobernabilidad y la convivencia democrática, dos ingredientes fundamentales para que la integración sea previsible y pueda desarrollarse.

La cuarta sección de este libro, "Seguridad y defensa en el siglo XXI", busca identificar cómo se entienden los temas de defensa y seguridad hoy en día, y cuáles son los parámetros que los caracterizan y les dan su especificidad. Al respecto, Abraham Stein, Director del Departamento de Defensa y Seguridad Hemisférica de la Organización de Estados Americanos (OEA), analiza los orígenes del nuevo concepto de seguridad multidimensional e identifica los desafíos emergentes a la luz del concepto en la región. El autor explica que la Declaración sobre Seguridad en las América (2003) define al ser humano como primordial objeto de las políticas de seguridad; con ello elimina la posibilidad de entender la seguridad como la ausencia de conflictos armados y se amplía de forma importante su alcance. Es ante este nuevo paradigma y en la búsqueda de dar respuesta adecuada a la diversidad de amenazas a la seguridad humana (narcotráfico, trata de personas, desastres natrales, violencia, entre otros) que la OEA crea la Secretaría de Seguridad Multidimensional. Para Stein, en la creación de este organismo radica el reconocimiento unívoco de que existen nuevas amenazas y desafíos que requieren de un orden y un sistema de defensa y seguridad adecuados al nuevo contexto internacional en que nos encontramos.

Por su parte, Juan Emilio Cheyre, Director del Centro de Estudios Internacionales de la Pontificia Universidad Católica de Chile, analiza cuáles son las tareas de la seguridad y defensa en la región latinoamericana de cara al siglo XXI. El autor realiza un análisis de las actuales demandas de paz y seguridad en la realidad latinoamericana. A su vez, efectúa una breve reseña del rol tradicional de la seguridad y la defensa, y revisa las tendencias emergentes que generan las nuevas demandas y cómo inciden estas en los modelos de defensa y en las tareas asignadas a las Fuerzas Armadas (FF.AA). En lo fundamental, el autor concluye que no corresponden al ámbito de la defensa aquellas amenazas que tienen una connotación política o policial, sino aquellas que se vinculan con el resguardo de la soberanía en cualquiera de sus formas; así como el empleo de fuerzas militares en situaciones muy particulares, como en las operaciones de paz.

Finalmente, en la quinta sección de esta publicación, "Actores relevantes en política exterior hemisférica", se toman en cuenta las visiones de cuatro actores fundamentales -Estados Unidos, Canadá, México y los pequeños Estados y países insulares- y la definición de sus políticas exteriores en el contexto hemisférico. Al respecto, David Scott Palmer, profesor de Relaciones Internacionales y Ciencias Políticas de la Universidad de Boston, se centra en analizar el espacio y el rol de los Estados Unidos a partir de un detallado análisis de la historia de la política exterior estadounidense, dando especial énfasis al gobierno de George H. W. Bush (1989-1993), el quiebre a partir del 11 de setiembre de 2001, y los cambios con el actual gobierno de Barack Obama. Para el autor, el gobierno de Obama falla en armar una política exterior coherente hacia América Latina que logre responder en forma efectiva tanto a los eventos de la región como a las prioridades anunciadas al inicio de su administración. Scott Palmer concluye que las bases sentadas entre los años 1989 y 1994 aún continúan vigentes. Estas han contribuido, en varios aspectos, a apoyar los avances económicos y políticos que han hecho la mayoría de los países latinoamericanos en las últimas dos décadas, aunque también se requiere mirar los retrocesos posteriores al 11 de setiembre.

A su vez, Hal Klepak, profesor de Historia y Estrategia del *Royal Military College*, analiza el espacio y el rol de Canadá en las relaciones internacionales con América Latina en el siglo XXI. El autor señala que para explicar la falta de una relación clara y estable entre Canadá y América Latina, es preciso retroceder en la historia y establecer un marco histórico de las relaciones entre ambas regiones. Las relaciones entre Canadá y la región han sido muy limitadas, e incluso en la actualidad continúan siendo sobre todo de índole comercial, con México como principal socio. El autor concluye que aunque el gobierno en Ottawa ha manifestado en reiteradas ocasiones que América Latina es una prioridad de considerable fuerza en su agenda, aún no se ha cristalizado el interés debido a los cambios políticos ocurridos en la región. Sin embargo, el interés de Canadá en fortalecer los vínculos se refleja con las inversiones del gobierno canadiense en *think tanks* y en los programas educativos de estudios latinoamericanos y de español.

Por su parte, Natalia Saltalamacchia, profesora e investigadora del Departamento Académico de Estudios

Internacionales del ITAM, investiga y analiza las relaciones entre México y el resto de América Latina entre 2006 y 2012. Primero, alude a los objetivos que se propuso la diplomacia mexicana en su vertiente latinoamericana, y además, explica las estrategias ejecutadas en el plano bilateral, subregional y regional. Por último, analiza los principales temas de la agenda impulsada por México en la región durante estos seis años. La autora concluye que la política hacia América Latina es uno de los principales legados del gobierno de Felipe Calderón, y ha logrado recuperar algunos espacios de interlocución e influencia de México en la región. Esto, según Saltalamacchia, demuestra que México es un actor interesado y dispuesto a invertir esfuerzos diplomáticos en la escena de las relaciones internacionales de América Latina y el Caribe.

Rubén Silié, embajador de la República Dominicana en la República de Haití, realiza un análisis de la posición del Caribe frente a los cambios globales. El autor indica que el Caribe se encuentra frente a un gran reto. En esta zona del hemisferio, predomina una situación de falta de cohesión entre los Estados que la integran. Además de esto, el autor argumenta que existe un precedente histórico de gran envergadura que limita -y hasta cierto punto, impide- que se logre una política exterior cohesionada que responda a los cambios y desafíos internacionales; este es el exclusivismo colonial que impuso un distanciamiento marcado entre las colonias. Ese distanciamiento se expresa en grandes asimetrías entre las economías de los países que conforman la Asociación de Estados del Caribe (AEC), por ejemplo. El autor concluye que si bien estos países no son invisibles, son poco tomados en cuenta en la definición del camino que deben tomar las relaciones internacionales en la era de la globalización, en la cual aumentan sus vulnerabilidades.

Por último, en la sexta sección de este libro, titulada "Una mirada global al hemisferio", Luis Maira, investigador y consultor del CIDE, realiza una valiosa reflexión final desde la visión de América Latina sobre la crisis y los cambios en el sistema internacional y en la potencia hegemónica del continente. El autor primero analiza las modificaciones en la situación en América Latina; seguidamente, las transformaciones que experimentan los Estados Unidos; y por último, el impacto de la crisis iniciada en septiembre de 2008 y sus efectos globales y regionales. Para el autor, el proceso de declinación gradual de los Estados Unidos debe ser entendido en parte dentro del marco de la crisis financiera de 2008. Esta crisis, como ninguna otra anterior, trajo no solo efectos prolongados en todas las economías mundiales, sino también un descrédito ético al modelo americano y al capitalismo en general. Para Maira, se continúa viviendo con el mismo orden institucional que dejaron los acuerdos del final de la Segunda Guerra Mundial, y la gran complicación es que se trata de un orden obsoleto, incompatible con el mundo actual de globalización y de posguerra fría.

La Secretaría General de la Facultad Latinoamericana de Ciencias Sociales (FLACSO), reconocida por ser un espacio regional autónomo para la producción de nuevo conocimiento, y como punto de encuentro, diálogo y cooperación entre la academia y el mundo de las políticas públicas, realiza esta publicación como parte de la Colección de Relaciones Internacionales, conjuntamente con la editorial Teseo. Este trabajo es posible gracias al apoyo que la Agencia Española de Cooperación Internacional para el Desarrollo (AECID) ha brindado a nuestra institución por medio de un Programa sobre Diplomacia de Cumbres. Agradezco los aportes de los autores (as) que con sus trabajos contribuyeron a realizar esta valiosa publicación. En especial, quiero destacar y agradecer las tareas de organización y coordinación que llevó adelante Isabel Álvarez Echandi, asistente de investigación de la Secretaría General de la FLACSO.

SECCIÓN I. CAMBIOS GLOBALES, DISTINTAS VISIONES

China ante bruscos cambios internacionales y su desarrollo

Song Xiaoping[4]

1. Situación internacional

En la actualidad, la situación internacional se caracteriza por cambios complejos y profundos. La paz, el desarrollo y la cooperación siguen como temas principales de la época actual. La tendencia de la multipolarización mundial y la globalización económica se profundizan. El multilateralismo y la democratización de las relaciones internacionales ganan cada vez más terreno. La cooperación, la apertura y el beneficio mutuo constituyen un amplio consenso en la comunidad internacional. La interdependencia entre los países se profundiza. La ciencia y la tecnología se desarrollan con ímpetu.

Sin embargo, la paz y el desarrollo de la humanidad se enfrentan con serios desafíos. Existen innumerables problemas de seguridad tradicional, tales como guerras, tensiones y agitaciones regionales y parciales. Mientras tanto, se agudiza la amenaza de los problemas de seguridad no tradicional, tales como el terrorismo, la proliferación de armas de destrucción masiva, la contaminación ambiental, las calamidades naturales, las enfermedades contagiosas, etc. Además, se intensifican y agravan las consecuencias negativas de la globalización económica. Se apremian cambios radicales del viejo orden económico y político internacional. Se ensancha la diferencia entre el norte y el sur y la diferencia entre los ricos y los pobres. Hay

---

4 Profesor y economista del Instituto de América Latina, Academia de China de Ciencias Sociales.

mucha incertidumbre en cuanto a la seguridad global, que constituye serios desafíos para la paz mundial. Surgieron innumerables conflictos regionales. El proceso de paz entre Israel y Palestina sufre escollos. La lucha antiterrorista en Afganistán y Paquistán tiene graves problemas; el asunto de las armas nucleares en Corea del Norte y en Irán sigue grave y sin perspectiva de solución. Y últimamente, hay grandes tumultos e incluso guerras civiles que provocaron cambios de poder en varios países en África del Norte y Medio Oriente. Todo esto ha demostrado la complejidad y volatilidad de la actual situación internacional.

En base al análisis y la evaluación arriba mencionados, China considera que, durante un largo periodo, la situación internacional tiene globalmente una perspectiva fundamental de paz, pero regional o parcialmente, de guerra; globalmente, de distensión, pero regional o parcialmente, de tensión; globalmente, de estabilidad, pero regional o parcialmente de agitación.[5]

La situación económica mundial se caracteriza por la crisis de no pocas economías desarrolladas principales, la profundización de la crisis de la deuda soberana de varios de estos países, la constante agitación del mercado financiero internacional, la presión inflacionaria de los países emergentes, el empeoramiento del proteccionismo en distintas formas, las frecuentes anormalidades climáticas y calamidades naturales, etc. Todo esto ha provocado efectos negativos a la economía mundial, de modo que la incertidumbre y volatilidad, así como los riesgos y desafíos para la recuperación de la economía mundial, se incrementaron notablemente.

En su informe ante la Sexta Cumbre del G-20, el 4 de noviembre de 2011, el presidente chino Hu Jintao señaló que los hechos de la reciente crisis financiera internacional han

---

5 Al respecto, ver: http://www.mfa.gov.cn/chn/gxh/zlb/zcwj/t3464.htm.

demostrado que el mundo no solo se enfrenta a una pura crisis económico-financiera, sino a una crisis que reveló las fallas del sistema, del mecanismo, de la mentalidad de hacer políticas, así como del modelo de desarrollo. La economía mundial se halla en una encrucijada de rumbo. La gobernabilidad de la economía mundial tiene por delante arduas tareas.[6]

China considera que, en la actualidad, el proceso de estructuración y reajuste del contexto y orden internacional se halla cada vez más acelerado, y se encuentra en un momento crítico de desarrollo. Los importantes cambios contextuales y las tendenciales se muestran más pronunciados, sobre todo, debido a la crisis financiera internacional. El contexto político internacional, que suele ser definido como unipolar estadounidense, formado en la posguerra fría, empezó a sufrir importantes desafíos provenientes desde los diversos lados. El contexto de "una superpotencia con múltiples potencias" se mantiene, pero las correlaciones entre ellas registraron importantes cambios, la tendencia hacia la multipolarización se vigoriza. Sin lugar a dudas, Estados Unidos sigue siendo la única superpotencia, pero su poderío se debilitó en términos relativos. En contraste, los países emergentes desempeñan un papel cada vez más importante en los asuntos internacionales. Los BRIC y el G-20 se insertaron y coexisten con el G-8, ejerciendo importantes influencias sobre el rumbo de la economía y la política internacional.

La correlación de las fuerzas internacionales se dirige rumbo a una simetría relativa, lo que promueve evidentemente a la tendencia de la multipolarización, con la conversión del sistema y el orden político-económicos, y la reestructuración de las relaciones internacionales.

---

6 Al respecto, ver: http://news.xinhuanet.com/world/2011-11/04/c_122235131.htm.

Sin embargo, la multipolarización aún se limita a ser una tendencia, todavía dista mucho de conformarse como un contexto fundamental. El mundo se encuentra en un relevo de contextos, que será un proceso largo y complejo. Pero de todos modos, en comparación con los comienzos de los años 1990, este relevo ha registrado un importante adelanto.

El contexto de "una superpotencia con múltiples potencias" es de carácter transitorio, lo cual permite a las diversas potencias tener un gran espacio de acción para expandir su poder y reacomodar su posición en las relaciones internacionales. Las diversas fuerzas se aprovechan de las oportunidades para desarrollar su poder económico, político, científico-tecnológico y militar, robustecer su propio poder integral y competitividad, así como su posición internacional. Aquellas potencias o bloques de países de considerable poderío están en un proceso objetivo de encaminarse en dirección a "posiciones polares", de modo que constituyen un contexto de múltiples actores en esa competencia de posiciones.

La tendencia de la multipolarización promueve en gran medida el multilateralismo y la democratización de las relaciones internacionales, ejerciendo impactos de largo alcance sobre la evolución y reestructuración del contexto y orden internacional, que se caracteriza por la interdependencia y cooperación entre los diversos países. La conciencia de apoyo recíproco y beneficio mutuo va ganando cada vez más terreno. Ante la profundización de la globalización económica, los diversos países se esfuerzan por reajustar la estructura económica, promover la conversión del modelo de desarrollo, impulsando paulatinamente la reforma del sistema económico-financiero internacional.

Es indudable que Estados Unidos es la única superpotencia en el mundo actual. A pesar de que se encuentra en un momento de cuesta abajo, es todavía muy sorprendente su poderío, que llegó a su cúspide en 2001, con una proporción del 32,5% respecto del PBI total mundial; desde entonces, empezó a reducirse esa proporción. Sin embargo, aún es difícil afirmar que los Estados Unidos se encuentren en declive. En la historia, Estados Unidos tuvo altibajos similares en su desarrollo. Por ejemplo, sufrió una derrota en la guerra de Vietnam y retiró sus tropas en 1975. En aquel entonces, se creía ampliamente que se hundiría en un marcado declive. Sin embargo, después de quince años, ganó la guerra fría y se convirtió en la única superpotencia. En la actualidad, su poder científico-tecnológico gana más superioridad que su PBI. Su poder militar es sorprendente, incomparable en el mundo.

En cuanto al debate sobre el declive estadounidense, hay principalmente dos puntos de vista en China. Uno sostiene que los Estados Unidos se hallan en un declive sin precedente, perdieron para siempre su gloria pasada, no tienen otro remedio que abandonar su trono para juntarse a los países emergentes, tales como China, la India, Rusia y Brasil, en remodelar y mantener el orden mundial. Durante los ocho años del gobierno de George Walker Bush, *Wall Street* se enloquecía en voracidad económica, irresponsabilidad política y excesiva expansión militar en ultramar. Todo esto determinó el resbalón de los Estados Unidos en su cúspide económica, política y militar. En la actualidad, Estados Unidos se convirtió en el mayor deudor en el mundo, con su astronómica deuda interna y externa de 50.000 billones de dólares, que es cuatro veces su PBI.

Otro punto de vista sostiene que el declive de los Estados Unidos es relativo. Durante el gobierno de George Walker Bush, el PBI estadounidense mantuvo una tasa anual de crecimiento del 2,2%, y considerando la gigantesca base de su partida, este crecimiento es aceptable. Sin embargo, la proporción que ocupa la economía estadounidense en el total de la economía mundial se redujo el 7,7%. En contraste, la correspondiente proporción de los países del BRIC, pasó del 8 al 16%. Según la estadística del FMI, los países emergentes, con los países del BRIC como representación, ocupan una proporción del 27,5% respecto al total del PBI mundial, superando a los Estados Unidos. Con este argumento, se afirma que la reducción de la posición global de los Estados Unidos se debe principalmente a la emergencia de los otros países, es decir, no se trata de un declive absoluto de los Estados Unidos, sino de un vigoroso ascenso de los otros países. Los hechos son convincentes: aunque la crisis financiera tuvo su raíz en los Estados Unidos, los que fueron más afectados son los países europeos. Hay quienes tienen razón al decir que si China es el mayor ganador en esta crisis financiera, Estados Unidos es el segundo. Declinó respecto a China y los demás países del BRIC; como su declinación es menor con respecto a los otros principales países desarrollados, equivaldría, en cierto sentido, a un ascenso.

La declinación de los Estados Unidos se puede explicar por un reajuste estratégico. Es todavía temprano hablar de su declive. Viéndose desde el ángulo histórico, se puede revelar que Estados Unidos tiene una extraordinaria capacidad de autorregulación. En los más de 200 años pasados, ha seguido una trayectoria ascendente; aunque registró rebajas, pudo sortear la suerte y recuperarse por vía de la autorregulación.

La reciente crisis financiera impactó con mucha gravedad en la economía estadounidense, sin embargo, tuvo una característica: el impacto en la economía ficticia fue mayor que en la real, el impacto sobre el poder blando fue mayor que sobre el duro. Pero en comparación con las crisis históricas, la reciente no es más que un grave revés. Si Estados Unidos pudo superar las crisis más graves en su historia, entonces a través de regulaciones podría recuperar su economía y encarrilarse en su trayectoria normal de desarrollo. Los Estados Unidos seguirán siendo la superpotencia durante un largo período. Los otros países desarrollados o países emergentes tienen que valerse de largos esfuerzos para alcanzar a los Estados Unidos. Antes de que esto suceda, será temprano para hablar de su declive.

2. Oportunidades de desarrollo de China

Con base en la evaluación fundamental sobre la situación y el contexto internacional, China afirma que los primeros veinte años del siglo XXI serán un período de importantes oportunidades estratégicas para su desarrollo.[7]

En la actualidad, a pesar de los bruscos cambios y los nuevos fenómenos y características de la situación y el contexto internacional, el ambiente externo, en términos generales, es favorable para China. Con la paz y el desarrollo como los principales temas de la época actual, no hay posibilidad de grandes guerras. China puede conseguir un período considerablemente largo de un buen ambiente pacífico internacional y de su entorno. Aprovecharse bien de este período de oportunidades estratégicas de desarrollo tiene un significado sumamente importante para realizar la meta estratégica de largo alcance de China, de construir una sociedad modestamente acomodada.

En la historia de China, no son muchas las grandes oportunidades de desarrollo. En la historia moderna, China permaneció cerrada y quedó atrasada; la invasión de las potencias europeas hizo que China perdiera cien años de oportunidad de desarrollo, de 1840 a 1949. A partir de 1949, China consiguió bastante desarrollo. Sin embargo, varios grandes reveses -sobre todo, la Gran Revolución

---

[7] Al respecto, ver: http://news.xinhuanet.com/politics/2007-02/26/content_5775212.htm.

Cultural- hicieron que China desaprovechara otra gran oportunidad de desarrollo. En los últimos 30 años, con la reforma y apertura, China ha sostenido un extraordinario crecimiento económico, llamado milagro chino. En adelante, ¿puede tener China oportunidades similares? La respuesta es afirmativa, pero ¿cuánto tiempo durarán? Esto depende, en gran medida, de las políticas internas y externas, así como de la capacidad de respuesta de China, además del ambiente internacional.

En el ambiente internacional, China se enfrenta con importantes desafíos. Como un país grande en ascenso, sufre fuertes impactos de la situación y el contexto internacionales, también sospechas y preocupaciones relativas al sistema y la sociedad internacional. El rápido desarrollo de China provocó debates sobre modelos de desarrollo. China se enfrenta con grandes desafíos causados por los constantes e importantes sucesos en su entorno, tales como el problema de armas nucleares en la península coreana, el asunto del Mar del Sur de China, el terrorismo en Afganistán y Pakistán, el problema de armas nucleares en Irán, etc.

China declaró el camino de desarrollo pacífico, lo cual es determinado por la propia situación de China, por la tradición cultural de China, y por la adaptación de China a la corriente mundial de desarrollo. El camino del desarrollo consiste en esencia en procurar un ambiente pacífico internacional, y así, con el propio desarrollo, se contribuye a la paz mundial. El camino de desarrollo pacífico es política interna y a la vez externa, hay que coordinar lo interno y lo externo.

En lo interno, el problema de primer orden es basar principalmente el desarrollo en sus propias fuerzas, apoyarse en las demandas internas para ese fin. China cuenta con una inmensa población, con amplias tierras y recursos comparativamente ricos, así como un inmenso mercado potencial.

En el transcurso del desarrollo, China tiene cuellos de botella en recursos, energía y ambiente. A través de largos años de esfuerzo, China ha encontrado un camino de desarrollo sostenible, integral y coordinado, que consiste en construir una sociedad de tipo de ahorro de recursos y de ambiente amigable, con orientación del concepto científico de desarrollo. Además, China se esfuerza por profundizar la reforma y la apertura, eliminar los escollos institucionales para el desarrollo, y vigorizar la modernización del país.

En lo externo, China se esfuerza por mantener la política de paz, desarrollo y cooperación, por construir un mundo armonioso. Aplica una política de paz, independencia y autodeterminación, cuyo núcleo de contenido consiste en salvaguardar la independencia, la soberanía, la unificación y la integridad territorial nacional; no imponer el propio valor a otros países, no hacer alianzas con ningún país o bloque de países; no intervenir en los asuntos ajenos, ni permitir intervención de otros países en los asuntos internos de China; sostener una convivencia amistosa con los diversos países del mundo a base de los cinco principios de convivencia pacífica; sostener trato con los diversos países a base de igualdad, no importa que sea grande o pequeño, rico o pobre, fuerte o débil.

China se opone al hegemonismo y la política de fuerza, no procura el hegemonismo, se esfuerza por impulsar el orden económico político internacional rumbo a la justicia y la equidad, cuyo núcleo consiste en la igualdad, el respeto y el beneficio mutuo, con el propósito de construir un mundo armonioso. En el comercio e intercambio cultural, China sostiene el principio de beneficio mutuo y respeto recíproco. Aplica una política de defensa de carácter defensivo, no inmiscuirse en carreras armamentistas ni en expansión militar, pues tiene fresco en la memoria el sufrimiento por la agresión y la humillación de las potencias europeas durante más de cien años después de la Primera

Guerra de Opio, sabiendo del pesar que traen la agresión y la opresión.

China declaró el camino de desarrollo pacífico como una opción estratégica de largo alcance. Esto implica aprovechar bien oportunidades estratégicas, eliminar interferencias para concentrarse en su propio desarrollo. Por lo tanto, siempre mantiene una posición de baja postura, para conseguir más márgenes de maniobra en los asuntos internacionales. A medida que se fortalece el poder integral de China y se eleva su posición internacional, la comunidad internacional incrementa sus expectativas sobre China. China insiste en la política establecida de posición de baja postura, aunque también está decidida a fortalecer la acometividad y la iniciativa en su diplomacia. China es miembro del Consejo de Seguridad de la ONU y de muchos organismos internacionales, debe aprovechar estas condiciones para jugar un papel importante, en pro de salvaguardar con eficiencia sus intereses fundamentales. China está participando activamente en la formulación de las normas internacionales, promoviendo el desarrollo del orden político económico internacional en una dirección justa y equitativa, participando activamente en la globalización económica y la cooperación económica regional.

3. Políticas fundamentales de China

Ante un mundo con frecuentes conflictos, ¿cómo salvaguardar la tendencia de la paz y el desarrollo mundial? ¿Cómo conseguir y conservar el período de oportunidades de desarrollo, en consecución de sus metas de desarrollo? Al respecto, China formuló una serie de políticas fundamentales.

1. Promover la tendencia de multipolarización mundial. En los cerca de 200 países del mundo, con siete billones de personas de población, existes inmensas diferencias en cuanto a tradiciones, culturas y religiones, incluidos también el nivel de desarrollo económico y los sistemas políticos. Es inimaginable unificar todo bajo un modelo, un tipo de valores y la "dirección" de un país. Las normas fundamentales establecidas en la Carta de las Naciones Unidas sobre igualdad de soberanía, no intervención en los asuntos internos y otras son vigentes: la historia, la cultura, el sistema político y el modelo de desarrollo de cada país deben ser respetados. El proceso de multipolarización será largo, lleno de reveses y luchas, pero es un proceso histórico objetivo, que concuerda con la voluntad común y los intereses de la mayoría de los países, favorable a la paz y seguridad mundial. China considera que la promoción del mundo a la multipolarización no está apuntada contra algún país determinado, ni implica repetir la historia de disputas entre las potencias por la hegemonía, sino orientar las relaciones internacionales a la democratización, encaminar a las diversas fuerzas al diálogo y coordinación, en vez de confrontación, en pro de la salvaguarda de la paz, la estabilidad y el desarrollo mundial.

2. Procurar el multilateralismo y promover la democratización de las relaciones internacionales. El multilateralismo es una vía eficiente para hacer frente a los desafíos comunes con que se enfrenta la humanidad, mecanismo importante en la resolución de disputas internacionales, fuerte garantía del desarrollo de la globalización, así como el mejor conducto para la promoción de la democratización y legalización de las relaciones internacionales. China considera que hay que seguir el espíritu democrático de igualdad y consulta, cooperación amistosa, ampliar el consenso y profundizar los intereses comunes para hacer frente a desafíos comunes.

3. Pugnar por una nueva visión de seguridad con la confianza, el beneficio mutuo, la igualdad y coordinación como contenido núcleo. Con las fuerzas no se construye la paz, y la política de fuerza no garantiza la seguridad. China sostiene que una seguridad duradera solo es posible a base de la confianza recíproca y coordinación. Para un multilateralismo eficiente, la clave consiste en tomar a la nueva visión de seguridad y de desarrollo como orientación, para construir relaciones de socios a escala mundial a base de igualdad, confianza mutua y cooperación. En las nuevas condiciones históricas, la seguridad se ha convertido en un concepto integral, que se ha ampliado de los terrenos militar y político al económico, científico-tecnológico, ambiental, cultural, etc. China considera que los medios de conseguir la seguridad tienden a pluralizarse, el fortalecimiento de diálogo y la cooperación se ha convertido en una vía importante para la seguridad común. La nueva visión de seguridad supera en esencia a la seguridad unilateral y pugna por una seguridad común por la vía del beneficio mutuo y la cooperación. China considera que la nueva visión de seguridad se basa sobre los intereses comunes y concuerda con la necesidad del progreso de la sociedad humana.

4. Salvaguardar y respetar la diversificación del mundo. La competencia y el intercambio entre las diversas civilizaciones constituyen importantes fuerzas promotoras para el desarrollo histórico de la humanidad. La diversificación cultural mundial o de las civilizaciones no solo existía, sino también existe y existirá a largo plazo. China sostiene que la ciencia, la democracia, la legalidad, la libertad y los derechos humanos no son propiedad exclusiva de cierto tipo de países, sino valores y frutos del desarrollo de toda la humanidad durante el prolongado proceso histórico, solo que con la diferencia de que en diversos períodos y en diversos países, su forma y conducto de realización son

disímiles, y al respecto, no hay modelo único. La diversificación de la civilización mundial es objetiva, independiente de la voluntad subjetiva. La coexistencia, convergencia y fusión de las culturas diversificadas es precisamente el motor para el progreso de la humanidad.

5. Promover el desarrollo socioeconómico sustentable y equilibrado. Toda la comunidad internacional tiene que mancomunar sus esfuerzos por resolver gradualmente el problema de la polarización entre la riqueza y la pobreza, el empeoramiento del ambiente biológico. La meta de desarrollo del milenio es un sistema de metas de desarrollo integral. Por lo tanto, la comunidad internacional tiene que tomar acciones efectivas y movilizar recursos para mantener la asistencia para el desarrollo en incremento sostenido y estable.

6. Respetar y poner en juego el importante papel de la ONU y del Consejo de Seguridad. China le concede suma importancia a la ONU, que debe tener un papel insustituible en la resolución de los grandes problemas internacionales. La Carta de las Naciones Unidas constituye las normas fundamentales para resolver los asuntos internacionales. La ONU es el escenario ideal para practicar el multilateralismo. Por lo tanto, China está decidida a salvaguardar la autoridad de la ONU, perseverar en el propósito y los principios de la Carta de las Naciones Unidas, así como apoyar a la ONU en desempeñar el papel núcleo en los asuntos internacionales.

China apoya las reformas necesarias y racionales del Consejo de Seguridad. En la actualidad, la reforma debe empezar por rectificar el desequilibrio de la distribución según el principio de distribución regional equitativa, privilegiando el aumento de la representación de los países en desarrollo.

4. Relaciones entre China y los Estados Unidos

La visión sobre los Estados Unidos y las relaciones entre ellos y China forman parte fundamental, más enfocada y reflejada de su visión global del mundo actual. En los últimos diez años, las relaciones chino-norteamericanas cobraron un desarrollo rápido, con bruscos cambios, con las fuerzas chinas en ascenso y las norteamericanas en descenso como el fondo. Por un lado, Estados Unidos entró en un período de reajuste estratégico, llamado por algunos también "período de declive estratégico". Por el otro lado, como vivo contraste, China se encuentra en un período de fuerte emergencia o en un período de importantes oportunidades estratégicas de desarrollo. Las relaciones chino-norteamericanas pasan por un proceso espiral de desequilibrio y de restauración de equilibrio, el cual tiene como consecuencia la constante profundización y ampliación de las relaciones bilaterales.

Tanto China como Norteamérica tienen la voluntad política de mantener el rápido y sostenido desarrollo de las relaciones bilaterales, la cual se fundamenta en la evaluación del poder real, de las intenciones estratégicas y del pronóstico de la perspectiva de desarrollo de la otra; sobre todo, se basa en los importantes intereses y las responsabilidades comunes. Se puede decir que ambas partes nunca han tenido en común intereses tan amplios, responsabilidades tan cardinales como hoy en día.

Los Estados Unidos siempre muestran atención y preocupación por China. ¿Qué papel jugará China con su ascenso? ¿En qué forma lo jugará en el mundo? ¿Qué políticas debe tomar los Estados Unidos respecto a China para mantener eficientemente la prolongación de su posición como la "única superpotencia"? En el año 2005, el entonces Subsecretario de Estado Robert B. Zoellick definió por primera vez a China como la parte interesada (*stakeholder*). La política de la parte interesada tiene el propósito de apremiar a China para que se asuma la responsabilidad de la parte interesada. Mientras tanto, China anuncia ser una potencia responsable internacional, cuya esencia es precisamente la parte interesada responsable referida por los Estados Unidos.

Los Estados Unidos procuran obtener el compromiso estratégico de China como potencia responsable, lo cual lleva en sí, por lo menos, tres implicaciones. Primero, como fundamento de la política, Estados Unidos ya aceptó el hecho del ascenso de China, y aceptó también la idea de que dicho ascenso no provoca desafío alguno en su contra. Desde hace años, China viene explicando y declarando que su ascenso no implica desafío para los Estados Unidos. Ambas partes pueden convivir, ya que los intereses de China y de Estados Unidos no son necesariamente contradictorios. Segundo, Estados Unidos desea que China no se le oponga en los asuntos importantes internacionales. Tercero, Estados Unidos desea que China adopte un camino pluralista, abierto y transparente.

A través de largos años de esfuerzo, China y los Estados Unidos llegaron a un consenso de construir conjuntamente relaciones de socios de cooperación a base de respeto recíproco y beneficio mutuo. Ambas partes enfatizan que las relaciones bilaterales no son de competencia suma cero, sino de la cooperación de beneficio mutuo y del logro ganar-ganar. China sostiene que bajo la situación internacional de cambios profundos y complejos, ambas partes deben cooperar a base de la igualdad, lo cual no solo beneficia a los dos pueblos, sino que además contribuye a la paz, la estabilidad y la prosperidad en la región Asia-Pacífico, incluso en todo el mundo.

Mientras tanto, por la diferencia del sistema social, histórico y cultural, así como existen períodos de desarrollo entre China y Estados Unidos, también es inevitable que haya desafíos, contradicciones e incluso conflictos. Las relaciones bilaterales han sido con frecuencia gravemente interferidas en su desarrollo, cuya potencialidad todavía no se ha desplegado con plenitud. Ambos países tienen que hacer esfuerzos mancomunados por eliminar interferencias y obstáculos, llevar adelante, en forma sana y estable, las relaciones bilaterales a base de los principios establecidos en los tres Comunicados Conjuntos y la Declaración Conjunta entre China y Estados Unidos. La perspectiva de las relaciones bilaterales depende de sus intereses estratégicos fundamentales en común, también del poder, el principio, la flexibilidad, la inteligencia y la paciencia.

5. Relaciones entre China y América Latina

La visión de China sobre América Latina forma parte importante de su visión global del mundo. Las relaciones entre China y Latinoamérica -China, como el mayor país en desarrollo; y América Latina, como importante región en desarrollo en el mundo- tienen mucho significado estratégico, no solo para el desarrollo de ambas partes, sino de la comunidad internacional. Precisamente sobre esta base, estas relaciones han registrado un rápido desarrollo. La fusión de los intereses de ambas partes se ha profundizado sin precedente, y el nivel de las relaciones se ha elevado más que nunca.

En lo político, ambas partes mantienen frecuentes intercambios al más alto nivel, el sistema de consulta y diálogo se perfecciona cada vez más. La comprensión y el apoyo mutuo en los asuntos cardinales referentes a los intereses núcleo se han fortalecido más que nunca.

En lo económico-comercial, en el año 2010, el comercio bilateral llegó a 183 billones de dólares, con una tasa anual de crecimiento del 28,4% en los últimos diez años, que es dos veces mayor que la del comercio total de China con el exterior. En la actualidad, China se ha convertido en el tercer país origen de las inversiones foráneas para Latinoamérica. En 2010, la inversión china en América Latina superó los 15 billones de dólares. Hasta fines de 2010, el monto acumulativo de la inversión china en Latinoamérica se totalizó en cerca de 43,9 billones de dólares, con una proporción de 13,8% respecto al total de la inversión china en el ultramar.

En lo cultural, China tiene fundados 21 Institutos de Confucio en los países latinoamericanos, y brinda 800 becas por vía oficial.

Una cooperación de más alta categoría, más amplio terreno y más alto nivel de es una exigencia de la época actual, y al mismo tiempo, una necesidad del propio desarrollo chino. China está decidida a esforzarse junto con los países latinoamericanos y caribeños por construir relaciones de socios de cooperación integral.

Para China, en la construcción de las relaciones de socios, la clave consiste en el desarrollo común. El desarrollo es el conducto fundamental en promoción del progreso social, y constituye la tarea más apremiante para China y América Latina. Tanto China como Latinoamérica se encuentran en un período clave de desarrollo, mientras que constituyen recíprocamente oportunidad de desarrollo una para la otra. China expresó en repetidas ocasiones que está decidida a ampliar la cooperación con los países latinoamericanos en todas las esferas, y procurar, por vía de la cooperación, el desarrollo propio, con el cual, al mismo tiempo, se promueve el desarrollo común de la otra parte.

En la construcción de las relaciones de socios, hay que valerse del principio de igualdad y beneficio mutuo. China sostiene que los países, sean grandes o pequeños, fuertes o débiles, ricos o pobres, deben gozar de igualdad. Vela por la protección de los intereses comunes como la partida y el destino de la cooperación bilateral, respeta el derecho de determinar el camino de desarrollo de los pueblos de los países latinoamericanos, y en el transcurso de la cooperación, presta atención a las justas preocupaciones de los países latinoamericanos para conseguir el beneficio mutuo y ganar-ganar.

Tanto China como los países latinoamericanos son conscientes de que en el proceso de importantes cambios del contexto mundial y de constante reajuste de las relaciones y el orden internacional, China y los países latinoamericanos tienen intereses y demandas comunes. Ambas partes consideran que las relaciones entre ellas son de cooperación estratégica. Todo esto no sólo es la causa fundamental por la que las relaciones chino-latinoamericanas se han desarrollado con éxito, sino que también constituye la base sólida para su mayor fortificación.

China y América Latina nunca han gozado de relaciones tan estrechas como hoy. Estamos convencidos de que mañana se acercarán aun más. China y América Latina acogerán sin duda alguna un futuro prometedor en el desarrollo de sus relaciones.

Los cambios globales: una visión europea

Günther Maihold[8]

Power Shift parece ser el concepto clave para describir los cambios de poder en las relaciones internacionales. A nadie le sorprenden ya los diagnósticos de una transición de poder de "Occidente" a "Oriente", concretamente, de Europa -quizá también de EE.UU.- a China como país protagonista de aquellas naciones que han sido consideradas como "poderes emergentes". Más allá de las diferentes agrupaciones de países, que van desde los BRICS, IBSA, los "Next 11", etc., hasta los clubs informales de carácter global como el G-20, muchos planteamientos recurren a una concepción de jerarquías internacionales de poder preexistentes, en cuyos escalafones se ubican los diferentes países.[9]

Sin embargo, tal punto de vista podría desembocar en una trampa analítica: esta orientación en un orden establecido y totalmente configurado es una construcción, a lo mejor también un espejismo, por el simple hecho de que el "poder" es un recurso muy ambiguo. El "poder" puede ser grande en cierto territorio o cierto espacio de acción, y en otro, pequeño, dependiendo del posicionamiento de los actores y los recursos de proyección de ese poder que estos logran movilizar. Por lo tanto, las jerarquías internacionales de poder no son muy útiles;[10] más bien contribuyen a la confusión, porque incitan a equiparar el "poder internacional" con un "poder sobre recursos", no solamente recursos de poder, sino también recursos naturales, tal y como se puede observar en la coyuntura actual latinoamericana. El

---

8 Titular de la Cátedra Humboldt del Colegio de México (COLMEX).

9 Nolte (2010).

10 Husar y Maihold (2010).

boom de la demanda de recursos naturales y la concomitante dinámica de precios han permitido un crecimiento considerable de las reservas de divisas en la región, lo cual aporta a la opulencia en los ingresos fiscales y altos niveles de crecimiento económico, pero no necesariamente a un mejor posicionamiento en las relaciones internacionales.

1. Del poder sobre los recursos al poder sobre los resultados

Sin embargo, un "poder sobre los recursos" no necesariamente es un control sobre los *outcomes*,[11] sobre los resultados. Esta diferencia es central: puede haber actores que tengan altas capacidades de movilizar el "poder sobre recursos", pero que no logran tener el control sobre los *outcomes* políticos. Además, el modelo de las jerarquías internacionales de poder asume juegos de suma cero, sugiriendo que un país solo puede ganar a costo de otro. De nuevo: este supuesto no vale más allá del mundo (neo) realista, por lo cual habrá que pensar más bien en modelos de suma positiva, los cuales podrían arrojar resultados más fructíferos en el análisis. Asimismo, es grande la tentación de equiparar "poder" con "poder estatal", lo cual reduce la amplia gama de acciones en las relaciones internacionales a la acción estatal. No hay que olvidar el debate sobre la superación de una visión estadocéntrica que imperó en las décadas pasadas, que señalaba la importancia de las redes y de los actores transnacionales que han invadido en cada vez mayor medida el espacio de acción.[12]

Por lo tanto, un acercamiento al tema del *power shift* en las relaciones internacionales debe tomar en consideración

---

11 Nye (1990: 156).

12 Según Nye: *power diffusion*.

los factores de *soft power* que se reflejan, por ejemplo, en las nuevas narrativas en materia de política internacional.[13] A lo mejor estamos pasando por una temporada en la que ha cambiado drásticamente la narrativa dominante: ya no es la narrativa europea de la democracia y el estado de derecho que predomina internacionalmente, sino más bien la justicia y la distribución adecuada.

2. La crisis global y la crisis europea

2.1. La gestión de la decadencia: las estrategias de Europa y Estados Unidos para dominar el cambio de poder mundial

La reunión del G-20 en Cannes, Francia, será un momento importante para la configuración del nuevo orden internacional: Europa está en crisis, la economía de Estados Unidos carece de dinamismo y un grupo de doce países emergentes ven a la próxima década como su oportunidad para cambiar los términos en el juego internacional del poder. El surgimiento secular de China, así como el empuje de naciones emergentes como Brasil, India y Sudáfrica, son los cambios más importantes que afectaron las relaciones internacionales en la década pasada.

Al tiempo que hay muchos estudios relacionados con el futuro de los poderes que surgen, se presta menos atención a la forma en que las naciones en decadencia están haciendo frente a la pérdida de influencia en los asuntos internacionales. En la política diaria, podemos ver una actitud dominante de negación acerca del cambio en la estructura de poder de la política mundial, como lo demostró en forma bastante clara la respuesta del presidente Obama

---

13 Whitehead (2009).

a la decisión de S&P de bajar la calificación de la deuda a largo plazo de la nación. El presidente dijo: "Estados Unidos tendrá siempre calificación AAA".

Pero, más allá de la retórica política, las naciones occidentales deben redefinir las estrategias para adaptarlas a su decadencia en el juego de poder internacional y controlar los efectos adversos que pudiera tener en sus sociedades.

3. La transición del poder y sus peligros

La creciente fortaleza económica de China no solo está cambiando el balance del sistema económico internacional. Esta podría traducirse en fortaleza política más rápido de lo esperado, debido al impacto de la crisis económica en Europa y Estados Unidos. Como China está adquiriendo el papel de prestamista de "penúltimo recurso", cualquier solución al desastre financiero y a la potencial expansión de la crisis monetaria europea al resto del mundo dependerá de la respuesta del gobierno chino al pedido de dinero fresco de los países europeos. Pero el asunto no solo depende de si la élite política china está preparada para asumir esta nueva responsabilidad (hasta la fecha, se ha concentrado más que nada en sus objetivos económicos nacionales, sin prestar demasiada atención a las dinámicas políticas internacionales). Incluso más importante es la necesidad de captar los imponderables de las estrategias de adaptación de las naciones en decadencia acerca de las que hay menos discurso público. Los problemas políticos, económicos y sociales que surgen en el contexto de la decadencia de la nación (además de la percepción de influencia disminuida) no deben subestimarse, ya que históricamente el deterioro de un gran poder ha generado conflictos militares y agitación civil duradera. Las disputas sobre la distribución del ingreso y la rigidez social son factores que deben manejarse internamente, para que puedan lograrse nuevos "contratos sociales". Sin lugar a dudas, la conmoción de los grupos de indignados a lo largo de Europa y del mundo muestra la frustración de los jóvenes y demás personas cuando sus expectativas de un futuro digno se extinguen. Pero la transición del poder y los concomitantes cambios en la élite definen los procesos de adaptación interna en las sociedades europeas y estadounidenses de forma más amplia que la que pueden mostrar las tasas de mortandad. Para adaptarse a los cambios, Europa y Estados Unidos deben mostrar -a escala nacional y, más visiblemente, en la esfera internacional- nuevas capacidades de negociación y algo más que gestos simbólicos.

4. Del poder compartido a la distribución de la carga en el ámbito internacional

La Cumbre del G-20 en Cannes será una nueva oportunidad para los países occidentales de mostrar que son conscientes del cambio de balance de poder en el ámbito internacional. Debido a la crisis, estarán obligados a asumir algo de la carga de la crisis económica en Europa y Estados Unidos, y a cerrar filas con las instituciones financieras internacionales como el FMI y el Banco Mundial. El mismo G-20 debe desarrollar un consenso viable para promover la confianza de los mercados en las recientes decisiones de los países de la eurozona y evitar más turbulencias y disturbios.

Entones, la sobrerrepresentación de Europa en el G-20 (con cinco de los veinte asientos) conducirá a una agenda europeizada en Cannes, relegando a un segundo plano el objetivo original del gobierno francés. Asuntos como la volatilidad excesiva de los precios de las *commodities*, en particular, los precios agrícolas, el desempleo y la dimensión social de la globalización, o incluso la importante agenda de desarrollo del G-20 podrían ser de menor interés para los participantes.

Al final, el resultado de la reunión será que los poderes emergentes -como Brasil, China, India, México y Sudáfrica- deberán superar su rechazo a asumir los costos de la crisis económica e integrarse a la lógica del juego de las organizaciones financieras internacionales que resistieron en el pasado.

5. El G-20: bilateralismo en lugar de pensamiento en grupo

En Occidente, dominar el cambio de poder mundial parece un juego de niños, siempre que los poderes emergentes no logren acordar una estrategia común. Hasta ahora, Europa y Estados Unidos se acercan a ellos en términos bilaterales, porque pueden contar con el dominio de los intereses nacionales en el grupo. China actúa como un "poder solitario" por su cuenta, y los demás miembros BRIC, así como México y Sudáfrica, han dividido lealtades con grupos regionales y globales a los que no desean dañar con compromisos más profundos con el G-20. No está muy claro si México, como próximo presidente del G-20, podrá desarrollar una visión más clara de los intereses de los poderes emergentes; en particular, porque el gobierno del presidente Felipe Calderón está en su último año y, hasta la fecha, no ha mostrado mayor interés en construir coaliciones fuertes en el G-20. Por lo tanto, hasta el momento, este nuevo ámbito del G-20 representa un espacio para negociaciones fragmentadas que podrían moverse muy lentamente como para estar a la altura de los desafíos que presentan las crisis internacionales. Mientras tanto, las naciones occidentales en decadencia están comprando tiempo para dominar las estrategias de adaptación que deben desarrollar en el futuro inmediato.

6. Una Europa en decadencia y América Latina

El acercamiento que la UE ha tenido a América Latina ha obedecido por décadas al formato del interregionalismo, es decir, relaciones de "grupo a grupo" en el afán de moldear un esquema de integración regional a nivel mundial. Este método de querer organizar sus relaciones externas en base a su propia experiencia interna de integración parece llegar a sus límites, de manera que se están considerando formatos diferentes más flexibles y de tinte bilateral.[14] Con la presencia cambiante de la UE a nivel internacional, se están abriendo nuevos horizontes a la relación con América Latina, ya que las funciones que se han asignado al formato interregional[15] están siendo transformadas. Así, las funciones de equilibrio (*balancing*) que se basaron en el argumento latinoamericano del "contrapeso europeo" con respecto a la influencia dominante de EE.UU., tanto en materia política como comercial, se ven cambiadas por los nuevos socios de América Latina, como China. Por igual, la tradicional referencia a la diversificación de las relaciones con la mirada hacia Europa necesariamente se está viendo mermada por el simple hecho de que Europa no será capaz, al menos por el momento, de cumplir la expectativa de otorgarle a la región mayor autonomía e influencia política.[16]

1. Hay que partir de la situación de que en paralelo a la fragmentación latinoamericana, Estados Unidos y Europa han perdido presencia, pero resulta incierto si en contrapartida se da un ascenso automático de la región latinoamericana en las relaciones internacionales.

---

14 Maihold (2007).

15 Rüland (2006).

16 Sanahuja (2007: 7).

2. La pregunta que surge entonces es si la presencia de más (y nuevos) actores con intereses muy diferenciados puede implicar que América Latina esté ganando peso en el espacio internacional. Seguramente lo están ganando ciertos países, como Brasil (Grabendorff), pero también lo están perdiendo otros países en la región. Por lo tanto, en este debate sobre el *power shift* hay que incluir la heterogeneidad y los perjuicios individuales que sufren los diferentes países. ¿De qué manera este panorama nuevo transforma la misma región?
3. Hay algunos que aprovecharon esta situación del *power shift* y hay otros que quedaron indiferentes o casi sin acción frente a esta dinámica. Existen aquellos que tienen la capacidad de forjar el espacio internacional según sus intereses y hay aquellos que siguen tomando la configuración dada del sistema internacional. Hay aquellos que son líderes, aquellos que realmente lo son, aquellos que solo son considerados líderes, los que presumen ser líderes y los que quieren ser considerados seguidores, los que son seguidores y los que buscan una adhesión a un líder. Hay algunos que buscan solo autonomía, no ser considerados ni líderes ni seguidores; así que el panorama parece ser bastante complicado, y desde una perspectiva ciertamente europea, uno ve que América Latina ofrece todo a todos. Hay espacios de integración para todos los gustos. Hay espacios de participación para los diferentes temas de relevancia en la política internacional, y hay plataformas a través de las cuales se pueden presentar los distintos países –regional, nacional e internacionalmente–, y todo esto en un ambiente de declinación hegemónica de Estados Unidos en la región, aunque sea con intensidades diferentes en el ámbito del Gran Caribe y en América del Sur.

4. Hay que visualizar un espacio de diversificación entre las "nuevas amistades" y los antiguos socios de América Latina, en el cual la región puede escoger con mucha más autonomía que en décadas pasadas.

¿Son los vínculos con los nuevos poderes extrarregionales como China o Rusia –y próximamente, la India– un peldaño importante para que la presencia latinoamericana crezca a escala global?

La aparición del IBSA y los BRIC representa el comienzo de un importante, aunque lento, cambio de distribución del poder mundial. Es allí donde la Unión Europea podría actuar como un socio interesante, pero Bruselas está batallando con los problemas internos vinculados a la crisis financiera interna y la estabilidad del euro. Además, los recientes cambios políticos en África del Norte acaparan mucha atención de Europa, de manera que no se vislumbra un papel demasiado activo al otro lado del Atlántico.

- estrategias de diversificación = nuevas canastas para los huevos.
- estrategias de redefinición = solamente poner huevos en las canastas.
- estrategias de contrahegemonía = tener los huevos que tienen el mismo color, como en EE.UU., o buscamos otros contenedores para los huevos.
- estrategias de incorporación consensuales = bajo qué reglas nos distribuimos los huevos en las canastas.
- estrategias de transformación de estatus = quién se queda con los huevos.

Referencias bibliográficas

Günther, Maihold (2007). "Más allá del interregionalismo. El futuro de las relaciones entre Europa y América Latina", en: *Foro Internacional,* Vol. 47; No. 188, pp. 269-299.

Husar, Jörg y Maihold, Günther (2010), "The EU and New Leading Powers: Analytical Approach and Policy Options", en Jörg Husar, Günther Maihold y Stefan Mair (eds.), *Europe and New Leading Powers. Towards Partnership in Strategic Policy Areas,* Baden-Baden, Nomos Verlag, pp. 11-20.

Nolte, Detlef (2010), "How to Compare Regional Powers: Analytical Concepts and Research Topics", en *Review of International Studies,* vol. 36, pp. 881-901.

Nye, Joseph S. (1990), "Soft Power", en *Foreign Policy,* núm. 80, pp. 153-171.

Rüland, Jürgen (2006), "Interregionalism: Unfinished Agenda", en Heiner Hänggi, Ralf Roloff y Jürgen R¨land (eds.), *Interregionalism and International Relations,* Nueva York, pp. 295-313.

Sanahuja, José Antonio (2007), "Regiones en construcción, interregionalismo en revisión. La Unión Europea y el apoyo al regionalismo y la integración latioamericana", en Christian Freres, Susanne Gratius, Tomás Mallo, A. Pellicer y José Antonio Sanahuja (eds.), *¿Sirve el diálogo político entre la Unión Europea y América Latina?,* Madrid, Fundación Carolina, Documento de Trabajo núm. 15, pp. 1-41.

Whitehead, Lawrence (Eds.) (2009). *The Obama Administration and the Americas: Agenda for Change.* Washington DC, Brookings Institute Press.

Cambios globales. La visión de los Estados Unidos de América[17]

Arturo Valenzuela[18]

Cuando se habla del escenario internacional, hoy en día, se habla de un conjunto de países que están o en conflicto o frente a una realidad más compleja que la experimentada en el pasado. Se trata de una realidad marcada por la globalización que produce cambios acelerados y donde los actores, no necesariamente estatales, pasan a tener una preponderancia muy grande.

En relación con lo que persigue el presidente Barack Obama, actualmente no le interesa tanto quién está más arriba o quién está más abajo, o quién puede dar recursos o no, sino más bien, pretende una situación de importante interdependencia. Además, se busca la manera de llegar a juegos de suma positivo, es decir, cómo ir sumando lógicas de cooperación a nivel internacional que permitan solucionar los problemas que afectan a muchos países; pero también, al mismo tiempo, conseguir que las grandes oportunidades existentes si efectivamente hubiera cooperación sean algo realizable en el futuro.

Ahora bien, esta visión parece no ser compartida por todo el mundo, pero sin duda es un punto de partida. La visión de los Estados Unidos que se trata en este artículo es más bien una visión del presidente Obama y de las personas que manejan la política exterior estadounidense

---

17 Ponencia realizada como conferencia de cierre en el Seminario Internacional *América Latina: Relaciones Internacionales en el siglo XXI, Diplomacia de Cumbres y espacios de concertación regional y global*, Guanacaste, Costa Rica, 30 de noviembre y 1 y 2 de diciembre de 2011. Sin revisión final del autor.

18 Profesor de Ciencias Políticas del Centro de Estudios Latinoamericanos de la Universidad Georgetown, Washington DC.

en este momento. Esa política exterior actual es bastante distinta a la que planteó su antecesor, George W. Bush, ya que hay una reversión importantísima en la geopolítica de los Estados Unidos en relación con estos grandes temas internacionales. Lo que se privilegia en el actual gobierno es el multilateralismo, la creación de alianzas nuevas, cómo darles espacio e importancia a los países emergentes, cómo ir solucionando puntos de los grandes temas internacionales. Estados Unidos considera que aún tiene un liderazgo muy importante, pero ese liderazgo no se traduce ni en una visión de suma cero ni en unilateralismo, sino más bien, buscando cómo sumar fuerzas en distintas partes del mundo en temas muy diversos, tales como los grandes conflictos, que hasta cierto punto habían quedado traspapelados o escondidos durante la guerra fría, y son los que surgen de las demandas irredentistas del mundo actual que afectan a todos los contenientes (para el caso americano, solo Canadá presenta un conflicto en la política irredentista). A esto se le suman las demandas por mayor transparencia y participación, y la proliferación nuclear. Este último tema es central en la política exterior del presidente Obama, que se refleja en el acuerdo firmado con Rusia en búsqueda de la desnuclearización, y que constituye a la vez un tema clave con respecto a las relaciones con Irán y Corea del Norte.

En el caso del continente africano, no se trata únicamente de la seguridad ciudadana y el narcotráfico, sino también de la seguridad alimenticia, problemas que si no se resuelven, contribuyen cada vez más a una situación de inestabilidad y de conflicto en el mundo.

Con respecto al tema del cambio climático, aún queda mucho por realizar, aunque existe una gran voluntad por seguir trabajando en estos asuntos en conjunto desde los países más industrializados. Es importante llegar a la conclusión de que en estos temas es *power sharing but burden sharing as well.*

La crisis económica es otro gran tema en la agenda internacional. Está muy relacionado con las globalizaciones de los últimos tiempos del período de la guerra fría y de la internacionalización de los sistemas financieros internacionales, que se vio primero con la crisis del peso y luego con la crisis financiera asiática. La clave de esto es cómo ir dando impulso a la recuperación de las economías internacionales.

En suma, la administración de Barack Obama está fuertemente comprometida con la globalización, con el comercio internacional, con la aprobación de los Tratados de Libre Comercio con Corea del Sur, Colombia y Panamá. Eso evidencia, entonces, la importancia de ir potenciando el comercio internacional para salir de las dificultades a las que nos enfrentamos hoy día. Desde un punto de vista estratégico, lo que se está vislumbrando ahora desde los Estados Unidos es un movimiento muy orientado hacia la región del Asia Pacífico. Eso quedó demostrado con el discurso de Hilary Clinton sobre esta región. Los cuatro socios comerciales más grandes de los Estados Unidos están en el eje APEC (México, Canadá, Japón y China). Se está viendo con claridad una estrategia *pan-pacífico* con países como la India, China e Indonesia. Este eje APEC puede ser beneficioso para los países con costas occidentales en el continente americano. Este acercamiento al grupo de APEC o también al de la ASEAN constituye un ejemplo de cómo los Estados Unidos buscan ser un elemento de estabilidad en esa zona, y muy especialmente, mantener los flujos marítimos e intercambios comerciales en la región. El gobierno de Obama también logró, en América Latina y en cierta medida, revertir lo que ocurrió con el gobierno anterior en el contexto de la guerra en Irak. Por lo tanto, esta administración busca actualmente revertir eso y establecer relaciones con países latinoamericanos. Además, se privilegia la relación con Brasil.

Con respecto al papel de China en América Latina, Estados Unidos no está preocupado por su presencia en la región, más bien se mantiene un diálogo entre las autoridades china y estadounidenses sobre Latinoamérica y los problemas que la afectan. Pero es importante destacar que Estados Unidos busca con sus empresas un modelo distinto del modelo chino en este momento. El modelo chino es un modelo mercantilista, más parecido al de principios de siglo XX, donde se buscan materias primas y vender materias elaboradas o terminadas. Por otro lado, Estados Unidos persigue cadenas de producción, cadenas de valor, cadenas de tecnología, que llevan a pensar que mucho de lo que está sucediendo en el mundo poco tiene que ver con lo que piensan los gobiernos, sino más bien con lo que pretenden las empresas, que están creando otras instancias de cooperación.

En conclusión, se sabe que Estados Unidos está marcado por una larga historia de políticas exteriores signadas por el realismo o el idealismo, pero también caracterizadas por otros aspectos, como el aislacionismo, por un lado, y el internacionalismo, por otro. Será importante seguir de cerca los resultados de las elecciones de los candidatos presidenciales del Partido Republicano, pues dichos candidatos parecen querer revertir de nuevo la política exterior norteamericana a un unilateralismo que se creía dejado atrás.

Cambios globales. Distintas visiones: la visión de América Latina

Francisco Carrión[19]

¿Cómo se ven el mundo y los cambios globales desde las perspectivas de las diversas regiones del planeta? ¿Son visiones similares o marcadas por inevitables diferencias geográficas, históricas, estratégicas, de poder, que caracterizan a cada una de ellas? Para hacer una reflexión y tratar de dar respuestas a estos interrogantes para el caso de América Latina, por sus particulares características, es indispensable hacer ciertas puntualizaciones previas desde dos cuestionamientos necesarios.

El primero, ¿cuáles son y cómo se entienden los denominados "cambios globales" sobre los que tanto se discute? Es imperativo para el análisis llegar a definirlos, dilucidar a qué se refieren, delimitar sus alcances, ponerse de acuerdo en sus características. Solo una vez despejadas esas dudas y establecidos sus parámetros, se podrá reflexionar con mayores elementos y precisión y, eventualmente, fijar una visión regional. No siempre esos cambios de los que con asiduidad se habla tienen carácter global; su influencia se reduce a un ámbito restringido, a un área geográfica; o fuera de la consideración espacial, pueden no tener un interés compartido en las causas que motivan ese cambio global.

El segundo, llegar a un acuerdo sobre lo que se entiende como la visión regional de América Latina. ¿Qué significa la visión de nuestra región? ¿Existe una visión aplicable a todos los países que la integran o son varias en función del país que se trate? ¿Cómo se manifiesta esa visión? ¿Es solamente reactiva, solo crítica, o ya tiene una connotación que va más allá, y es propositiva y proactiva con un alcance planetario?

---

19 Profesor e investigador de FLACSO Ecuador.

1. Primer cuestionamiento: ¿cuáles son los llamados cambios globales?

La definición de los cambios globales a los que analistas, políticos, periodistas se refieren con frecuencia puede variar, fundamentalmente, en función del particular y distinto nivel de impacto que tienen sobre cada región del mundo y sobre su alcance mundial. Hay que aceptar, en consecuencia, que lo que para una región puede ser una modificación radical y aparentemente global, para otra no lo es. De ser así, no se ajustaría a la categoría sobre la que pretendemos reflexionar en este ensayo. También puede variar en función temática, esto es, en si el tipo de cambio llamado global preocupa o interesa en función de la cultura, de la situación económica y política a toda la comunidad internacional o solo a una parte de ella.

Los cambios globales más relevantes podrían resumirse en los siguientes:

1.1. El cambio climático

Es el cambio global por excelencia, al que hay que citar en primerísimo lugar y que afecta a todos los países del orbe, sean desarrollados o en desarrollo, capitalistas o socialistas, democráticos o dictatoriales, continentales o insulares, del norte o del sur, y que tiene incidencia en la forma de vida y hasta la supervivencia de los seres humanos sin distinción alguna. Nadie escapa a los efectos de este fenómeno que cada vez se hace más evidente y devastador. Desastres naturales como tsunamis, inundaciones, deslaves, huracanes, incendios y hasta terremotos, que han producido miles de muertos y gigantescos destrozos materiales, obedecen, en buena medida, según los especialistas, al aumento de la temperatura de la Tierra, que a su vez es, entre otros, factor desencadenante del cambio climático.

Este fenómeno, aparentemente incontenible, incide de manera directa en las políticas estatales relacionadas no solo -y por supuesto- con la protección del ambiente, sino también con el comercio, la industria, la cooperación, la explotación y el consumo de la energía y del agua, y hasta con la lucha por el poder. Su avance y la incapacidad de respuesta de la comunidad internacional, particularmente de las grandes potencias y de aquellas que más contaminan, condicionan y distorsionan el escenario internacional; en el caso de las primeras, por su afán de conservar un poder geoestratégico, y en cuanto a las segundas, de no sacrificar su desarrollo y alcanzar mayor poder. Esto pone al planeta en riesgo de supervivencia.

1.2. La influencia de Estados Unidos como potencia global en declive

Está claro que la declinación de los Estados Unidos como potencia hegemónica del mundo unipolar surgido tras la guerra fría es una transformación global del ordenamiento internacional. Su economía ha sufrido un grave deterioro como consecuencia de la especulación financiera irresponsable y de un capitalismo especulativo y decadente. Este es quizás uno de los principales cambios globales y en profundidad que influyen de manera determinante en este comienzo de siglo en el nuevo escenario internacional. Hay quienes sostienen que esta decadencia estadounidense es temporal, cíclica; para otros, es definitiva. Sea lo que fuere, ahí está, es innegable que actualmente existe ese decrecimiento de su poder hegemónico tradicional en las decisiones globales de las últimas décadas. Washington no determina de manera definitiva ya el equilibrio de poder mundial, como lo hacía después de la guerra fría o después de la caída del Muro de Berlín. Su economía, si bien fuerte todavía, se ha mostrado vulnerable, y su poderío militar ya no es el mismo.

1.3. Incremento de la influencia global de China

La aparición de China como superpotencia económica y militar con afanes hegemónicos, que rivaliza o eventualmente comparte en algunos casos el liderazgo mundial con Estados Unidos, es otro rasgo novedoso e incuestionable. Particularmente en el ámbito económico, con un crecimiento sostenido en una tasa media de 10% del PIB por más de treinta años, se ha constituido en el principal exportador de productos del mundo y el segundo mayor importador. Hay estudios que advierten que la economía china superará a la de Estados Unidos en 2016, y que la economía de este último se encuentra en una situación de práctica dependencia de China, que se ha constituido en el mayor tenedor de bonos de deuda estadounidense. China es hoy el principal acreedor de Washington y de otros gobiernos occidentales.

Su poder bélico también es un factor determinante en su nueva condición. China tiene más de dos millones y medio de efectivos militares. Dispone de armas nucleares y de sofisticado armamento convencional, buena parte de él, de origen estadounidense, debidamente distribuido entre sus tres ramas. Por otro lado, tiene una posición geoestratégica privilegiada, y por consiguiente, significativa influencia en una región altamente conflictiva y con sostenido crecimiento económico, con impacto global.

Este nuevo actor con pretensiones hegemónicas planetarias, sin embargo, tiene aún limitaciones, en especial en el campo tecnológico, como para contestar la supremacía norteamericana. Pero nadie duda de que sea ya un actor global con el que hay que contar, por su poderío económico y militar y su influencia política. Los propios Estados Unidos así lo hacen a pesar de sus profundas divergencias ideológicas.

En suma, con el deterioro del poderío estadounidense y con el crecimiento chino, daría la impresión de que se está produciendo un surgimiento, probablemente transicional, de un ordenamiento internacional bipolar o multipolar. En otras palabras, que esa unipolaridad absoluta ya no existe, y que debemos prever un mundo multipolar heterogéneo e interdependiente entre las potencias dominantes.

1.4. Nuevos actores globales

La emergencia de nuevos actores estatales globales o regionales con alcance global, que si bien todavía no cuestionan la unipolaridad subsistente, ya participan o aspiran a participar en la toma de decisiones globales, como es el caso de Brasil, India, Rusia, China -ya citada individualmente- y Sudáfrica (los llamados BRICS), puede decirse que ya representa un cambio sustantivo a nivel mundial. Estos nuevos actores con una cada vez más relevante influencia geopolítica y estratégica, aparte de económica, dibujan un nuevo panorama que debe tenerse en cuenta a la hora de analizar la coyuntura internacional.

Por otro lado, han aparecido también nuevos actores no necesariamente estatales, cuya influencia y protagonismo son cada vez más determinantes. La organización y visión estadocéntrica individual y tradicional va cediendo espacio a la participación de organizaciones no gubernamentales que inciden en la toma de decisiones, en la elaboración de propuestas y hasta en la balanza del poder en el escenario internacional.

Nadie duda de la capacidad que tienen las empresas transnacionales, por ejemplo, para influir sobre países con economías e instituciones débiles -y sobre otros no tan débiles- para que actúen en función de sus intereses corporativos. Entidades financieras, empresas petroleras, mineras, de telecomunicaciones, todas con intereses transnacionales, tienen significativa -y en algunos casos, definitiva- incidencia sobre políticas públicas internas de un Estado y, sin duda, sobre su política exterior.

Tampoco se cuestiona la afectación que tienen en la formulación de políticas foros o instancias *ad hoc* que reúnen a amplios sectores de tomadores de decisión mundiales, tipo Davos en Suiza, en el que participan jefes de Estado o de gobierno, empresarios e inclusive intelectuales; o a espacios sociales internacionales no gubernamentales como el Foro de Porto Alegre, que concentra a una gran variedad de representantes de esos sectores y que plantean propuestas alternativas, contestatarias y solidarias que en algunos casos son acogidas por los Estados. También se encuentran los *think tanks* de distintas tendencias políticas, como laboratorios de pensamiento cuyas reflexiones y estudios inciden en las políticas públicas que adoptan muchos gobiernos de tendencias ideológicas afines y que tienen implicaciones transnacionales.

La participación de estos nuevos actores exige una reformulación del análisis tradicional basado casi exclusivamente en el Estado y en sus intereses. Se vuelve imperativo tenerlos presentes en la medida en que reflejan necesidades, carencias y aspiraciones desde otras perspectivas que pueden considerarse igualmente válidas.

1.5. El multilateralismo global en crisis

La crisis del multilateralismo global es otro fenómeno que caracteriza al mundo contemporáneo y que implica un cambio significativo del escenario internacional de posguerra. Es un cambio que se refleja lamentable pero nítidamente en la inoperancia de las Naciones Unidas para hacer frente a la compleja agenda internacional y a la peligrosa coyuntura de este comienzo de siglo. El sistema nacido en San Francisco al término de la Segunda Guerra

Mundial ya no es capaz de responder adecuadamente a las situaciones que han puesto en riesgo la paz y la seguridad mundial y regional. Prueba palmaria ha sido la guerra e invasión a Irak, desconociendo no solo las resoluciones del Consejo de Seguridad de Naciones Unidas, sino también la propia Carta de la Organización y la aplicación de la ilegítima e ilegal teoría de la "guerra preventiva" pregonada por Washington. Este hecho significó una ruptura en su esencia de los principios capitales del Derecho Internacional y del pacífico convivir de los Estados.

Las Naciones Unidas y todo su sistema tampoco han sido eficaces en dar respuesta a las crisis del sistema económico y financiero que han azotado esta primera década del siglo XXI, y que aún se mantienen sin visos de salida. El FMI, el Banco Mundial y demás instrumentos del multilateralismo global se han mostrado incapaces de atender estas situaciones por su anquilosamiento institucional y por sus filosofías y concepciones ya superadas por la nueva realidad económica y política mundial.

Como resultado de esta crisis del multilateralismo global, aparecen entidades o foros *ad hoc*, no institucionales, y sobre todo, nada democráticos para abordar los conflictos de la agenda internacional y tomar medidas para tratar de resolverlos. Ahí están, por ejemplo, el Cuarteto de Madrid para intentar resolver la situación árabe-israelí, en el cual la ONU no tiene un rol relevante, pues está acompañada al mismo nivel por Estados Unidos, Rusia y la Unión Europea, cuando debería ser, a través del Consejo de Seguridad o hasta de la propia Asamblea General, la instancia encargada de buscarle solución al conflicto.

Para hacer frente a las emergencias económico-financieras, se han constituido grupos informales como el G-8, con las potencias económicas más poderosas del mundo y Rusia (Alemania, Estados Unidos, Canadá, Francia, Italia, Japón y Reino Unido); o el G-20, con esas mismas potencias más las emergentes (entre ellas, tres latinoamericanas: Argentina, Brasil y México); y la Unión Europea, en la cual el Secretario General de la ONU es solo "invitado" a asistir. Está claro que la organización mundial, sus órganos e instituciones económico-financieras tienen en estas instancias un rol marginal o ningún rol.

Las crisis financieras del capitalismo desenfrenado y del neoliberalismo fracasado, tanto en Estados Unidos como en la Unión Europea, han puesto de manifiesto la necesidad de reordenar la arquitectura financiera internacional diseñada y adoptada en Bretton Woods hace seis décadas, y que ya no responde a la nueva realidad vigente.

1.6. Las amenazas de alcance global

Las amenazas globales, parte de la llamada agenda negativa internacional, constituyen un factor que altera el relacionamiento de todos los actores, sean gubernamentales o no. Su incidencia es definitiva y señala una tendencia en el comportamiento individual y colectivo de los Estados. Por lo demás, esas amenazas, por sus alcances, exigen igualmente respuestas globales. Las dimensiones alcanzadas por el fenómeno del terrorismo, de la pobreza extrema, del hambre, de las pandemias, de los desastres naturales, del narcotráfico, de la trata de personas, del contrabando, entre otras, plantean un cambio global cualitativo en la forma de abordar el relacionamiento internacional. Requieren, por lo demás, medidas que se ajusten a las características de cada una de tales amenazas; unas producidas por el hombre y otras por la naturaleza, y en las que participen con compromiso y decisión todos los países involucrados.

Como consecuencia, en buena medida, de algunas de las amenazas citadas, se produce una tendencia a la securitización de las relaciones internacionales. Así, hay una priorización de la seguridad en los objetivos y las estrategias de política exterior de la mayoría de los países, que relega a un segundo plano a ámbitos fundamentales que, inclusive, son causa para que tales amenazas se agudicen. Tal es el caso de la cooperación para el desarrollo, eje esencial de la vinculación interestatal junto con la convivencia pacífica. Esta tendencia es distorsionadora y nos retrotrae a épocas probablemente ya superadas. Es un cambio global que incide directamente en el comportamiento de los Estados y de otros actores internacionales.

1.7. ¿Otros cambios globales en ciernes?

¿Debe considerarse como un cambio global el reordenamiento político ocurrido en el norte de África o en algunos países árabes, donde regímenes totalitarios han sido echados del poder por reacciones populares y se hallan en transición hacia una nueva y diferente forma de democracia? ¿Se extenderá a otras autocracias de la misma región o de otras regiones con similares características? ¿Es este un factor desestabilizador de un orden que beneficia a las hiperpotencias y a otras globales, que afecta sus intereses no solo económicos, sino también estratégicos? ¿O es un fenómeno esperanzador para sus respectivos pueblos? No hay duda de que ese reordenamiento político estratégico plantea la necesidad de un reposicionamiento de las grandes potencias y de las potencias regionales sobre la base de sus intereses, de los abundantes recursos energéticos y de la conflictividad que caracteriza a la zona.

Las crisis por las que atraviesa el mundo, ya sean económico-financiera, alimentaria, energética, ambiental -ya citada al referirme al cambio climático-, constituyen modificaciones sustanciales de carácter global cuyos efectos son impredecibles y que inevitablemente condicionan la toma de decisiones políticas de todo tipo. Son parámetros que hace pocos lustros no eran considerados como factores preponderantes a la hora de definir estrategias y políticas. Por ahora, en todo caso, son fenómenos transrregionales respecto de los cuales todos los países deben adoptar posturas definidas.

Los cambios globales brevemente descritos se entrecruzan entre sí, se condicionan recíprocamente, no son todos aislados y autónomos, por lo que resulta aún más difícil reconocer la dimensión de su incidencia de manera individual o fragmentada, es decir, en función regional o subregional. Lo que sí es definitivo es que existen y que influyen.

2. Segundo cuestionamiento: visión de los cambios globales desde América Latina

Es errado considerar a América Latina como una región homogénea y compacta. Por el contrario, es una región heterogénea, diversa, compleja, desigual, que tiene afinidades históricas, culturales y religiosas entre sus países miembros, pero que no constituye un bloque con similares intereses, y menos aun, que se manifieste con una sola voz. No existe una sola América Latina desde la cual se tenga una visión unívoca, única o uniforme sobre el mundo y los vertiginosos y profundos cambios globales que se producen; hay varias y distintas.

Desde la región, existen diferentes perspectivas. Esas visiones se generan en función de las características, los intereses, los objetivos y hasta las amenazas de cada país de la región. Algunos de esos países pueden coincidir en función de sus similitudes o cercanías geográficas o históricas, pero una sola visión regional no existe. Es claramente diferente la visión que se tiene desde Brasil en comparación de la que se tiene desde Panamá, por ejemplo, o la visión desde Argentina respecto de la que tiene Guatemala, la de Colombia respecto de la de Cuba, y así sucesivamente de conformidad con las características de cada país. En esa misma línea, capítulo aparte merecen los países del Caribe anglosajón, miembros efectivos de América Latina, cuya óptica del mundo y de los cambios globales es aun más disímil que la del resto de los países de la región de la que forman parte.

Sin perjuicio de lo anterior, es necesario señalar que la América Latina actual es una región con marcadas diferencias respecto de la que existía hace solo veinte años. Hay, sin duda, una consolidación democrática y un fortalecimiento institucional acompañado de un crecimiento sostenido y de un importante desarrollo económico. Se constata una mayor estabilidad política relativa y una mayor continuidad de políticas de desarrollo socioeconómico con éxito en la última década. La gran lacra en la región sigue siendo la profunda desigualdad en la distribución de la riqueza y, por lo tanto, en la subsistencia de elevados índices de extrema pobreza en algunos sectores sociales de casi todos los países.

A diferencia de la crisis que afecta al multilateralismo global, en América Latina han aparecido manifestaciones concretas, y hasta ambiciosas, de nuevos regionalismos o de nuevos sistemas multilaterales de integración. Ante la vieja propuesta regional integracionista de la CAN (antes, Pacto Andino), de la ALADI (antes, ALALC), del SELA, han aparecido nuevas iniciativas como MERCOSUR, CARICOM, UNASUR, SICA, ALBA y, recientemente, CELAC. Algunas merecen ser descritas.

El MERCOSUR fue creado mediante acuerdo constitutivo suscrito en Asunción en 1991, con la participación como miembros plenos de Argentina, Brasil, Paraguay y Uruguay, y como asociados de Bolivia, Colombia, Chile, Ecuador, Perú y Venezuela. Su aparente vigorización reciente, tras bloqueos intermitentes por desacuerdos entre los países más fuertes y los débiles, obedecería al interés manifestado por Venezuela y Ecuador de participar más activamente y, también, a la aparición novedosa y desafiante de la UNASUR, del cual el MERCOSUR podría y debería ser el brazo formulador y ejecutor de las políticas comerciales y de integración económica regional junto con la CAN.

Tras un largo y dubitativo proceso de gestación, iniciado en el Cusco en diciembre de 2004, la UNASUR vio la luz en Brasilia en mayo de 2008, y su tratado constitutivo entró en vigencia en marzo del 2011. De la organización, forman parte todos los países sudamericanos bajo el liderazgo brasileño, escoltado por Argentina y Venezuela, y se propone construir una integración participativa y consensuada entre los pueblos de Sudamérica en los más diversos ámbitos de la relación internacional. Intenta lograr una relación equitativa que elimine la desigualdad social y económica, fortalezca la democracia, logre la inclusión social, elimine las asimetrías y vigorice la soberanía y la independencia de los Estados. La UNASUR ha dado ya muestras de efectividad en materia de seguridad y defensa, desastres naturales, políticas sociales y, sobre todo, diálogo político. Es probablemente la iniciativa que mayor proyección tiene de cara al futuro en la región.

El SICA (Sistema de Integración Centroamericana), compuesto por todos los países de la subregión, además de República Dominicana como miembro asociado, en vigencia a partir de febrero de 1993, después de que se firmara el Tratado de Tegucigalpa dos años antes, se plantea como un proceso que va más allá de la complementación de las economías y del fomento del comercio con objetivos tales como la defensa de los derechos humanos y la democracia, la lucha contra el narcotráfico, la corrupción y la violencia, la promoción del desarrollo sostenible y la preservación del medio ambiente. Busca constituirse en una región de "paz, libertad, democracia y desarrollo", lo cual conceptualmente es un avance para un proceso de esta naturaleza en una región tan convulsionada. América Central, con la implementación de este mecanismo, ha dado un paso cualitativo importante en su integración y en su fortalecimiento institucional y de políticas regionales.

El ALBA, de su lado, es quizás el más alternativo, rupturista y audaz de los nuevos procesos de regionalismo en América Latina, aunque no por ello el más exitoso. Se propone desarrollar una integración solidaria, complementaria, con preocupación en el bienestar de los pueblos, de cooperación, de comercio justo y de lucha contra la pobreza, y teniendo presente el desarrollo sostenible y la defensa de los recursos naturales. Son miembros Antigua y Bermuda, Bolivia, Cuba, Dominica, Ecuador, Nicaragua, San Vicente y las Granadinas y Venezuela, cuyo liderazgo es indiscutible. Su sesgo ideológico socialista y "antiimperialista" marca su sendero político, y al mismo tiempo, reduce sus opciones de ampliación y de vinculación con otros países.

El nuevo regionalismo de América Latina refleja una dinámica distinta, activa y propositiva, que contrasta con la crisis del multilateralismo global. Mientras que a nivel planetario constatamos desencanto e ineficacia, una falta de correlación con la realidad y solo la primacía de los intereses de las grandes potencias, en Latinoamérica hay ebullición de ideas, de propuestas y de esfuerzos concretos para hacer frente los cambios regionales, pero también, globales. Bien es cierto que los resultados de esa efervescencia están por verse.

3. Percepción y reacciones de América Latina frente a los cambios globales

Con estas precisiones temáticas y advertencias conceptuales necesarias, ¿cómo se perciben desde América Latina los cambios globales y cómo reacciona frente a ellos?

Nuestra región, a pesar de no ser protagonista principal de los cambios que se producen en el mundo, no tiene una actitud pasiva frente a ellos, pues de todas maneras, tienen un impacto sobre su economía, su estabilidad política y su conducta internacional que le obligan a posicionarse. Su trayectoria y experiencia históricas, sus crisis (que han resultado altamente aleccionadoras) y, hasta me atrevería a decir, la madurez adquirida en las últimas décadas le han permitido adoptar una actitud propositiva y movilizadora. Ya no es una región marginal y solamente pasiva en cuanto a propuestas y aportes.

América Latina tiene, en consecuencia, nuevas y diferentes visiones en función de los procesos políticos, sociales y económicos que ha atravesado en las últimas dos décadas. Su fortalecimiento democrático, consolidación institucional y desarrollo socioeconómico le permiten hacer no exclusivamente interpretaciones y reflexiones, sino además planteamientos concretos al mundo convulsionado que le rodea y con el cual se interrelaciona.

La disminución de la influencia hegemónica de Estados Unidos sobre algunos países de la región le ha permitido y le permite, en la actualidad, sacudirse de tutelajes hasta hace solo unas décadas incuestionados, y salir a la búsqueda de alternativas de relacionamiento con otras potencias y regiones, inclusive, distantes geográficamente, en ámbitos comerciales, de inversión y hasta políticos y estratégicos. Ya no es, por diferentes razones, el antiguo y felizmente superado "patio trasero" en el cual el ascendiente de Washington era determinante. Los países latinoamericanos, en mayor o en menor medida, saben en su mayoría priorizar la defensa de sus intereses, ya no en función de dictados desde el norte, sino de sus propias conveniencias.

Como región, y bajo el liderazgo principal de Brasil, aunque sin dejar de lado a Argentina y Venezuela, América Latina ha promovido aproximaciones institucionales con otras regiones como África, Asia y los países árabes. Ahí están los casos del ASPA, que agrupa a los países de América del Sur con los países árabes como foro de coordinación política y mecanismo de cooperación en ámbitos económicos, comerciales, culturales. También las cumbres de América del Sur con África, con la participación de países de las dos regiones para abordar temas que les son afines, aunque con mayor hincapié en energía, minería, comercio e inversiones. Estos son hechos inusuales y casi impensables hace solo dos décadas. Lo mismo podría decirse del acercamiento de los países del arco del Pacífico latinoamericano, México, Colombia, Perú y Chile, con las economías asiáticas del otro lado del gran océano, cuyos mercados son altamente apetecidos y las relaciones poco desarrolladas aún.

Para el caso concreto de los cambios globales resultantes de las crisis económico-financieras, América Latina ha tenido fortalezas probadas para enfrentarlos, y hasta el momento, salir bien librada. Es una región rica en recursos naturales como petróleo, gas, cobre, etc. Tiene sobrados recursos estratégicos como agua, biodiversidad, entre otros. Y en la actual coyuntura, los recursos financieros son favorables por la acumulación importante de reservas en los bancos centrales, balanzas comercial y de cuenta corriente cómodas junto con estabilidad institucional.

En esa línea, América Latina ha pasado de ser una región pasiva, sin iniciativas y hasta indolente, a ser, aunque sin mayor poder de influencia, una región propositiva y con resultados alentadores. Son ejemplos de esta actitud los aportes hechos para la creación de la nueva arquitectura financiera que incorporan ideas innovadoras y alternativas a las tradicionales que se han manifestados insuficientes y hasta obsoletas frente a la actual situación internacional y a los cambios globales.

El proyecto del Banco del Sur, por ejemplo, nacido por iniciativa de Argentina y Brasil, y en el que participan además como miembros plenos Bolivia, Ecuador, Paraguay, Uruguay y Venezuela, y como observadores, Chile y Perú, cuyo Convenio Constitutivo fue suscrito en septiembre de 2009, se plantea como un banco de desarrollo alternativo para financiar obras de infraestructura y empresas públicas. Su propósito es buscar la igualdad, la equidad y la justicia social en las operaciones financieras, y constituirse así en una alternativa al FMI, al Banco Mundial y hasta al BID, cuyos intereses están guiados por el mandato de las potencias hegemónicas, en especial, de los Estados Unidos.

El SUCRE (Sistema Único de Compensación Regional), lanzado por los países miembros del ALBA, fue creado como mecanismo de pago y como moneda virtual para las transacciones entre los países del la organización. El SUCRE prevé la constitución de un fondo de compensación que permita, junto con otros mecanismos financieros, disminuir las asimetrías, agilitar el comercio intrarregional y llegar a reemplazar al dólar como medio de transacción de bienes y servicios inicialmente entre los ocho miembros del ALBA. Su intención es, a futuro, ampliarlo a toda América Latina.

A pesar de no sufrir directamente el impacto de todas las amenazas globales, los países latinoamericanos luchan contra ellas de manera cada vez más efectiva. En materia de terrorismo o de los fanatismos religiosos que usan como arma a la violencia, América Latina ha contribuido de manera eficiente. En cuanto a enfrentar los desastres naturales, ha hecho significativos avances que manifiestan la diferencia en la capacidad de reacción de los países de América Latina afectados por estas tragedias. El ejemplo palmario es el de los terremotos en Haití y en Chile, donde la respuesta fue muy diferente en función de su respectivo desarrollo.

En temas de alta prioridad, como el caso del cambio climático, la región ha jugado y juega un papel relevante. México, por ejemplo, lideró las negociaciones de la COP 16 con relativo éxito y, sobre todo, la sacó del proceso de estancamiento en que había caído después de la penosa experiencia de Copenhague. Bolivia, con su ancestral y a la vez novedosa propuesta de firme defensa de la Pachamama, ha incidido de manera significativa en las negociaciones de la Convención sobre Cambio Climático. Ecuador, con su innovador concepto de emisiones netas evitadas (ENE), que da vida y sustento a su audaz iniciativa Yasuní ITT de dejar en tierra sin explotar el petróleo ubicado en una zona de altísima riqueza en biodiversidad, evitando así la quema de combustibles fósiles que afectaría la capa de ozono y aceleraría el cambio climático, ha batallado por plantear una pragmática fórmula de afrontar este fenómeno. Brasil, de su lado, se ha empeñado igualmente por defender con firmeza su particular condición de país responsable de proteger la Amazonía, el pulmón de la humanidad, sin sacrificar su desarrollo. Estos son, entre otros, países latinoamericanos que han hecho propuestas alternativas novedosas y concretas en esta materia. Y todo ello a pesar de no ser América Latina la región que mayor responsabilidad tiene en la promoción de las causas del cambio climático.

Finalmente, hay que destacar el rol que cumple Brasil en el liderazgo regional. Brasil se ha posicionado entre las ocho principales economías del planeta, y hay analistas que creen que pronto llegará a ser la sexta; ha fortalecido su aparato productivo, desarrollado tecnología propia en sectores vitales, disminuido significativamente los niveles de pobreza; dispone de inmensos recursos estratégicos y naturales y de importantes avances tecnológicos, sin contar su enorme superficie de 8.5 millones de km2 y su población de casi 200 millones de habitantes, que le permiten tener una mirada propia y no necesariamente regional de los cambios globales. En este punto, hay que poner de relieve que en algunas de estas transformaciones, Brasil es, por lo demás, activo protagonista y no mero observador. Su criterio es considerado por las potencias regionales y hasta por las globales; su influencia en América Latina es indudable, y en otras regiones, también, particularmente en África, con la cual ha desarrollado una relación estrecha en la última década de cooperación, de comercio y de inversiones. Pocos pueden dudar ya de la condición de actor global que tiene Brasil en muchos de los temas de la agenda internacional.

SECCIÓN II. DIPLOMACIA DE CUMBRES: DIVERSAS EXPRESIONES

La Cumbre de la APEC: (des)encuentro de distintas visiones de liberalización económica y cooperación regional

Olaya Hanashiro[20]

Introducción

El Foro de Cooperación Económica Asia-Pacífico (*Asia-Pacific Economic Cooperation* - APEC) es el principal mecanismo de integración de la región. Surgió en 1989, como un foro de diálogo informal a nivel ministerial entre sus doce miembros fundadores.[21] Los primeros esfuerzos para la construcción de la APEC se dieron a través del Consejo de Cooperación Económica del Pacífico (*Pacific Economic Cooperation Council* - PECC), una organización tripartita que reúne al sector privado empresarial, académicos y burócratas entusiasmados con la idea de integración. Creado en 1980, bajo el liderazgo del Primer Ministro japonés Masayoshi Ohira (1978-1980) y del Primer Ministro australiano Malcolm Fraser (1975-1983), la PECC ha tenido un papel relevante en la construcción del foro y es la única organización no gubernamental que ha recibido el estatus de observadora.

Es interesante mencionar que la PECC se construye a partir de la idea de creación de una Comunidad Asia-Pacífico, inicialmente fomentada por dos foros también no gubernamentales. El primero es el Consejo Económico de la Cuenca del Pacífico (*Pacific Basin Economic Council* - PBEC), formado en 1967 e integrado por empresarios independientes; y

---

20 Investigadora del Forum Brasileño de Seguridad Pública.

21 Australia, Brunei Darussalam, Canadá, Indonesia, Japón, República de Corea, Malasia, Nueva Zelanda, Filipinas, Singapur, Tailandia y EE.UU.

el segundo, la Conferencia para el Desarrollo Comercial del Pacífico (*Pacific Trade Development Conference* - PAFTAD), se trata de una serie de conferencias académicas informales, realizadas desde 1968, que mantienen un importante canal de diálogo con la APEC.

A pesar de la idea originaria de la APEC, desde el inicio, ese foro fue pensado como un proceso de cooperación predominantemente económico y comercial. Por esa razón, se utiliza el término "economía" para referirse a sus miembros. Aunque prevalezca la visión estadocéntrica en su funcionamiento y proceso de desarrollo, no se hace referencia a Estados; ese eufemismo fue lo que permitió a China aceptar la presencia de Taiwán bajo el nombre de "Taipei Chino", y a su vez, venció la resistencia de EE.UU. a su membrecía, pues al excluir a China se estaría automáticamente excluyendo a dos importantes mercados de la región, Taiwán y Hong Kong (que volvería al dominio chino en 1997).[22] Las tres economías -China, "Taipei Chino" y "Hong Kong Chino"- ingresaron a la APEC en 1991.

Por iniciativa de EE.UU., en Seattle (1993), se realizó la primera cumbre de los mandatarios de las economías de la APEC. Esa cumbre tuvo un carácter predominantemente simbólico, donde se definieron de manera muy general sus principios: "Estabilidad, seguridad y prosperidad para nuestra gente".[23] Fue en la siguiente cumbre, en Indonesia (1994), en la que se determinó como objetivo específico la liberalización de sus economías. De ese encuentro resultó la Declaración de Bogor, donde se establecieron los tres principales pilares de sus actividades: (1) el fortalecimiento del sistema comercial multilateral, o sea, la promoción de las reglas de la Organización Mundial del Comercio (OMC);

---

[22] Chien-peng Chung en Ho y Wong (2011: 21).

[23] APEC (1993: 2).

(2) la liberalización del comercio y de la inversión; y (3) la intensificación de la cooperación en la región.[24]

En las cumbres siguientes, en Japón (1995) y Filipinas (1996), fueron adoptadas respectivamente la Agenda de Acción de Osaka, la cual establece el marco para las metas de Bogor, y el Plan de Acción de Manila, a partir del cual pasaron a ser compilados los primeros Planos de Acción Individuales y Colectivo.

Desde 1998, son 21 las economías miembro de la APEC.[25] En total, cuentan con el 54% de la población mundial y casi la mitad del comercio (49%). Representan cerca del 56% del PIB y se estima que llegarán al 60% en 2015.[26] Es innegable la fuerza económica de la región y la nueva dinámica política que representa. El eje transpacífico puede no haber reemplazado el eje transatlántico, pero exige más atención y una profundización analítica para la comprensión del actual orden internacional y de los cambios que se proyectan.

A continuación, discutiremos la peculiaridad del arreglo institucional de la APEC, la coexistencia de diferentes marcos y propuestas de cooperación e integración en la región Asia-Pacífico, y los conflictos de visiones e intereses en juego. Hay una creciente complejidad de la institucionalidad en la región, diversificando los posibles escenarios y contribuyendo a una mayor ambivalencia en la posición de muchos actores. Al contrario de Europa o las Américas, la región Asia-Pacífico nunca ha tenido un liderazgo significativo. La APEC ha intentado sin mucho éxito ejercer ese liderazgo en la cooperación económica, pero actualmente se encuentra en una "crisis de identidad"

---

24 APEC (1994: 1).

25 México y Papúa Nueva Guinea ingresaron a la APEC en 1993; Chile, en 1994; y Perú, Rusia y Vietnam, en 1998.

26 Khee Giap Tan y Shu Wen Chiang en Ho y Wong (2011: 216).

debido a la parálisis de su proceso y a las alternativas institucionales que emergen en la región. ¿Quién ejercerá el liderazgo del proceso dentro de la APEC? ¿Cuál será el foco de la próxima etapa de cooperación: seguridad, cambio climático, seguridad alimentaria? ¿Cuál será la dirección tomada por el proceso de la APEC? ¿Sigue siendo la APEC una alternativa viable para la integración? Son muchas las incertidumbres en relación a ese foro y a los diferentes procesos que convergen en la región.

1. Voluntarismo y regionalismo abierto

A diferencia de otros esquemas de integración regional, en la APEC no hay acuerdos jurídicos internacionales adoptados colectivamente. Cada economía miembro decide y asume de manera unilateral tanto los programas de liberalización económica y de facilitación del comercio como la manera de implementarlos. Esa ausencia de instituciones formales y de normas de carácter vinculante para todos los miembros caracteriza a la APEC como un "proceso de liberalización unilateral concertada".

En la Declaración de Bogor, podemos identificar los principios generales que orientan ese proceso: (1) amplitud (*comprehensiveness*) de sus actividades para eliminar cualquier tipo de barrera o impedimento al proceso de liberalización; (2) consistencia con las reglas de la OMC; y (3) "regionalismo abierto", interpretado como una relación flexible entre los miembros, lo que les permite tener una apertura tanto dentro de la región como hacia economías de otras regiones y, al mismo tiempo, no hacer discriminación entre las economías miembro y no-miembro de la APEC.[27]

[27] CEPAL (2010: 201-211).

Esa peculiaridad de la estructura y dinámica de la APEC -voluntarismo y regionalismo abierto- ha permitido agregar en una misma organización una gran diversidad geográfica, cultural, política, ideológica, económica y de distintos niveles de desarrollo. Entretanto, ese impulso inicial no ha acompañado sus actividades. Los planes de acción individuales presentados por las economías miembro han sido muy tímidos, limitándose a lo ya acordado en la Ronda Uruguay del Acuerdo General de Tarifas y Aranceles (*General Agreement on Tariffs and Trade* - GATT).

La falta de avances ha llevado a EE.UU. a proponer una liberalización sectorial en el intento de acelerar el proceso y, al mismo tiempo, optimizar esa herramienta para las negociaciones en el ámbito de la OMC. Así, en Vancouver (1997), se adoptó la estrategia de Liberalización Sectorial Temprana y Voluntaria (*Early Voluntary Sectorial Liberalization* - EVSL). El primer acuerdo fue en el sector de informática, iniciativa que ha tenido cierto éxito, siendo incluso presentada y aceptada en la reunión ministerial de la OMC que se realizó posteriormente en Singapur.

Sin embargo, pese el optimismo con el esquema de EVSL, al año siguiente las negociaciones para acelerar la liberalización se estancaron. Con la crisis financiera que afectó a Asia entre 1997 y 1998, las dificultades para conseguir consensos aumentaron y los miembros se vieron fuertemente presionados por problemas domésticos; un ejemplo es Japón, uno de los principales promotores de la APEC que acabó cediendo a la oposición interna por parte de los sectores de pesca, agricultura y silvicultura en contra de la liberalización.[28] El fracaso de las negociaciones de la OMC en Seattle (1999) y la paralización de la Ronda de Doha también pusieron en evidencia la incapacidad de la APEC para promover las negociaciones en ese ámbito,

---

28 Yoshida (2004).

y han contribuido para aumentar la desconfianza en su efectividad y el cuestionamiento sobre de su naturaleza. La inclusión, después del 11 de septiembre de 2001, del tema del terrorismo en la agenda del foro[29] por parte de los EE.UU. y sus intentos de securitización del proceso en la región también han aumentado las dificultades de encontrar consensos.

2. TLC y otros marcos de cooperación e integración en la región Asia Pacífico

El estancamiento de la APEC contrasta con la decisión de los países del sudeste asiático de acelerar y profundizar su integración subregional en el marco de la Asociación de las Naciones del Sudeste Asiático (*Association of Southeast Asia Nations* - ASEAN), creada en 1967 y que actualmente incluye diez países.[30] En la cumbre realizada en Laos (2004), fue aprobado el Plan de Acción de Vientiane para la creación de la Comunidad de la ASEAN hasta el 2020, y en 2008, entró en vigor la Carta de la ASEAN. El Plan establece tres bases para ese proceso: (1) la primera, económica, la cual corresponde a la creación de la Comunidad Económica de la ASEAN hasta el 2015; (2) la segunda, de seguridad, a partir de la cual se constituirá la Comunidad Política de la ASEAN; y (3) finalmente, la tercera base, responsable por la creación de la Comunidad Sociocultural de la ASEAN. Sin embargo, son enormes los desafíos para lograr esas ambiciosas metas, no solo en el campo económico, debido a las asimetrías económicas de sus miembros, sino sobre

---

29 En la Cumbre de Shangai (2001) es emitida la primera declaración de la APEC contra el terrorismo.

30 Brunei Darussalam, Camboya, Indonesia, Laos, Malasia, Filipinas, Singapur, Tailandia, Vietnam y Myanmar. Su primera cumbre se realizó en Bali en 1976.

todo en lo político, especialmente en lo que se refiere a la consolidación del estado de derecho y de la protección a los derechos humanos.

En esa misma dinámica, la ASEAN ha promovido la liberalización económica a través de tratados de libre comercio (TLC). Ha establecido TLC con China, Corea, Japón, India y Australia-Nueva Zelanda, y desde 1997, ha iniciado un proceso de cooperación con los principales países de Asia: Japón, China y Corea, bautizado como ASEAN + 3.[31] En realidad, el ASEAN + 3 tiene origen en el Grupo Económico del Sudeste Asiático (*East Asian Economic Group* - EAEG) propuesto por Malasia, en 1990, como reacción al fortalecimiento o emergencia de los bloques regionales en Europa y América del Norte y su creciente proteccionismo económico. Ese grupo excluye a EE.UU., Canadá, Australia y Nueva Zelanda. Al principio, por presión de Washington Japón se mantuvo distante, pero en 1991, cuando el grupo fue rebautizado de Caucus Económico del Sudeste Asiático (*East Asian Economic Caucus* - EAEC) y organizado como un agrupamiento del ASEAN + China, Corea y Japón para discutir sus intereses comunes dentro de la APEC, Japón pasó a participar activamente del grupo. En ese marco, también empezó a promover el debate sobre la creación de la Comunidad. En el año 2009, el primer ministro Hatoyama (2009-2010) defendió la creación de la Comunidad del Sudeste Asiático con la idea de fortalecer el ASEAN + 3 y apoyar la Cumbre ya existente.[32]

La ASEAN ve con desconfianza las iniciativas que no parten de sus miembros y que pueden quitarles o reducir su liderazgo en el proceso. Por esa razón, la ASEAN ya había

---

[31] Ese mecanismo promueve anualmente un encuentro de jefes de Estado y periódicamente reuniones ministeriales en las áreas de relaciones exteriores, finanzas, economía, trabajo, agricultura, turismo, energía y medio ambiente.

[32] Tan and Chiang en Ho y Wong (2011: 228).

decidido no ser parte como bloque de la APEC.[33] China tampoco tiene interés en la creación de la Comunidad, pues no ha aceptado la propuesta de compartir principios de estado de derecho, derechos humanos y democracia; su prioridad es estrechar sus relaciones económicas con la ASEAN. En respuesta al primer ministro Hatoyama, el primer ministro australiano Kevin Rudd (2007-2010) también reiteró su propuesta de impulsar la Comunidad del Asia Pacífico (*Asia-Pacific Community* - APC), la cual incluiría a EE.UU. y eventualmente a India.

Aparte de las enormes diferencias de niveles de desarrollo económico y social, sistemas políticos, ideología, culturas y religión, son muchos los desafíos para el nacimiento de la Comunidad de la ASEAN. Las pequeñas economías, como Nueva Zelanda, Taiwán, Hong Kong, y entre ellas algunas de la propia ASEAN, como Malasia, Filipinas y Vietnam, también dan preferencia al foro de la APEC, donde pueden tener voz directa con los demás miembros de Asia-Pacífico.[34]

Frente al estancamiento del proceso de la APEC, en Santiago (2004) surgió también la propuesta de un modelo de TLC para las economías miembro, y en la Cumbre de Hanoi (2006), se propuso estudiar la posibilidad de crear un Área de Libre Comercio del Asia-Pacífico. Ese "macro-TLC" es presentado como una posibilidad de absorber las iniciativas bilaterales y subregionales existentes para, a partir de ellas, reactivar la APEC. En vista del incremento de la liberalización comercial solo entre los países asiáticos, el "macro-TLC" es percibido por los demás países como una salida para evitar quedarse fuera de los procesos en marcha en Asia. Los EE.UU. son los principales interesados en un "macro-TLC". Esa es una propuesta ambiciosa

---

33 Ogita (1997: 12).

34 Tan and Chiang en Ho y Wong (2011: 229).

y con enormes dificultades cuando se piensa en todas las negociaciones a nivel regional y nacional que implican los tratados de libre comercio.

Con el mismo objetivo de promover un "macro-TLC", el Tratado de Asociación Transpacífica (*Trans-Pacific Partnership Agreement* - TPP) ha ganado fuerza también como una alianza estratégica con gran interés para los países excluidos del proceso de la ASEAN. El acuerdo negociado entre Chile, Nueva Zelanda y Singapur al margen de la APEC, a partir del año 2002, fue firmado en 2005. Con la adhesión de Brunei, ese bloque fue bautizado de Pacífico-4 (P4). Actualmente, incluye a Australia, Perú, EE.UU., Vietnam y Malasia. Más recientemente, Japón, Canadá y México también han manifestado su interés en adherir a las negociaciones del TPP.

A nivel bilateral, son múltiples los TLC o Acuerdos de Asociación Económica (*Economic Partnership Agreement* - EPA) ya firmados entre los miembros de la APEC o con terceros países. Solo para mencionar dos ejemplos de algunos de los acuerdos comerciales en que participan economías de la APEC: Japón tiene varios EPA con Brunei, Indonesia, Malasia, Filipinas, Singapur, Tailandia, Vietnam, Australia, Chile, México, Perú y Corea; y Chile, además del acuerdo con Japón, ha firmado TLC con Australia, China, Corea, EE.UU., México y Canadá.

Operacionalmente, la proliferación de TLC y EPA acaba interfiriendo en los programas de liberalización económica del foro. El proceso resiente el efecto del llamado *spaghetti bowl* o, más específicamente, del *Asian noodle bowl*.[35] Sea cual sea el marco de liberalización o integración adoptado, existe la percepción de que es necesario reducir la interacción negativa provocada por la superposición

---

35 Hawai y Wignaraja (2009).

de los diferentes acuerdos existentes en la región (Ho y Wong 2011: 2).

En el caso de América Latina, son apenas tres los países que participan de la APEC: México, Chile y Perú. Colombia y Costa Rica han manifestado su interés en ser parte de la APEC, lo que no se ha concretado por la moratoria establecida para la entrada de nuevos miembros hasta el final de 2010; aunque ese plazo ya se haya agotado, no se ha hablado de suspenderla debido a la falta de consenso en relación con los criterios para membrecía, especialmente por el caso de India,[36] Para los países latinoamericanos, el ingreso en la APEC significa ser parte de un club que les permite no solo ampliar sus relaciones comerciales, sino además: (1) fortalecer su presencia internacional y abrir canales de diálogo adicionales con importantes economías como EE.UU., China, Japón y Rusia; (2) promover las relaciones económicas con las economías del sudeste asiático, lo que también les permite ser puente entre esas economías y las demás economías latinoamericanas; (3) aumentar el acceso a la cooperación económica y técnica de los países desarrollados que son parte de la APEC; y quizá (4) tener la posibilidad de una mayor participación en la eventual construcción del nuevo orden internacional, sobre todo en las áreas de comercio y finanzas (Saavedra 2006). Al mismo tiempo, a los EE.UU. les interesa una mayor participación de América Latina para contrarrestar el peso de Asia en la APEC.

La vinculación de América Latina con la región Asia Pacífico también se da a través de otros espacios de diálogo y concertación, como el FOCALAE (Foro de Cooperación

---

[36] India tiene gran interés en participar de la APEC, pero ha sido vetada por China y, en determinado momento, también por EE.UU., debido a su postura en las negociaciones de Doha en 2007 (Ho y Wong 2011: 9); además, India no posee costas en el Pacífico.

América Latina-Asia del Este). El foro surgió de una propuesta del Primer Ministro de Singapur, Goh Chok Tong (1990-2004), en visita a Chile en 1998, y expresa el interés de los países del sudeste asiático en aproximarse a los países latinoamericanos que no hacen parte de la APEC, especialmente, Brasil y Argentina. Oficializada en 2001 con la realización del primer encuentro de ministros de relaciones exteriores y la adopción del documento marco, actualmente son parte dieciocho países latinoamericanos,[37] los diez de la ASEAN, más China, Japón, Corea, Australia y Nueva Zelanda. En el año 2004, se adoptó el Plan de Acción de Manila y se discutió la necesidad de definir la naturaleza del foro. El Plan apenas establece que las actividades del FOCALAE tienen un carácter complementario a las de otros foros y que no deben multiplicarse los esfuerzos existentes.[38]

A pesar del estancamiento de la APEC y de las distintas iniciativas existentes, la mayoría de las economías miembro aún da preferencia al marco institucional originado de ese proceso. El interés de países como India y Colombia en participar del foro es un indicativo de que la APEC no está muerta, aunque su futuro sea tan incierto. Cabe preguntar por qué la APEC sigue siendo atractiva frente a la red de TLC ya existentes o en negociación.

Una investigación presentada por la Secretaria de la APEC indica que los países miembros tienen más relaciones comerciales entre ellos que con otros países no-miembros,

---

37 Argentina, Bolivia, Brasil, Colombia, Costa Rica, Cuba, Chile, Ecuador, El Salvador, Guatemala, México, Nicaragua, Panamá, Paraguay, Perú, República Dominicana, Uruguay y Venezuela.

38 Desde América Latina hacia Asia-Pacífico, se ha creado el Arco del Pacífico, el cual pretende ser un espacio informal de coordinación y concertación de diálogo político y acciones conjuntas de los países latinoamericanos hacia la región. Participan once países: México, Guatemala, Honduras, El Salvador, Nicaragua, Costa Rica, Panamá, Colombia, Ecuador, Perú y Chile. La primera Cumbre de Ministros de Relaciones Exteriores fue realizada en 2008, en San Salvador.

con los cuales mantienen tratados de libre comercio (APEC Secretariat 2009). Es difícil decir si los logros presentados por la APEC se deben realmente al foro o a iniciativas bilaterales que se darían con o sin la APEC. Muchos consideran que su falta de institucionalización se debe a la existencia de una "integración de *facto*", o sea, una "integración liderada por el mercado".

La visión predominante es que la APEC ha ejercido el papel de facilitador de negocios más que de liderazgo del proceso de liberalización. Para muchos especialistas, este nunca ha sido un foro de integración regional, "sino un simple mecanismo de diálogo con ciertos instrumentos de cooperación".[39] La agenda de acción seguida por las economías miembro no es definida por la APEC, sino individualmente por cada miembro. Desde esa perspectiva, es muy difícil evaluar el desempeño de la APEC en relación con el proceso de liberalización económica. Lo que no hay duda es que el foro tiene gran importancia diplomática y de visibilización de la región. La APEC, como ha dicho Zhongying Pang, es como una gran "expo regional",[40] pero ¿será apenas ese su rol o podría ir más allá?

3. Conflicto de visiones

No es de sorprender que un grupo de países con estructuras político-económicas y valores tan distintos tengan visiones diferentes de cómo promover la liberalización económica, la construcción de una agenda común y el grado de institucionalización a que están dispuestos a sujetarse a nivel regional. Para muchos analistas, el estancamiento en que se encuentra la APEC es una expresión de la "crisis de

---

[39] Shigeru Kochi, en Altmann y Rojas (2008: 192).

[40] Ho y Wong (2011: 48).

identidad" del foro. Las divergencias entre sus miembros y las diferentes propuestas que surgen en la región ponen en cuestión no solo su funcionamiento, sino también su propia naturaleza y existencia.

El desarrollo de la APEC ha seguido un movimiento pendular entre la visión occidental, basada en la institucionalidad y liderada por los Estados Unidos, y la visión oriental, basada en la idea de proceso evolutivo promovida por China y los países de la ASEAN. Esa dualidad también podría ser definida como "países desarrollados *versus* países en desarrollo", o "economías industrializadas *versus* economías en vías de industrialización". La contraposición de esos dos modelos para entender el proceso de la APEC no pretende levantar la discusión de los orígenes culturales de los conflictos existentes en ese foro. Sin resbalar en la perniciosa idea del "conflicto de civilizaciones" promovida por Huntington, podemos reconocer importantes distinciones culturales que implican diferentes conceptos de comunidad, gobernanza, procesos de toma de decisión y valores que tienen impacto en la dinámica de la APEC. Lo que está en discusión aquí son los diferentes intereses nacionales y estrategias que se presentan en ese foro y en la región.

A través de las divergencias entre esos dos modelos de proceso y arquitectura institucional, Chien-peng Chung ha identificado cuatro momentos de la APEC: (1) desde su creación en 1989 hasta 1993, con el predominio de la visión legalista e institucionalizadora de Occidente; (2) entre 1994 y 1995, cuando la confrontación de visiones se pone de relieve; (3) de 1996 hasta 2000, cuando pasa a predominar la visión oriental de proceso evolutivo; y (4) a partir de 2001, cuando temas no económicos entran en la agenda del foro, aunque su *modus operandi* siga siendo de proceso evolutivo.[41]

---

[41] Ho y Wong (2011: 15-43).

En el momento inicial, con el entusiasmo de Japón y el constante apoyo de Australia, Nueva Zelanda y Canadá, el diseño institucional de la APEC fue pensado en concordancia con el sistema democrático burocrático y representativo de sus gobiernos (Chien-peng Chung en Ho y Wong 2011: 19). A partir de 1993, EE.UU. asume la promoción de ese diseño con el objetivo de transformar el foro en un mecanismo multilateral de seguridad para Asia-Pacífico a fin de promover no solo la cooperación económica, sino también la democracia liberal. Fue en ese período que se dio el mayor avance institucional de la APEC. Del encuentro ministerial de 1992, resultó la creación de una pequeña secretaría en Singapur y del Grupo de Personas Eminentes (*Eminent Persons' Group* - EPG), encabezado por el economista americano C. Fred Bergsten. En el año siguiente, de la Cumbre de Mandatarios de 1993 salieron los acuerdos para la creación del Comité de Comercio e Inversiones (*Commmitee on Trade and Investment* - CTI) y del Comité de Presupuesto y Gestión (*Budget and Management Committee* - BMC).

Con el creciente protagonismo de China y de la ASEAN, a partir de 1994, empieza un nuevo momento de la APEC en que predomina la visión de un modelo basado en el llamado "Consenso de Kuching" o "ASEAN *Way*". En 1990, los ministros de los países de la ASEAN se reunieron en Kuching, Malasia, para discutir la participación de la ASEAN en la APEC, la cual se definió a partir de los siguientes principios: (1) consenso; (2) gradualismo; y (3) voluntarismo.[42] Fueron esos principios los que orientaron la discusión en Bogor y determinaron dos plazos distintos para alcanzar las metas de liberalización económica en la APEC: 2010 para los países desarrollados y 2020 para los países en desarrollo.

---

[42] Chien-peng Chung en Ho y Wong (2011: 25); Ogita (1997: 13).

A partir de 1996, la APEC asume el papel de foro para discusiones, en lugar de pretender constituirse en un espacio para negociaciones. Consecuentemente, deja de intentar asumir el liderazgo del proceso de liberalización e integración económica de la región. Ese posicionamiento más tímido y la adopción de una estrategia más flexible convienen a China para mantener su agenda y ritmo de las reformas que viene promoviendo de un sistema económico planeado para un sistema de mercado; y al mismo tiempo, dar cuenta de todos sus desfases y de los efectos de su nueva condición. Para los países en desarrollo, la cautela significa protegerse de una competencia que temen no estar preparados para enfrentar. En medio de ese proceso, se encuentra Japón, que por la resistencia de amplios sectores internos a la eliminación del proteccionismo y por su cálculo político en la región, ha pasado de gran promotor de la institucionalización de la APEC a un aliado en el Consenso de Kuching. Ese momento también expresa la mayor preocupación por parte de los países en desarrollo por la cooperación económica y técnica, antes que por la liberalización financiera y comercial, prioridad de los países desarrollados. A pesar de cierta desconfianza por parte de los países pequeños de que la cooperación técnica y económica (*ecotech*) sea utilizada para la promoción de los intereses de las grandes economías miembro, la APEC cumple un rol importante en permitir un mayor acceso a esa cooperación. Como consecuencia, el Plan de Acción de Manila (1996) presenta como meta principal el desarrollo del capital humano.

Aunque el *modus operandi* de la APEC no haya cambiado, la ampliación de la agenda de discusión del foro, a partir de 2001, marca un nuevo momento de la APEC. Hasta la Cumbre de Shangai (2001), el foro había excluido cuestiones políticas y de seguridad en concordancia con la tradicional política asiática para minimizar tensiones por disputas de fronteras, demandas de soberanía, movimientos secesionistas y divergencias político-ideológicas existentes entre sus miembros. En Shangai, la APEC emite su primera declaración contra el terrorismo. En Bangkok (2003), las economías miembro afirman que la APEC tiene como tarea asegurar la prosperidad de sus economías y la seguridad de los pueblos de Asia-Pacífico, y además, sus miembros se comprometen a desmantelar los grupos terroristas, eliminar las armas de destrucción masiva y enfrentar otras amenazas de seguridad. En la Cumbre de Bangkok, también entra en la agenda de la APEC la preocupación por las pandemias, y se firman el Plan de Acción para combatir el síndrome respiratorio agudo severo, el SARS, y la Iniciativa para la Seguridad de la Salud. En la siguiente cumbre, en Santiago (2004), entran en la agenda el tema de la transparencia, el combate a la corrupción y el control de los sistemas portátiles de defensa aérea (*Man-Portable Air Defense Systems* - MANPADS). En el año 2007, en Sidney, es el turno del tema ecológico y energético. Por primera vez, las economías de la APEC emiten una declaración sobre el cambio climático, la seguridad energética y el desarrollo limpio. En las cumbres siguientes, los temas emergentes que se destacan son el desarrollo sostenible e inclusivo y la seguridad alimentaria.

4. Consideraciones finales

La crisis financiera global iniciada en 2008 ha agravado la crisis de identidad de la APEC y aumentado las dificultades para que el foro alcance sus objetivos. Por un lado, la crisis lleva a un mayor proteccionismo comercial y a desequilibrios económicos, comprometiendo los procesos de liberalización y la cooperación económica; por otro, la APEC no está equipada para enfrentar crisis económicas globales. Incluso con la recuperación de sus miembros y un nuevo impulso para la cooperación económica, son muchas las cuestiones que quedan acerca del futuro de la APEC. Los acuerdos monetarios y financieros multilaterales de cooperación, como la Iniciativa del Mercado de Bonos Asiáticos (*Asian Bond Market Initiative* - ABMI) firmada en el ámbito de la ASEAN + 3 y la Iniciativa Chiang Mai (*Chiang Mai Initiative* - CMI) para expandir el arreglo de *swap* cambiario de la ASEAN, también van mucho más allá de la capacidad de acción de la APEC.[43]

El énfasis en el voluntarismo y en el consenso logrado a través de la diplomacia personal y las discusiones informales ha permitido a la APEC actuar básicamente como un taller para discusiones de acuerdos multilaterales y un mecanismo facilitador. En realidad, así fue pensado, originalmente, para promover las negociaciones en el ámbito de la OMC y, más recientemente, en relación con la ASEAN. Sin embargo, frente a la creciente complejidad institucional de la región y la ambivalencia de sus principales actores, hay un calidoscópico escenario en la región, lo que hace del futuro de la APEC aun más incierto.

En los próximos años, China debe aumentar su importancia dentro de la APEC. Frente a la crisis financiera en que se encuentran Europa y EE.UU., el positivo desempeño de su economía en los últimos años y su gigantesco mercado interno garantizan a China un rol importante en el crecimiento económico de muchos de los miembros de la APEC. China importa más de lo que exporta a Japón, Corea, Taiwán (maquinaria, equipamiento, piezas y componentes de alta tecnología), Australia y ASEAN (materia prima y recursos naturales). En ese sentido, China ha sido un motor para una integración de *facto* en Asia.

---

43 Zhongying Pang en Ho y Wong (2011: 46-47).

Con EE.UU. y Australia, China no mantiene acuerdos formales, pero hay una gran simbiosis económica, especialmente con EE.UU., con quien el grado de interdependencia económica ha producido lo que Zhongying Pang llama una relación de "destrucción monetaria asegurada" ("*monetarily assured destruction*"), parafraseando la expresión "destrucción mutua asegurada" ("*mutually assured destrucción*") de los tiempos de la guerra fría utilizada para describir la relación de EE.UU. con la antigua Unión Soviética.[44]

Sin embargo, China debe mantener la visión que tiene de la APEC como un foro consultivo y una herramienta de legitimación de su influencia en Asia, así como lo ha sido para su entrada en la OMC en 2001. La APEC ha servido para "socializar" a China de manera que sea un miembro más aceptado y comprometido con el sistema internacional,[45] y además ha creado un importante canal diplomático entre China y EE.UU.

En términos geopolíticos, la situación de China en la región es más bien compleja. Mejores relaciones económicas no necesariamente implican mejores relaciones políticas, las tensiones con varios países asiáticos en 2009 y 2010 por temas fronterizos son prueba de ello. La revisión estratégica de defensa de EE.UU. anunciada por el presidente Barack Obama en enero último menciona a China como posible amenaza y trae un elemento nuevo al decir que combatirá cualquier obstáculo a la proyección del poder de EE.UU. El presidente Obama reiteró que los EE.UU. reforzarán la presencia en el Asia-Pacífico, región que clasificó como crucial. El Secretario de Defensa de los EE.UU., León Panetta, también afirmó que la región tiene una importancia cada vez más grande para la economía de los EE.UU. y de su seguridad nacional. Los EE.UU. ven

---

44 Zhongying Pang en Ho y Wong (2011: 54).

45 Chien-peng Cheng in Ho and Wong 2011, p.37.

como amenaza la fuerza naval china de misiles contra navíos que pueden desafiar su superioridad militar en el océano Pacífico y el acceso al Mar del Sur de China, rico en minerales.

La APEC tampoco está dotada de mecanismos para administrar tensiones de esa naturaleza. EE.UU. y China han preferido preservar ese foro y trabajar esas cuestiones bilateralmente. Ambos países han declarado de forma abierta que trabajarán para fortalecer el rol de la APEC en la promoción de la liberalización regional del comercio e inversiones y cooperación económica y técnica y, a su vez, fortalecer el rol de la ASEAN en lo que se refiere a la cooperación regional en materia de seguridad.

Aparentemente, la estrategia de China no es buscar una hegemonía regional, sino administrar una buena relación con las diferentes instituciones multilaterales de la región y sus principales actores, manteniendo el principio del regionalismo abierto. En ese contexto y con la preocupación en cultivar las relaciones con EE.UU., Japón y los países de la ASEAN, China no tiene interés en liderar un proceso único de integración. El grado de interacción de China con el Tratado de Asociación Transpacífica (TPP), liderado por EE.UU., o la Comunidad Asia-Pacífico (APC), liderada por Australia, va a depender en gran medida del posicionamiento de Japón y de la ASEAN.

En un determinado momento, Japón ha tenido interés en activar a la APEC a través del ASEAN + 3; también se han fomentado propuestas de integrar a todos los ASEAN + 1 y crear el ASEAN + 6 con China, India, Japón, Corea del Sur, Australia y Nueva Zelanda. En 2009, en Singapur, tuvo lugar el primer diálogo entre ASEAN y EE.UU., y surgió una nueva propuesta para su inclusión y la de Rusia en lo que conformaría el ASEAN + 8.[46] Sin embargo, delante de las

---

46 Tan y Chiang en Ho y Wong (2011: 230).

nuevas propuestas para la región, la incertidumbre acerca de los diferentes marcos institucionales, de la extensión y velocidad del proceso de integración, del camino o los caminos que seguirá es cada vez más grande.

Los EE.UU. y Australia siempre han sido los mayores interesados en la APEC por la preocupación en no ser marginados frente a las propuestas de integración económica del sudeste asiático. Sin embargo, los EE.UU. han mantenido una política ambivalente en relación con la APEC, han privilegiado su política bilateral en busca de TLC con diversas economías de la región y, más recientemente, han impulsado el TPP, tratado que desplazaría al sudeste asiático y volvería a poner a Asia-Pacífico en el centro del proceso de integración en Asia.

Aunque a los EE.UU. les interesen los mecanismos multilaterales de la región, hayan promovido a la APEC, y ahora impulsen el Tratado de Asociación Transpacífica (TPP), su política ha sido predominantemente bilateral. Con la actual crisis económica que enfrentan y la gran sensibilidad existente en relación con un proceso de integración con su liderazgo, esa ambivalencia deberá prevalecer. A los EE.UU. les convienen una APEC, un TPP o un ASEAN + 8 siempre y cuando en el proceso tengan liderazgo Japón o Australia, sus aliados estratégicos en la región.

En ese complejo contexto regional, la posición de Japón gana importancia en la definición de la visión que predominará no solo en el modelo institucional de la APEC, sino también en el propio camino y forma que tomará el proceso de integración en la región. A pesar del resentimiento histórico de muchos países asiáticos en relación con Japón, el país puede ser un elemento de equilibrio entre los diferentes actores regionales, especialmente entre China y EE.UU.

A corto plazo, en la APEC debe predominar el modelo oriental de proceso evolutivo, pero la cuestión que se plantea delante del actual contexto regional es más bien compleja. No se trata solo del conflicto de un modelo occidental *versus* un modelo oriental o de la competencia de múltiples marcos institucionales; la cuestión que se plantea es la de la posibilidad de formalizar y desarrollar concomitantemente una diversidad de instituciones regionales de gobernanza. ¿Es posible la coexistencia de diferentes mecanismos y procesos de integración en una misma región? La crisis por la cual atraviesa el modelo de la Unión Europea y las múltiples propuestas de integración que han surgido en el continente americano también levantan cuestiones similares. Quizá sea ese el gran desafío del siglo XXI, la interacción positiva de esa diversidad de mecanismos y procesos regionales.

Referencias bibliográficas

Altemani de Oliveira, H. (2010), "Las relaciones entre América Latina y Asia-Pacífico en 2009", *Anuario Asia-Pacífico*, Barcelona, CIDOB / Casa Asia / Real Instituto Elcano, vol. 6, pp. 67-75.

Altmann, J. y Rojas Aravena, F. (eds.) (2008), *Las paradojas de la integración en América Latina y el Caribe*, Madrid, Fundación Carolina / Siglo XXI.

APEC (1993), APEC Leaders Economic Vision Statement, Seattle, Washington, 20 de noviembre de 1993 (1993/AELM/DEC).

APEC (1994), APEC Economic Leaders' Declaration of Common Resolve, Bogor, Indonesia, 15 de noviembre de 1994 (1994/AELM/DEC).

APEC (2004), "One Community, Our Future", 12th APEC Economic Leaders' Meeting 2004, Santiago Declaration, Santiago de Chile, 20 y 21 de noviembre de 2004 (2004/AELM/DEC).

APEC (2011), "The Honolulu Declaration - Toward a Seamless Regional Economy", 19th APEC Economic Leadres'Meeting, Honolulu, Hawai, USA, 12 y 13 de noviembre de 2011 (2011/AELM/DEC).

APEC Secretariat (2009), "APEC Members Enjoy De Facto Integration. Analisis Reveals". Disponible en línea: http://www.apec.org/apec/news_media/media_releases/200911_9_tradecreation.html.

ASEAN (2004), Vientiane Action Programme (VAP) 2004-2010, Vientiane, noviembre de 2004.

ASEAN (2007), *The ASEAN Charter*, Jakarta, ASEAN Secretariat, diciembre de 2007.

Briceño, J. (s/r), "La iniciativa del Arco del Pacífico Latinoamericano", *Nueva Sociedad*, núm. 228, junio-agosto, pp. 44-59.

CEPAL (2001), "La facilitación del comercio en el Foro de Cooperación Económica Asia-Pacífico (APEC)", *Boletín FAL*, núm. 181, septiembre de 2001.

CEPAL (2008), *Oportunidades de Comercio e Inversión entre América Latina y Asia-Pacífico. El Vínculo con APEC*, Santiago de Chile, CEPAL, noviembre de 2008.

CEPAL (2010), *Panorama de la inserción internacional de América Latina y el Caribe 2009-2010. Crisis originada en el centro y recuperación impulsada por las economías emergentes*, Santiago del Chile, CEPAL.

Exame.com. Disponible en línea: http://exame.abril.com.br/economia/politica/noticias/eua-tem-nova-estrategia-de-defesa-marcada-por-austeridae-4 (entrada: 5 de enero de 2012).

Hanggi, H.; Roloff, R. y Ruland, J. (eds.) (2006), *Interregionalism and International Relations*, London, Routledge.

Hawai, M. y Wignaraja, G. (2009), "The Asian 'Noodle Bowl': Is it Serious for Business?", *ADBI Working Paper Series*, núm. 136, Tokyo, Asian Development Bank Institute, abril de 2009.

Hellman, D. C. y Pyle, K. B. (eds.) (1997), *From APEC to Xanadu: Creating a Visible Comunita in the Post-Cold War Pacific*, Nueva York, The National Bureau of Asian Research, An East Gate book.

Ho, L. S. y Wong, J. (2011), *APEC and the Rise of China*, Singapur, World Scientific Publishers.

Jarque, C. M.; Ortiz, M. S., y Quenan, C. (eds.) (2009), *América Latina y la diplomacia de cumbres*, México, Secretaría General Iberoamericana.

Ogita, T. (1997), "The Origins of Contrasting Views on APEC", IDE APEC Study Center, Working Paper Series 96/97, núm. 5, marzo de 1997.

Rojas Aravena, F. (ed.) (1998), *Globalización, América Latina y la diplomacia de cumbres*, Santiago, Chile, FLACSO-Chile.

Saavedra, N. (2006), "Options for APEC Reform", paper prepared for the International Conference on "APEC Reforms and Evolving Trends", Hanoi, 27 y 28 de abril de 2006.

Saavedra, N. (2008), "América Latina en APEC", en Philippe de Lombaerde, Shigeru Kochi y José Briceño Ruiz (eds.), *Nuevas dimensiones y estrategias de integración en el continente americano: del regionalismo latinoamericano a la integración interregional*, Madrid, Siglo XXI.

Tarmidi, L. T. (2005), "The Prospects of an Asia Pacific Community", paper presented at the International Symposium on the Preparation for APEC Viet Nam 2006, Hanoi, Vietnam, 21 y 22 de julio de 2005.

Trans-Pacific Partnership Agreement negotiations (TPP). Disponible en línea: http://www.dfat.gov.au/fta/tpp/index.html.

Yamazawa, I. (ed.) (2000), *Asia Pacific Economic Cooperation (APEC) - Challenges and tasks for the twenty-first century*, London, Routledge.

Yoshida, T. (2004), "East Asian Regionalism and Japan", IDE APEC Study Center, Working Paper Series 03/04, num. 9, marzo de 2004.

La crisis europea y América Latina y el Caribe: mutaciones y reequilibrios en las relaciones birregionales

José Antonio Sanahuja[47]

1. Mutaciones y reequilibrios en las relaciones entre la Unión Europea y América Latina y el Caribe

América Latina y la Unión Europea (UE) se encuentran hoy en una situación que, en muchos aspectos, parece la imagen inversa de la que ha dominado las relaciones entre ambas regiones en las últimas décadas. Desde que se inició la crisis económica, la situación de la UE se ha ido deteriorando hasta poner en juego su propia construcción institucional. A la vista de lo ocurrido en la UE desde el segundo semestre de 2011, no es exagerado hablar de una verdadera crisis existencial, sin duda alguna, la más grave desde su creación.

El contraste no puede ser mayor con lo que ocurre al otro lado del Atlántico. A pesar de la crisis global, América Latina ha mantenido un fuerte crecimiento económico, animado por la bonanza exportadora hacia Asia y el fuerte crecimiento de la demanda interna, en sociedades donde se expanden las clases medias y se reduce la pobreza y la desigualdad. Con buenos resultados en las cuentas externas y balanzas fiscales saneadas, los problemas económicos más inmediatos son los propios de ciclos expansivos, como el recalentamiento de las economías o la afluencia excesiva de capital externo. La mayor confianza en sí misma es

---

[47] Profesor titular de Relaciones Internacionales de la Universidad Complutense de Madrid, e investigador asociado del Instituto Complutense de Estudios Internacionales (ICEI).

también visible en la política exterior, con una actuación más autónoma y asertiva que se evidencia en la creación y consolidación de organizaciones regionales como la Unión de Naciones Suramericanas (UNASUR) o la Comunidad de Estados de Latinoamérica y el Caribe (CELAC).

En ese contexto, las autoridades económicas y financieras de UNASUR se reunieron en julio de 2011, y después en noviembre de 2011, para afrontar los riesgos de una fuerte recaída de la economía mundial -la temida *double dip recession*-, originada tanto por el eventual ajuste "duro" de la economía estadounidense si no se lograba un acuerdo sobre el techo de deuda, como por la posible quiebra de la zona euro, cuyos mercados de deuda pública atravesaron sus peores momentos entre julio y diciembre de ese año. Esas reuniones revelaron el vuelco sin precedentes que había experimentado la relación entre la UE y América Latina: en vez de ser fuente de soluciones, esta vez la UE era vista como origen y causa de problemas para la región, y según los términos utilizados por sus propios dirigentes, América Latina debería "blindarse" frente al posible contagio de la recesión y de las turbulencias financieras procedentes tanto de Europa como de Estados Unidos.

No se trata solo de los efectos económicos inmediatos de la crisis. Esta crisis pone en cuestión el modelo de integración que supone la UE, que durante décadas ha sido una fuente de inspiración para las sociedades y las fuerzas políticas de la región, así como de apoyo económico y político tangible. La Unión se encuentra en sus horas más bajas, y como se indicó más arriba, en una verdadera "crisis existencial" como proyecto político, económico y social. En esa crisis, se pone en cuestión, en primer lugar, la relevancia de ese proyecto, señalando su supuesta rigidez y disfuncionalidad para hacer frente a las urgencias de la crisis y buscar acomodo en el sistema global. En segundo lugar, aunque el proyecto europeo siga siendo relevante, se pone en duda su viabilidad. Son voces muy diversas, pero cada vez más numerosas, las que afirman que ante la crisis económica y otras amenazas que se relacionan con "Europa" -las migraciones descontroladas, los recortes fiscales o la burocracia bruselense-, sería mejor "ir solos". En el norte de Europa, son muchos los que pretenden librarse del "lastre" que suponen los países del sur y la periferia de la UE, planteándose abiertamente la posibilidad de excluirlos de la eurozona. En el sur, cada vez son más los que quieren zafarse de las exigencias de disciplina monetaria y fiscal que exige el euro, llegándose a reclamar la salida de la moneda única para recuperar soberanía monetaria y salir de la crisis a base de devaluaciones competitivas. Las reacciones nacionalistas y populistas a la crisis explican en parte que el euroescepticismo esté ganando espacios al europeísmo, extendiéndose desde los extremos hacia el centro del espectro político de la UE. Pero más allá del discurso y el debate político más inmediato, hay que resaltar que la UE experimenta una crisis más profunda que afecta a su racionalidad, legitimidad, relevancia y viabilidad. Esa crisis afecta al menos a cuatro dimensiones substantivas del proyecto europeo:

- La primera se refiere a la UE como proyecto económico capaz de promover la estabilidad, el crecimiento y la competitividad internacional, generando empleo y bienestar, a través, primordialmente, de la experiencia más avanzada del mundo de integración económica, abarcando tanto el mercado interior y la unión monetaria, como un conjunto de políticas comunes en materia de comercio, agricultura, energía, o I+D.
- La segunda dimensión alude a la UE como modelo político singular de gobernanza democrática cosmopolita; como construcción "posnacional" o "poswestfaliana" o experimento inédito de "gobernanza multinivel", por mencionar algunas de las conceptualizaciones que se

han elaborado para describir una realidad política que supone una redefinición de la soberanía, la democracia y la ciudadanía más allá del tradicional Estado-nación de base territorial.

- La tercera se refiere a la "Europa social" y al papel de la UE como mecanismo de solidaridad transnacional, a través de las políticas de cohesión económica, social y territorial, con objeto de promover una "convergencia real" de renta e indicadores sociales, aproximar los niveles de bienestar con los países de menor desarrollo relativo, y atenuar los costes del ajuste y la transformación productiva en los nuevos miembros.
- Finalmente, la cuarta dimensión substantiva del proyecto europeo se refiere a su papel como actor global en un sistema internacional caracterizado por rápidos e intensos procesos de cambio en la naturaleza, las fuentes y las pautas de distribución del poder. Solo a través de una Política Exterior y de Seguridad Común (PESC), incluyendo la Política Común de Seguridad y Defensa (PCSD), se lograría que los Estados miembros y la UE como tal sigan siendo relevantes y puedan promover en el exterior tanto sus intereses como sus valores.

Las secciones siguientes examinarán con mayor detalle los dilemas que la Unión enfrenta en cada una de estas cuatro dimensiones, que de una manera u otra se relacionan tanto con desafíos externos vinculados con los procesos de globalización y de cambio de poder a escala mundial, como de sus limitaciones internas, en el plano político e institucional. Como se indicará en las secciones finales, la resolución de esos dilemas puede llevar a la Unión a tres posibles escenarios: 1) la paulatina renacionalización de la política y la economía, sobre la falsa premisa del control nacional; 2) la conversión de la moneda única y las instituciones de la UE en un mecanismo disciplinario de los mercados financieros, rompiendo el binomio disciplina-solidaridad que ha caracterizado históricamente el proyecto europeo; o bien, como tercer escenario posible, la redefinición de la UE como proyecto de gobernanza efectiva de la globalización, garantizando la cohesión y la solidaridad intraeuropea; es decir, no solo "más" Europa, sino además una "mejor" Europa. Finalmente, se examinará cómo esas "cuatro crisis" afectan a las relaciones entre la UE y América Latina, impulsando un reequilibrio de la tradicional asimetría que ha caracterizado la relación birregional.

2. La crisis de la UE como proyecto económico: ¿un modelo viable frente a la globalización?

Aunque no es su propósito último, la racionalidad de la integración europea ha radicado en su capacidad para generar crecimiento, empleo y bienestar a través de la mejora de la eficiencia y la competitividad que solo un mercado ampliado podría generar. Desde ese punto de vista, la UE ha cumplido sobradamente las expectativas que se derivarían tanto de la aproximación clásica a la teoría de la integración económica de los años 1950 y 1960, basada en los efectos estáticos, como a su revisión en los años 1980, basada en los efectos dinámicos de la integración.

En relación con estos últimos, es importante resaltar el programa del mercado interior lanzado por la primera Comisión Delors, que de 1986 a 1992 impulsó un proceso de liberalización sin precedentes, tanto intra como extra-UE. Ese experimento de "regionalismo abierto" a la europea se orientó a la eliminación de barreras internas, la reducción de costes de transacción y la generación de efectos dinámicos, lo que el "Informe Cecchini" denominaba "los costes de la no-Europa". Todo ello convirtió al mercado europeo en un motor de crecimiento que permitió superar la anterior etapa de "euroesclerosis" y mercados fragmentados que lastraban la economía europea a principios de los años 1980, frente a las más competitivas de Estados Unidos y Japón. Merced a los efectos del mercado interior -mejoras de eficiencia, aumento de la productividad, atracción de inversión directa, economías de escala y de aprendizaje, incentivos a la innovación-, la economía europea pudo mantenerse durante el decenio de 1990 a la cabeza de los *rankings* de competitividad internacional, iniciando con buen pie su andadura en el proceso de globalización. Es importante subrayar que esas mejoras también son imputables a otros factores, como los estímulos derivados de la ampliación de la UE, con la adhesión de España y Portugal en 1986 y la reunificación de Alemania en 1990, fuera en términos de incentivos de mercado o de ayudas públicas; o el mayor papel que desde los años 1990 han jugado las transferencias de renta de la política de cohesión o la política común de I+D.

Complemento necesario del Mercado Único Europeo fue la unión monetaria, iniciada en 1993 tras la adopción un año antes del Tratado de Maastricht. El proceso de convergencia macroeconómica derivado del cumplimiento de los "criterios de Maastricht" de deuda pública, déficit fiscal, tipos de cambio y tipo de interés permitió el lanzamiento del euro en 1999 y su circulación efectiva en 2002 en una "eurozona" más restringida y exigente que el conjunto de la UE.

Es importante recordar la poderosa racionalidad económica de ese nuevo paso en la construcción europea; en unas economías tan integradas como las que componen la UE, la moneda común permitía suponía la supresión de costes de transacción que aún minaban la competitividad europea, además de conjurar los riesgos derivados de la volatilidad de los tipos de cambio, que las "tormentas monetarias" de 1991-1993 habían puesto de relieve de manera dramática. La moneda única también reduciría los costes de la financiación para gobiernos, empresas y particulares, y -aunque ello no se planteara abiertamente- la aparición del euro rompería el tradicional monopolio del dólar como moneda de reserva internacional, y con ello, se reducirían las posibilidades de que Estados Unidos siguiera financiando su posición hegemónica mediante el "impuesto inflacionario" que ha extraído históricamente a través de ese monopolio.

Es importante subrayar que en el plano económico, la crisis de la UE no se limita a los problemas de deuda pública y de viabilidad de la eurozona que irrumpen en 2010. El mercado interior aún dista de estar completado y existen importantes barreras en servicios, transporte o energía, sin olvidar otras distorsiones del mercado interior, como el *dumping* fiscal con el que Irlanda ha atraído inversión extranjera a expensas de otros socios. Pero a pesar de ello, la UE se enfrenta al agotamiento del ciclo de crecimiento y mejora de la competitividad, iniciado con el mercado interior de 1992, a causa de la aceleración y el alcance del proceso de globalización: pese a ese mercado, la Unión parece haber perdido el paso frente a las presiones competitivas de los mercados emergentes de Asia. Ese proceso, y en particular, la entrada en la fuerza de trabajo global de varios cientos de millones de trabajadores de bajo coste en los nuevos centros manufactureros de Asia, exigirían que las economías europeas incrementasen aun más su productividad, y que hubieran transitado más rápido hacia actividades con mayor contenido en tecnología y conocimiento.

Ese fue el propósito de la propuesta de un vasto plan de infraestructuras paneuropeas financiadas con emisiones de bonos europeos, planteada en 1993 por la segunda Comisión Delors, y rechazada por el Consejo y los Estados miembros; o de la "Estrategia de Lisboa" de 2000, revisada en 2005, que pretendió hacer de la UE "la economía basada en el conocimiento más dinámica y competitiva del mundo". Esta, sin embargo, ha fracasado como estrategia de innovación y competitividad, si alguna vez lo fue, y se ha abandonado ante las urgencias de la crisis y la supervivencia del euro. Ya en 2003, el "Informe Sapir" alertaba respecto a las disfunciones de una UE que destinaba cerca de la mitad de su presupuesto -que por otro lado apenas superaba el 1% de su PIB agregado- a sostener la agricultura, en vez de reforzar las políticas de mejora de la infraestructura, de inversión en formación y mejora del capital humano, y de investigación, desarrollo e innovación, energías renovables y nuevas tecnologías necesarias para desarrollar un nuevo modelo productivo y dar paso a un nuevo ciclo de crecimiento.[48]

Sin embargo, es la crisis del euro la que supone la mayor amenaza para la viabilidad de la UE como proyecto, tanto en el ámbito económico como en cuanto a su viabilidad política. Esa crisis no se puede entender sin tener presente la conjunción de varios factores a mencionar en primer lugar: en particular, la caída de la competitividad de algunas economías de la eurozona, unida a un ciclo de sobreendeudamiento alentado por un período de excesiva liquidez en las finanzas internacionales y por una regulación inadecuada. Pero no menos importantes son las visibles fallas institucionales, el diseño inadecuado, los diagnósticos erróneos y los sesgos ideológicos de los que la propia UE es responsable, que hacen que la crisis del euro sea en gran medida una crisis autoinducida, y que, en una aparente paradoja, puede llevar a su propia destrucción.

En relación con estos factores, la crisis puede ser vista, en primer lugar, como una venganza de la teoría de

---

[48] Sapir (2003).

las uniones monetarias de los años 1960, basada en el concepto de zona monetaria óptima caracterizada por plena movilidad del capital y el trabajo, flexibilidad de salarios y precios, y similitud del ciclo económico. Esas teorías predecían que en ausencia de esas condiciones se producirían "*shocks* asimétricos" y, ante la imposibilidad de devaluación y de aumento del gasto público, los países afectados se verían abocados a un duro ajuste vía mercado de trabajo -aumento del desempleo y/o reducción de salarios- que comportaría graves riesgos políticos, incluso la ruptura de esa unión. Por ello, la viabilidad de una unión monetaria exigiría una unión fiscal o un federalismo fiscal con capacidad de transferir recursos a los afectados.

Aunque la unión monetaria europea pretendió conjurar estos riesgos tratando de sincronizar el ciclo económico de sus miembros mediante el "pacto de estabilidad y crecimiento" -en realidad, dar carácter permanente a los "criterios de Maastricht"-, su diseño incompleto y en particular la ausencia de federalismo fiscal han terminado volviéndose en contra de sus creadores, como habían augurado algunos economistas estadounidenses que, ignorando el carácter eminentemente político de la unión monetaria, plantearon desde su inicio que el euro no sobreviviría una vez que se enfrentara a una de esas "crisis asimétricas" (Jonung y Drea 2009). En realidad, el pacto de estabilidad respondía en mayor medida a otro objetivo: evitar el riesgo moral y la posibilidad de *free riding* fiscal, y las consiguientes tensiones inflacionistas. Pacto de estabilidad, por otra parte, que fue incumplido por su más enérgico defensor, Alemania, al igual que Francia.[49]

En segundo lugar, la crisis está poniendo en evidencia las limitaciones del diseño institucional del Banco Central

---

[49] Entre 1999 y 2011, Alemania incumplió el Pacto de Estabilidad catorce veces, España, cuatro.

Europeo (BCE) y su ortodoxia antiinflacionista, como herencia directa del Bundesbank. Se trata de un modelo opuesto al de la Reserva Federal, cuyo mandato, que además de estabilidad de precios incluye prescripciones sobre empleo y crecimiento, lo hace más apto para responder a la crisis con políticas expansivas. A esas restricciones, se le suma la cláusula de "no rescate" (*no bail-out*), que prohíbe expresamente la intervención del BCE en apoyo de los gobiernos con dificultades, adquiriendo, por ejemplo, sus títulos de deuda pública. En otras palabras, el BCE no puede asumir el papel de garante y/o prestamista de última instancia propio de un banco central o, en el plano internacional, el que juega el FMI. Desde 2010, con motivo de la crisis, se han establecido mecanismos de contingencia o "cortafuegos" para respaldar a los Estados miembros de la eurozona. Sin embargo, los recursos del mecanismo actual -el Fondo Europeo de Estabilidad Financiera (EFSF)- han sido limitados, y el diseño, confuso y poco convincente. Aún es pronto para saber si el nuevo instrumento -el Mecanismo de Estabilidad Europeo (ESM)- será mejor que el anterior, dado que en los primeros meses de 2012 aún se estaba discutiendo su tamaño -con un aumento de 500.000 a 800.000 millones de euros acordado a finales de marzo, al que se pueden sumar recursos del FMI, ante la eventualidad de un "rescate" y de la reestructuración de la deuda de España o de Italia-, y la posibilidad de adelantar su entrada en vigor a ese año y no a 2013, como se previó originalmente. En cualquier caso, para poder estar respaldado por esa garantía el país en cuestión tendrá que cumplir con estrictas obligaciones de ajuste.[50]

---

[50] La creación del ESM ha requerido de una reforma limitada de los tratados, acordada en diciembre de 2010 por el Consejo Europeo. La reforma se realizó a través del procedimiento simplificado, lo que evitó su reapertura y el complejo proceso de ratificación en cada Estado miembro, sorteando así la posibilidad de referéndum en algunos Estados miembros. En

Ello sitúa a los Estados miembros con dificultades en un difícil dilema: ante la recesión, que hace caer los ingresos fiscales y aumenta el gasto en prestaciones de desempleo, el déficit se dispara, generando necesidades de financiación crecientes que, en un período de restricción crediticia, pueden no lograrse. Sin embargo, sus propios bancos centrales no pueden ya asumir el papel de prestamista de última instancia -lo que, en un marcado contraste, sí ha hecho la Fed o el Banco de Inglaterra-, y no hay nada a nivel europeo que lo sustituya.

Por ello, los países con problemas terminan estando a la intemperie frente a los mercados de bonos y al albur de las agencias calificadoras. Bajo la presión de estas últimas, entran en un círculo vicioso deflacionista, al verse sometidos a un ajuste interminable del gasto público que, a la postre, termina hundiendo la demanda interna, deprime aun más el crecimiento y la recaudación fiscal, y deviene en principal factor causal de la recesión. El ajuste deja de ser parte de la solución, para convertirse en parte del problema, al impedir el crecimiento del que, en última instancia, dependerá la capacidad de pago de la deuda y por ende la confianza de los mercados. Aquí radica uno de los principales errores de diagnóstico con los que se ha encarado la crisis del euro: que es una crisis causada por los excesos fiscales de los países de la periferia del euro, cuando en realidad es una crisis de competitividad cuya resolución, en un contexto de ajuste, será como tratar de ganar una carrera de velocidad con los pies atados.[51]

No se debe olvidar que entre los factores que desencadenaron la crisis de deuda soberana de la eurozona, se

---

marzo de 2011, se adoptó el tratado que regula el funcionamiento del ESM, cuya entrada en vigor se producirá en julio de 2012. Durante el primer año, el ESM actuará en paralelo con el EFSF, que expira en 2013.

51 Costas (2011: 40).

encuentra el colosal falseamiento de las cuentas públicas de Grecia, el gigantesco apalancamiento de la banca irlandesa, o el sobreendeudamiento generado por la burbuja inmobiliaria en España. Pero los condicionantes de política doméstica y los prejuicios ideológicos también han tenido un papel relevante en la desastrosa gestión de la crisis, algo que no es ajeno a la marcada orientación neoliberal de los gobiernos europeos, en su mayoría, situados a la derecha.

Como es sabido, el estallido de la crisis de deuda soberana en la eurozona motivó un primer salvamento de Grecia, seguido de los "rescates" de Irlanda y Portugal. Tras el rescate griego, organizado con préstamos bilaterales, se estableció la Facilidad Europea de Estabilidad Financiera (EFSF), con carácter temporal. Junto con el FMI, el EFSF fue el vehículo para otorgar asistencia financiera a Irlanda y Portugal, con tipos de interés elevados y fuertes exigencias de ajuste. En países en riesgo, como España, el eurogrupo y en particular el tándem Merkel-Sarkozy o *Merkozy* forzaron fuertes medidas de ajuste con carácter preventivo, que llevaron al gobierno socialista de Rodríguez Zapatero a dar un viraje de 180 grados a sus políticas, enajenándose el apoyo del electorado.

La crisis del euro situó a la UE y a sus líderes ante otro dilema fundamental, en este caso, en el ámbito europeo: con el euro y la unión monetaria se está en el mismo barco y no se puede permitir la quiebra de uno de sus miembros; pero al mismo tiempo, es necesario evitar el problema de riesgo moral que comportaría el rescate de los incumplidores. Ese dilema podría haberse evitado con un diseño alternativo de la unión monetaria y de sus reglas e instituciones, basado en el federalismo fiscal o en una verdadera unión fiscal basada en la disciplina presupuestaria, pero también en la solidaridad y apoyo mutuo. Ante ese dilema, el eurogrupo y en particular el directorio informal franco-alemán se han visto condicionados por una agenda política doméstica dominada, como se indicó, por lecturas, relatos o metáforas muy distintas de la crisis, en la que se ha impuesto una narrativa política por la que los países virtuosos, como los padres estrictos, han de disciplinar a hijos díscolos de la periferia europea.[52] Estos relatos han sido especialmente importantes ante los calendarios electorales y la presión de la derecha populista, y si bien se han dado pasos muy importantes para rescatar a los países con problemas y establecer una gobernanza económica común de la zona euro, se han impuesto condiciones extraordinariamente duras, intentando así satisfacer prejuicios ideológicos y acallar las resistencias internas en los países con las elites y la opinión pública más refractaria, como Alemania, Dinamarca o los Países Bajos.

En ese marco, lo que parece afirmarse es que la solidaridad intraeuropea se disuelve cuando los líderes se enfrentan a narrativas políticas domésticas -cuando no las alimentan directamente, por sus réditos electorales- marcadas por el nacionalismo y los estereotipos autocomplacientes sobre países virtuosos, productivos y ahorradores que se ven a sí mismos "explotados" por otros países despilfarradores, indulgentes y poco productivos. Poco importa que esos relatos sean incorrectos e injustos o que supongan una dejación de responsabilidad. Alemania, que como se indicó ha sido uno de los mayores incumplidores del Pacto de Estabilidad, ha sido también el principal beneficiario del euro, sin olvidar que sus bancos han sido los que más han invertido en bonos de los países en riesgo. Lo relevante en este caso es que esos relatos han tenido la capacidad de marcar la agenda política.

---

52 Estos relatos remiten a las metáforas y los marcos en los que se sitúa el debate político, según los modelos de "enmarcado" o *framing* de G. Lakoff (2007).

A la hora de imponer esa agenda, el tándem *Merkozy* ha ignorado a las instituciones europeas, aunque por distintas razones. Francia, fiel a una concepción de una "Europa de las naciones", recela de un federalismo fiscal que supone una merma de soberanía, y prefiere un "directorio" intergubernamental que dé a Francia un papel central. Alemania, aunque favorable a un esquema federalista, no puede obviar a su tribunal constitucional y recela de medidas como la mutualizacion de la deuda europea a través de los "eurobonos", o de cambios en el BCE que alteren su "código genético", heredado del Bundesbank (Dullien y Guérot 2011; Gratius 2012). En esa coyuntura, para forzar el ajuste, *Merkozy* ha encontrado un aliado poco convencional: los mercados y las agencias de calificación. Estos han sido, en la práctica, los instrumentos de poder para que desde la ortodoxia de los países centrales de la eurozona, y en particular, de Alemania, se pueda imponer el ajuste a los países con dificultades, e incluso forzar cambios de gobierno, situando a "tecnócratas" no electos, pero más afines a esa ortodoxia y a las exigencias de los mercados.

El resultado de todo ello era previsible: el fuerte énfasis en el ajuste y la disciplina fiscal, en ausencia de apoyo externo, imprimió un enérgico sesgo recesivo a estas economías. Como sugerían otras experiencias históricas, como la crisis de la deuda de América Latina de los años 1980 y el paso del "Plan Baker" al "Plan Brady", el ajuste sin crecimiento es la mejor receta para el fracaso. Apenas un año después del primer rescate griego, reaparecía el riesgo de quiebra de Grecia y de contagio a Italia y España. La "segunda crisis del euro", que se ha desarrollado entre mayo y diciembre de 2011, mostraba el fiasco de una política que, como se indicó *supra*, situaba a los países afectados en un círculo vicioso de ajuste y deflación en el que, además de no existir margen de maniobra para la política económica doméstica, no existía ninguna salida a la vista. La gestión de la crisis, además, se ha caracterizado por una pavorosa inacción y lentitud de las autoridades políticas europeas y en particular del directorio *Merkozy* frente a las fallas institucionales y de diseño de la unión monetaria. Desde ese directorio, se impuso la agónica negociación del nuevo mecanismo de estabilización (ESM) y de un nuevo pacto fiscal, consagrando la disciplina presupuestaria, finalmente adoptado en marzo de 2012.[53] Este pacto incluyó la exigencia de reformas constitucionales para imponer la "regla de oro" del límite de déficit. Mientras tanto, los mercados no daban tregua y en el último trimestre de 2011 se gestaba un colosal colapso financiero de alcance no solo europeo, sino también sistémico, cuyo epicentro, esta vez, se trasladaba de Grecia a Italia. Del dramatismo de esos días, dan fe los llamados de alerta del FMI, o la desesperada carta abierta a las autoridades alemanas remitida por el ministro de Asuntos Exteriores de Polonia, Radoslaw Sikorski (2011), que afirmaba temer más la inacción de Alemania que su poder.[54]

En ese contexto, como es sabido, la respuesta vino de la mano del BCE, que bajo la dirección de Mario Draghi encontró una fórmula imaginativa para abrir el grifo del crédito y proporcionar liquidez de manera masiva: en diciembre de 2011, y de nuevo en febrero de 2012, el BCE lanzó la *Long Term Refinancing Operation* (LTRO), que otorgó a la banca privada europea alrededor de un billón de euros en créditos a tres años al 1%. El mensaje del BCE era

---

[53] Con el nombre oficial de "Tratado de estabilidad, coordinación y gobernanza", firmado el 2 de marzo de 2012 por 25 de los 27 Estados miembros de la UE, todos menos el Reino Unido y la República Checa, y aún pendiente del proceso de ratificación, que puede encontrarse con el rechazo de algún Estado miembro. Además, algunos líderes socialistas y socialdemócratas, como Martin Hollande, en Francia, ya han anunciado su intención de renegociarlo en caso de llegar a la Presidencia.

[54] Véanse también las columnas de Charlemagne en *The Economist* (2011a y 2011b).

inequívoco: los bancos debían pedir prestado todo lo que precisaran para refinanciar sus pasivos y hacer frente a los ingentes vencimientos de deuda previstos para 2012. Esos bancos han utilizado esos recursos, en parte, para adquirir deuda pública de los gobiernos con mayores necesidades de financiación, lo que desde finales de 2012 contribuyó a reducir significativamente su prima de riesgo.

No es exagerado afirmar que ello evitó el colapso cierto de los bancos europeos, lo que a su vez habría inducido un colapso global de proporciones desconocidas, permitiendo "comprar tiempo" a los dirigentes políticos. Lógicamente, la providencial actuación del BCE no ha resuelto los problemas de fondo: a pesar de la exitosa reestructuración y "quita" de deuda de Grecia, el crédito no fluye, los "cortafuegos" o garantías europeas siguen teniendo problemas de credibilidad, con lo que la crisis de deuda soberana de la eurozona puede no haber terminado. Cuando se escriben estas líneas, en los últimos días de marzo de 2012, el epicentro se ha trasladado a España, un país en el que sucesivas rondas de ajuste han inducido una grave recesión económica, y que se enfrenta de nuevo al riesgo de rescate y reestructuración de su deuda.

Lo más importante es que no existe aún una estrategia europea de crecimiento, como la solicitada en febrero de 2012 a través de una carta colectiva firmada por 11 jefes de Estado y de Gobierno de la UE. Esa estrategia requerirá de un liderazgo ahora ausente por parte de Alemania y de otros países de la eurozona con una situación más favorable. Alemania, en concreto, tiene un superávit por cuenta corriente que ronda el 6% del PIB, superior al de China, lo que le deja amplio margen para adoptar políticas expansivas y, en su tradicional papel de "locomotora económica" de la UE, estimular las exportaciones y el crecimiento de otros países de la eurozona. Sin embargo, el gobierno alemán parece no haber entendido que su superávit es el resultado del déficit de otros, y a la inversa. El gobierno de Merkel también pretende aplicar en Alemania una política de austeridad y de recortes de gasto que además de impedir la recuperación del resto, tendrá efectos recesivos sobre su propia economía. Esta política de "dispararse a los pies" ha sido cuestionada tanto en la eurozona como en el G-20, donde el secretario del Tesoro reclamó, sin éxito, políticas expansivas a Alemania, junto con China y otros países con fuertes superávit comerciales, que contribuyeran a la recuperación global.

Todo lo anterior plantea una pregunta fundamental: ¿puede sobrevivir la UE si deja de ser un mecanismo común de gestión del riesgo, basada únicamente en la disciplina fiscal, sin mecanismos de solidaridad y una estrategia de crecimiento? Si la UE termina siendo un remedo del peor FMI, que impone ajustes impopulares que, a pesar de su gran coste social, terminan fracasando, difícilmente podrá perdurar. Como ha señalado Torreblanca,[55] se corre el riesgo de que la UE termine siendo para muchos europeos lo que el FMI fue para muchos países asiáticos y latinoamericanos en los años 1980 y 1990: un instrumento para la imposición de una ideología económica sin legitimidad, al que solo se obedecerá a falta de otra alternativa. Puede incluso que funcione, pero esa Europa dejará de ser un proyecto político, económico o social autónomo frente a la globalización, y se convertirá en poco más que un instrumento de la disciplina de los mercados, encargado de velar por la estabilidad macroeconómica, y como se detalla en el siguiente apartado, con un grave déficit democrático y de identidad.

---

[55] Torreblanca (2011a: 2).

3. La crisis de la UE como modelo de gobernanza democrática cosmopolita

Hay que recordar que la UE no es solo, ni principalmente, la expresión de una racionalidad económica. Se trata de un proyecto eminentemente político, encaminado a asegurar la paz en Europa y redefinir la política, la soberanía y la ciudadanía en clave cosmopolita. Por ello, el proyecto de construcción europea puede ser visto al menos desde tres ángulos distintos, aunque complementarios: sería, en primer lugar, un experimento inédito de redefinición del Estado y la soberanía nacional, de naturaleza "poswestfaliana" o "posnacional", basado en un concepto novedoso de soberanía mancomunada o compartida. En segundo lugar, se configura como un original sistema de "gobernanza multinivel" basado en la atribución de competencias a instancias supranacionales y, al tiempo, en el principio de subsidiariedad. En tercer lugar, supone una redefinición de la ciudadanía y de la comunidad política, a partir del establecimiento con el Tratado de Maastricht de 1992 de una ciudadanía europea con una amplia gama de derechos que se yuxtaponen a los que confiere la ciudadanía nacional de cada Estado miembro.

El decenio de 2000 debería haber permitido plasmar el proyecto europeo de gobernanza democrática cosmopolita en un ambicioso tratado constitucional, que conformara una verdadera unión política y permitiera adaptar sus instituciones a las exigencias de la ampliación a Europa central y oriental. Las vicisitudes de ese proyecto constituyente son bien conocidas: en diciembre de 2001, un año después de adoptarse el Tratado de Niza, la declaración de Laeken comprometió a la UE a mejorar la democracia, la transparencia y eficiencia, dando inicio al proceso para crear una constitución europea. Adoptada en 2004, el proceso de ratificación descarriló con los referéndums de Francia y Holanda, donde fue rechazada, abriéndose un "período de reflexión" tras el que, en 2007, se inició el proceso de reforma de ese texto, que culminaría con la adopción del más limitado Tratado de Lisboa. El proceso de ratificación, de nuevo, se encontró con el rechazo irlandés en el referéndum celebrado en junio de 2008, y no fue hasta la celebración de un segundo referéndum en octubre de 2009, esta vez con resultado favorable, cuando el Tratado de Lisboa pudo entrar en vigor el 1 de diciembre de 2009.

No cabe duda de que la reforma de los tratados era un paso ineludible en la construcción europea, en particular en lo referido a la adaptación de las instituciones y las normas de toma de decisiones a una UE con un número mayor de miembros, en cuanto al fortalecimiento de la acción exterior de la UE, y en asuntos como la incorporación de valores, principios y derechos sobre los que se fundamenta la Unión. Sin embargo, ese proceso también significó un largo período de ensimismamiento político e institucional, mientras el sistema internacional cambiaba a una velocidad mucho mayor, planteando a la UE nuevos retos en cuanto a su papel internacional. Pero el legado más preocupante de este proceso es que el nuevo tratado define los límites de la construcción europea, haciendo emerger algunas rupturas que condicionan seriamente su presente y futuro y ponen en entredicho el experimento europeo de gobernanza democrática transnacional y de redefinición de la ciudadanía en clave cosmopolita

Por un lado, el Tratado de Lisboa deja claros los límites del proyecto europeo como unión política: como "unión de naciones", la UE dejaba a un lado la visión federal, tanto en el plano político como en el económico. Se ampliaba significativamente la cobertura y alcance del "método comunitario" y el procedimiento de codecisión a materias antes abordadas a través del marco intergubernamental, o que estando en el ámbito supranacional requerían unanimidad. Todo ello, a su vez, ampliaba los poderes del Parlamento Europeo, ya un verdadero colegislador. Pero al mismo tiempo, se ha venido reforzando el papel del Consejo y los líderes de cada Estado miembro, a expensas de la Comisión. En la gestión de la crisis del euro incluso el Consejo parece haber sido sustituido por una versión actualizada del "eje" franco-alemán, con la Comisión y el Parlamento en un papel muy secundario.

Por otra parte, como se ha indicado en la sección anterior, la crisis del euro ha puesto de manifiesto que ese modelo político no es compatible con la unión monetaria, y que más integración política es una condición *sine qua non* para asegurar su viabilidad. En otros términos, la crisis del euro ha vuelto a "abrir el melón" institucional, como pone de manifiesto la negociación, de urgencia, del nuevo pacto fiscal adoptado en marzo de 2012.

Además, parece haberse roto el consenso implícito entre elites y ciudadanía en el que se ha basado la construcción europea, por el que se aceptaba un proceso de reubicación de competencias soberanas en Europa, dirigido en gran medida por eurócratas no electos, en la medida que ello suponía mejoras tangibles en bienestar y derechos. Como señaló Fritz Scharpf (1999), en gran medida la legitimidad democrática de la UE dependía más de la "legitimidad de resultado" que de la "legitimidad de origen". Sin embargo, la ciudadanía europea parece haber retirado el cheque en blanco que se había extendido a la construcción de la UE. Ese pacto o consenso implícito parece haber terminado, al menos en algunos países, como ilustran los resultados de los referéndums en los que se rechazó el tratado constitucional. Cuando se empieza a constatar que "Bruselas" es el origen o la justificación de políticas que comportan recortes de derechos y una merma del bienestar, en unos casos, o que suponen sostener a socios en problemas, en otros casos, las sociedades no han tardado en expresar su rechazo. El euroescepticismo gana espacios y, paradójicamente, parece convertirse en el único vínculo ideológico común que se extiende entre los europeos.

El rechazo a la UE se expresa en dos direcciones. Por una parte, en los países de la Europa "del norte" se impugna la "unión de transferencias" en las que, como se indicó antes, se percibe que hay que pagar la factura de los excesos fiscales de los socios con dificultades. En los países de la periferia de la eurozona afectados por el ajuste, crece la resistencia social a decisiones que, en función de las exigencias de los mercados, son impuestas por el directorio de *Merkozy* o por las instituciones de Bruselas.

Ese rechazo se basa en la percepción de que esas exigencias suponen la evaporación de la democracia a nivel nacional, sin que nada la sustituya a nivel europeo, salvo la sumisión a las exigencias del mercado; la percepción de que suponen austeridad sin crecimiento, de que comportan la erosión o recorte de los derechos sociales y el fin de los "pactos sociales" que sustentan una concepción de la democracia social que está en los cimientos de los pactos de posguerra y de la propia construcción europea. Todo ello, en nombre de un verdadero "estado de excepción" económico o como expresión de una nueva "política del miedo" que pretende paralizar a las sociedades frente al recorte de derechos.[56] Como señaló Timothy Garton-Ash, "si lo que estamos presenciando es la salvación del euro, es un triunfo del miedo, no de la esperanza".[57]

A pesar de que el Parlamento Europeo ha ganado peso como colegislador, el "déficit democrático" sigue siendo un problema central en la construcción europea. Y es que la

---

56 Véase Estefanía (2011); también "La Unión Europea puede convertirse en un monstruo político. Entrevista a Ulrich Beck", *El País*, 6 de noviembre, pp. 20-21.

57 Timothy Garton-Ash (2012).

crisis de la UE es en gran medida una profunda crisis de legitimidad democrática. Ese problema se ha tornado más agudo con la crisis del euro y las medidas que se han ido adoptando para afrontarla. En particular, el nuevo pacto fiscal refuerza los poderes del Consejo y la Comisión para una "gobernanza económica europea" que supone fiscalizar las cuentas públicas y el desempeño económico general de los Estados miembros, exigir ajustes fiscales y, en caso de incumplimiento, aplicar sanciones. No es solo el caso de los países a los que se ha rescatado del colapso, como Irlanda, Portugal y Grecia. Que desde Bruselas se haya logrado inducir un cambio de gobierno en Grecia, con el nombramiento del tecnócrata Lukás Papadimos, da idea del alcance de esos poderes. El nombramiento del también tecnócrata Mario Monti al frente del gobierno de Italia, en sustitución de Silvio Berlusconi, se ha realizado también al margen del mandato popular. Ello plantea serios interrogantes sobre su legitimidad democrática, por muy desastrosa que fuera la gestión del Primer Ministro saliente. Pocos días después de tomar posesión, el Primer Ministro socialista de Bélgica fue conminado a recortar el presupuesto o afrontar sanciones, y a Hungría se le han exigido fuertes recortes de gasto que, en caso de incumplimiento, pueden suponer la pérdida de ayudas de los fondos estructurales.[58] En España, el desplome del voto socialista y el triunfo electoral de los conservadores han sido, en gran medida, el resultado del viraje del gobierno de Rodríguez Zapatero en mayo de 2010, cuando, presionado por la UE y el riesgo de intervención, inicia el proceso de ajuste y de recorte de derechos que le enajena buena parte de su apoyo social. El nuevo gobierno de Mariano Rajoy, por otro lado, se encontró en cuestión de días en la misma situación: sin margen de maniobra, se vio forzado a desdecirse de sus compromisos electorales en materia de impuestos, reforma

---

58 *The Economist* (2012).

del mercado laboral y recortes sociales, sufriendo, en apenas cien días de gobierno, un fuerte desgaste. El intento de Rajoy de renegociar los plazos de reducción del déficit -al que se había negado expresamente en la campaña electoral- arañó solo unas décimas a las instituciones europeas, a costa de una grave erosión de credibilidad ante Bruselas y los mercados.

De esa crisis se nutren, además, el nacionalismo y la derecha populista que, abiertamente antieuropea, se extiende en el escenario político de la UE y que amenaza con "renacionalizar" la política y la ciudadanía. En un escenario de incertidumbre y creciente inseguridad económica, los reclamos ciudadanos se dirigen a gobiernos nacionales que no pueden responder, o lo hacen con medidas impopulares. Ello supone un terreno abonado para fuerzas de derecha populista, que elección tras elección avanzan explotando la crisis con discursos nacionalistas, antieuropeos y xenófobos. A menudo, se convierten en "partidos bisagra" de los que dependen mayorías parlamentarias o gobiernos de coalición. Ante el riesgo de pérdida de votos, se trata de discursos también asumidos por algunos partidos conservadores, con lo que tienden a "normalizarse" en el juego político europeo. Es el caso, en particular, de la UMP de Nicolás Sarkozy, acorralada desde la derecha por el Frente Nacional de Marine Le Pen; de la CDU de Angela Merkel, cuya agenda política está condicionada por su coalición con los liberales y la influencia mediática de *Bild Zeitung* y otros tabloides; de los euroescépticos checos, eslovacos o polacos; del "partido de los verdaderos finlandeses"; de la deriva derechista de Fidesz en Hungría, presionado por los "ultras" de Jobbik; o de los gobiernos de los Países Bajos o de Dinamarca. En Alemania, por último, podría citarse la controversia suscitada por las afirmaciones racistas y xenófobas de Thilo Sarrazin, miembro del SPD y consejero del Bundesbank, en su libro *Deutschland schafft sich ab* (*Alemania se suprime a sí misma*).

El espacio Schengen de libre circulación, uno de los mayores logros de la integración europea, puede ser víctima de todo ello. Dinamarca, por ejemplo, anunció la reintroducción de controles fronterizos ante un supuesto aumento de la criminalidad; el gobierno francés decretó la expulsión de gitanos rumanos basándose en cálculos electorales, y pidió la revisión de Schengen tras el cierre de la frontera franco-italiana de Ventimiglia con motivo de la llegada de refugiados tunecinos.

Ya se ha indicado que la gestión de la crisis del euro se ha visto fuertemente condicionada por el ascenso de esas fuerzas políticas y los discursos políticos que promueven. La extrema dureza del ajuste, la ambivalencia y las dilaciones de los líderes europeos, o los "acuerdos de mínimos" para reformar las instituciones, dar respaldo a los nuevos instrumentos financieros (EFSF y ESM), o financiar los programas de rescate de los países en crisis deben situarse en ese contexto.

4. El cuestionamiento de la "Europa social" y el modelo europeo de cohesión

En muchos aspectos, la UE puede ser vista como un "microcosmos" de la globalización. En ninguna otra área del mundo se ha llegado a tanto en materia de liberalización económica. Pero también es en la UE donde más se ha avanzado en la creación de mecanismos supranacionales para promover la cohesión económica, social, y territorial. Las políticas de cohesión son, por ello, un elemento fundamental de la construcción europea y de su identidad internacional.[59]

---

59 Sanahuja (2009).

Sin embargo, el modelo europeo de cohesión -otro de los conceptos que, en ocasiones, se ha tratado de "exportar" a América Latina- también parece estar en crisis. Desde los años 1980, ese modelo, basado en gran medida en las transferencias de los fondos estructurales, ha tenido un papel importante en la modernización de las economías más rezagadas de la Unión, y ha sido un importante instrumento de la competitividad y de la convergencia de rentas. Esa política de cohesión "clásica" sigue siendo muy relevante de cara a los retos de la ampliación, máxime cuando los países de Europa central y suroriental muestran asimetrías de renta y competitividad mucho mayores que las que caracterizaron a los de la segunda ampliación -en particular, España y Portugal-, que han sido grandes beneficiarios de esa política. El problema es que los recursos son mucho menores y la convergencia va a ser muy lenta y se va a dejar básicamente al albur del mercado.

En un sentido amplio, el concepto de cohesión remite al "modelo social europeo", que trata de combinar la eficiencia económica derivada de la liberalización de los mercados, con políticas redistributivas basadas en el principio de solidaridad, de manera que unas y otras se refuercen en un "círculo virtuoso" de crecimiento y creación de empleo. En un sentido más estricto, la cohesión remite a las políticas para alcanzar mayor igualdad en las disparidades económicas y sociales entre Estados miembros, regiones y grupos sociales. Por esta razón, a menudo se ha identificado la cohesión con la "convergencia real" entre Estados miembros y regiones de la UE, a partir de indicadores de renta y empleo, en contraposición con la convergencia macroeconómica del Pacto de Estabilidad.

Sin embargo, la aparición de la cohesión económica y social como política comunitaria es un hecho relativamente tardío. Hasta 1975 no aparece el Fondo Europeo de Desarrollo Regional (FEDER), y hasta finales de los años

1980 los fondos estructurales tenían recursos limitados, una actuación fragmentada, y no existía una estrategia común. Es en el Acta Única Europea de 1986 cuando se introduce formalmente en los tratados, como contrapeso a las políticas de liberalización que suponía el mercado interior.[60]

La tardía aparición y desarrollo de la política de cohesión en los tratados y en las políticas de la UE no se explica sin hacer referencia al ciclo de expansión económica de posguerra y a su declive posterior. Según Tsoukalis (2004: 63), el fuerte crecimiento económico de los años 1960 y la expansión del Estado de bienestar permitieron asumir con relativa facilidad esos costes a través de las políticas keynesianas nacionales. Ese modelo se quiebra con la crisis de los años 1970, que dio fin a las políticas nacionales de matriz keynesiana. Frente a ello, se intentó promover un nuevo ciclo expansivo de matriz neoliberal, basada en la estabilización macroeconómica y la desregulación de los mercados al que serían funcionales tanto el mercado interior como la unión monetaria. Ello podría acentuar los desequilibrios sociales y territoriales en el seno de la UE, y supondría costes sociales y económicos elevados en un contexto de disciplina fiscal y de mayores asimetrías, como las que suponía la adhesión de países como España y Portugal.

Por ello, la Comisión Delors planteó un vínculo explícito entre el mercado interior, la redistribución y el fortalecimiento de la capacidad reguladora de las instituciones europeas. Sin embargo, se optó por el diseño políticamente más factible, con una unión monetaria sin federalismo fiscal, que se limitaba a reforzar los fondos estructurales hasta alcanzar una tercera parte del presupuesto comunitario, y el 0,46% del PIB de la UE.

---

60 Holland (1993).

Existen profundos desacuerdos sobre los factores que explican la convergencia de renta en la UE en los años previos a la crisis. Dejando al margen a los países de Europa central y oriental que se incorporan en 2004, la reducción de disparidades es muy clara entre países, y algo menos entre regiones. En ello parecen haber jugado un papel importante las transferencias europeas -por encima del 3% del PIB en los casos de Grecia y Portugal, en torno al 1% en el caso de España-, aunque también han sido relevantes la calidad de las instituciones, la estabilidad macroeconómica y las políticas nacionales.[61] En cualquier caso, no se debe exagerar la influencia de esas transferencias, obviando que los mecanismos nacionales siguen siendo claves para la cohesión, y la UE solo es un complemento de estos.

Según Hooghe,[62] todo lo anterior sería el reflejo de la pugna ideológica entre la visión neoliberal de la integración europea y la más favorable a un "capitalismo regulado". Por ello, la expansión de la política de cohesión desde finales de los años 1980, y su debilitamiento en los 2000 podrían verse como el inicio y el fin de un ciclo de políticas y el retorno de una concepción más liberal de la integración europea ante las presiones competitivas de la globalización, acentuadas, en el caso europeo, por los costes de la ampliación. Ese estancamiento es visible en las perspectivas financieras 2007-2013, que reducían los recursos de la cohesión del 0,46 al 0,31% del PIB de la UE-15... a pesar de que la ampliación supone un desafío sin precedentes: en 2004, todos los nuevos Estados miembros, salvo Malta, Hungría, la República Checa y Eslovenia, tenían una renta per cápita inferior al 60% del promedio comunitario. Con una tasa de convergencia del 2%, eliminar esa brecha supondría 50 años, y se estima que estos

61 Sapir (2003: 59-63).
62 Hooghe (1998: 457).

países podrían alcanzar una renta de entre el 65 y el 75% del promedio comunitario -es decir, el punto de partida en 1986 de España y Portugal- en el año 2035.

Por otro lado, desde finales de los años 1990, como respuesta a las presiones competitivas de la globalización, pierde peso el componente redistributivo de la cohesión y se pone más énfasis en su contribución a la mejora de la competitividad internacional, vinculando la cohesión con política de empleo y de inclusión social. Ese vínculo se ha explicitado en la Estrategia de Lisboa y las directrices de la política de cohesión del período 2007-2013.

Si bien la política de cohesión económica y social está asentada entre las competencias comunitarias, no ha ocurrido lo mismo con la política social y de empleo. Se ha señalado que el alto grado de integración económica alcanzado en la UE afecta a las condiciones del empleo y la protección social, por lo que es necesaria una "Europa social" que armonice las normas laborales y de protección social. Empero, otros actores se han opuesto a la "europeización" de estas políticas alegando que responden a condiciones nacionales distintas y reflejan distintos niveles de productividad de las economías. El resultado de estas disputas ha sido el bloqueo, o el lento desarrollo de las iniciativas para ampliar la "Europa social". En particular, el veto británico a la Carta Social Europea, acordada por once Estados miembros en 1989, impidió que esta fuera incorporada al Tratado de Maastricht.

Aunque el Tratado de Ámsterdam incorporó la Carta Social a los Tratados, la acción de la UE se concibe como complemento a las políticas nacionales, con un mecanismo más laxo de coordinación y seguimiento de planes nacionales en esta materia -el llamado "Método Abierto de Coordinación" (MAC)- y un modesto plan de acción de la Comisión, en ambos casos, en el marco de la Estrategia de Lisboa.

Las políticas adoptadas en este marco revelan, sin embargo, otro dilema fundamental que afecta al modelo social europeo: el que se plantea entre las presiones competitivas de la globalización y el aumento de las cargas financieras que supone el Estado de bienestar. La crisis del euro, como se ha indicado, está resolviendo este dilema por la vía de los hechos, a través de políticas de ajuste que pretenden que los países afectados recuperen la competitividad internacional con menores costes laborales e importantes recortes de derechos. De nuevo, ello remite a la ruptura o debilitamiento de los pactos sociales en los que se había basado el modelo social europeo y su visión de la cohesión social, y el abandono, en la práctica, de los objetivos de convergencia real consagrados en los tratados.

Aunque la "Europa social" y la política de cohesión "clásica" han tratado de incorporar objetivos de lucha contra la exclusión social, no parecen responder al desafío más importante que hoy afrontan las sociedades europeas en términos de inclusión social: las migraciones. La redefinición de la cohesión social y territorial tiene ahora, como lugar clave, los centros urbanos, y en particular, la aparición de la versión europea de las "ciudades divididas" por factores socioeconómicos que se cruzan con barreras y dinámicas de exclusión de carácter étnico-cultural. Aunque esta cuestión afecta en primera instancia a las autoridades locales y nacionales, es un reto que también se plantea a escala europea, en un marco de libre circulación en el que, uno tras otro, han ido fracasando modelos naciones pretendidamente exitosos de integración de los migrantes.

Como se indicó, esta cuestión puede dar alas al nacionalismo xenófobo y al racismo, y terminar envenenando la vida democrática de la UE, en un contexto de crisis y desempleo donde los inmigrantes pueden convertirse fácilmente en argumento electoral, el "chivo expiatorio", con esporádicos brotes de violencia xenófoba, como el caso Breivik, o de violencia reactiva, como las revueltas de las *banlieues* francesas.

Ello también pone en entredicho frente al resto del mundo los valores democráticos de la UE y la supuesta naturaleza de la Unión como "actor normativo" basado en valores. Es también una cuestión clave de cara al futuro económico de la UE, cuyas tendencias demográficas auguran serios problemas en los mercados de trabajo y en la sostenibilidad de las políticas sociales si se asumen las políticas restrictivas que reclaman esas ideologías.

5. ¿Potencia civil global o irrelevancia autoinfligida?: los dilemas de la acción internacional de la UE

Finalmente, la legitimidad y racionalidad del proyecto europeo también radicaría en su vertiente externa. En particular, en la paulatina conformación de la UE como actor internacional, especialmente, en su voluntad de ser un actor global y como *rulemaker* destacado en participar activamente en la conformación de los principios, reglas e instituciones que conforman el sistema internacional a partir de unos intereses, identidad y valores de carácter "europeo". La singularidad de la UE como actor internacional radicaría, sobre todo, en su pretensión de ser una "potencia civil" y un "actor normativo" basado en valores. Valores que además de constituir su identidad internacional, también serían fuente de su "poder blando" y su influencia como *global player*, ejerciendo influencia a través de medios no coercitivos. Por ello, la UE ha sido percibida -y se autopercibe- a partir de los valores propios del "internacionalismo liberal", así como a la proyección internacional de su *zeitgeist* de integración: la promoción del libre comercio, la democracia y los derechos humanos más allá de sus fronteras, así como rasgos propios de la experiencia europea: la promoción de la integración económica, de la "cohesión" y del "modelo social europeo".[63] En una aparente paradoja, dotarse de capacidades militares refuerza ese carácter de "actor normativo", dado que las misiones militares de la Unión se limitarían a las llamadas "Misiones Petersberg" de gestión de crisis, acción humanitaria y misiones de paz.[64]

La condición de actor (*actornesss*) de la UE es inherentemente problemática y requiere de una caracterización específica, dado que no se pueden utilizar las categorías habituales propias del Estado-nación. Esa condición de actor dependería de su "presencia" y "capacidades", en las que el compromiso compartido con un conjunto de valores y principios globales tiene un papel central. Obviamente, ese compromiso también demanda capacidad efectiva para identificar prioridades políticas y formular políticas coherentes; para negociar con otros actores; la disponibilidad y capacidad de utilizar instrumentos de política; y mecanismos de legitimación interna de las prioridades y los procesos decisorios en la política externa.[65]

Desde el surgimiento de la Cooperación Política Europea en política exterior, al Tratado de Maastricht y el Tratado de Lisboa, la UE ha ido incrementando tanto su "presencia" como sus capacidades como actor internacional, desarrollando esa acción exterior y esa identidad europea diferenciada que singulariza a la UE respecto a otros actores globales. La UE es desde hace años un actor unitario en lo referido al comercio internacional; cuenta con una maquinaria bien engrasada para la gestión diaria de las relaciones internacionales entre las cancillerías nacionales y las instituciones comunitarias; proporciona más de la mitad de la ayuda al desarrollo mundial; se ha

---

63 Holland (1993) y Sanahuja (2009).

64 Stavridis (2001).

65 Bretherton y Vogler (1999: 38).

dotado de una estrategia común de seguridad internacional; ya tiene una notable experiencia acumulada en misiones militares y civiles de mantenimiento de la paz y gestión de crisis; desarrolla una amplia cooperación en materia de defensa, incluyendo programas conjunto de armamento; y ha tenido la capacidad de conformar los intereses, valores e identidades de los Estados miembros a través de un intenso proceso de "europeización" de sus políticas internas e internacionales.[66]

En el contexto de la Guerra Fría y la "oleada democratizadora" de los años 1980 y 1990, el compromiso de la UE con la democracia, los derechos humanos, el desarrollo y la lucha contra la pobreza, los procesos de paz y el multilateralismo contribuyó a conformar una poderosa imagen positiva de la Unión como actor "progresivo" y "civil" de las relaciones internacionales, en contraste, por ejemplo, con Estados Unidos. Los procesos de ampliación también mostraron su capacidad "transformadora" en su vecindad inmediata, en materia de democratización, "buen gobierno" y modernización de la economía, la sociedad y la política. Pero el reconocimiento de esa imagen no debiera llevar a ignorar que seguían existiendo importantes problemas, como demostraría su incapacidad de afrontar los conflictos de los Balcanes, las divisiones que produjo la invasión de Irak, o la ausencia de una política coordinada ante los organismos financieros internacionales. Ello se atribuyó, tal vez de manera voluntarista, a carencias institucionales, que un nuevo tratado debería corregir.

El Tratado de Lisboa supone, sin duda, importantes avances para fortalecer la actuación internacional de la UE. Con el Tratado, que ya confiere a la UE personalidad jurídica, las distintas políticas y las relaciones con otros países se integran en un marco común de acción exterior.

---

66 Hill y Wong (2011).

Este queda sometido a un conjunto de valores que se definen de manera expresa y detallada, así como a los mismos principios y objetivos, incluyendo, *inter alia*, los referidos a la paz y seguridad internacionales, la democracia y los derechos humanos, la protección del medio ambiente y la lucha contra la pobreza mundial. Ello puede contribuir a una acción exterior más coherente y eficaz, y debería fortalecer el papel de la UE como "potencia normativa" basada en valores.

Adicionalmente, se refuerza el marco institucional y burocrático de dicha acción exterior al establecer la Presidencia permanente del Consejo Europeo, así como la figura de Alto Representante de la Política Exterior y de Seguridad Común (PESC), que ocupa ese cargo de manera simultánea con el de Vicepresidente de la Comisión Europea encargado de las Relaciones Exteriores. Bajo su responsabilidad directa, se establece el Servicio Europeo de Acción Exterior (SEAE), que a su vez supone un fortalecimiento de las delegaciones de la UE en terceros países. Finalmente, en ámbitos como la política comercial común, se refuerzan, clarifican y simplifican las competencias comunitarias, y se amplía el procedimiento de codecisión.

Sin embargo, a poco más de dos años desde la entrada en vigor del Tratado, el panorama de la acción exterior de la UE es bastante sombrío. Sus aspiraciones de convertirse en una potencia global parecen evaporarse ante lo que se percibe, dentro y fuera de la Unión, como una creciente irrelevancia de la UE ante un mundo caracterizado por un intenso proceso de desplazamiento del poder, con nuevas potencias emergentes, un Estados Unidos crepuscular, y un número creciente de actores no estatales. Sin embargo, esa irrelevancia es, de nuevo, una dolencia en gran medida autoinfligida. La influencia y la credibilidad de la UE se han visto fuertemente debilitadas debido a tres dinámicas interrelacionadas: la erosión de la UE y de su credibilidad como "potencia normativa"; la creciente fragmentación del poder europeo; y la visible falta de liderazgo y consiguiente parálisis institucional de los órganos de la UE.

La crisis de la UE como "potencia normativa" se relaciona con la creciente dificultad para articular intereses y valores, y el peso que van adquiriendo en la formulación de la política exterior de los Estados miembros y de la UE en su conjunto los intereses de corto plazo en el ámbito económico, político-diplomático, migratorios o de seguridad, a menudo inducidos por agendas políticas domésticas. Quizás el caso más notorio es el de las "primaveras árabes", en las que han naufragado al menos dos décadas de política mediterránea de la UE. A pesar de su retórica democrática y de defensa de los derechos humanos, en realidad esa política estaba subordinada a imperativos de estabilidad, acceso a fuentes de energía, control migratorio, y/o contención del islamismo radical, contribuyendo a perpetuar regímenes autoritarios y corruptos. Esos intereses han gravitado sobre la respuesta europea a las revoluciones democráticas árabes, que han sido cortoplacistas, lentas y ambivalentes.

La actuación de algunos Estados miembros en relación con los refugiados procedentes de Túnez o Libia, poniendo en cuestión el espacio Schengen, ha sido también reveladora: si las instituciones y las normas de la UE ceden ante actuaciones unilaterales de los gobiernos, dominadas por agendas migratorias y de seguridad domésticas, ¿qué puede esperarse de su acción exterior?

La respuesta a la crisis de Libia, en cuanto se ha tratado de aplicar el Principio de "Responsabilidad de Proteger", podría ser considerada una excepción. Sin embargo, en este caso la UE como tal ha estado ausente, y como se indicará, no logró articular una posición común, lo que resultó en una operación militar básicamente franco-británica. Su desarrollo, además, se ha ido separando de dicho principio:

han terminado aflorando evidentes intereses estratégicos de esos dos países, lo que ha erosionado y deslegitimado la "Responsabilidad de Proteger" y el apoyo que la UE había dado a ese principio desde posiciones cosmopolitas. Ello ha vindicado las críticas que se habían hecho a este principio como posible cobertura legitimadora de un "neoimperialismo liberal", y ha justificado propuestas revisionistas como la de Brasil, que reclama la observancia de una "responsabilidad *al* proteger".

Esos "dobles raseros" también se observan en la relación con otros países y regiones, como Europa oriental o la Federación Rusa, donde la seguridad energética de la UE y en particular de Alemania tienen mucho en juego; o en América Latina, donde la opción por los acuerdos de libre comercio colisiona con la agenda de cohesión social y con criterios básicos de derechos humanos, en un contexto en el que varios países latinoamericanos consideran este tipo de acuerdo parte del denostado Consenso de Washington. Aunque parte del problema pueda radicar en los propios países latinoamericanos y su ambivalencia hacia su propia integración, el hecho es que esos acuerdos comerciales, de carácter bilateral, también ponen en entredicho la política europea de apoyo a los procesos de integración regional. Por todo ello, la UE, que durante mucho tiempo fue un actor que promovía reformas a favor de la cohesión social -reforma fiscal, políticas de inclusión social, igualdad de género...- y la integración regional, hoy es percibida por las "nuevas izquierdas" latinoamericanas como un actor "neoliberal" no muy diferente a Estados Unidos.[67]

Todo ello, además, parece inscribirse en una tendencia en que la UE vuelve a dar prioridad a la agenda comercial, azuzada por la crisis y por la percepción de que en un mundo de potencias emergentes, la "geoeconomía" vuelve

[67] Hettne y Söderbaum (2005) y Sanahuja (2010).

a ser el vector impulsor de las relaciones exteriores de la UE, lo que significará mayor atención a intereses económicos y empresariales, por encima de consideraciones políticas como la democracia y los derechos humanos, y un mayor peso del bilateralismo respecto a los enfoques comunes de la UE.[68] Ello pasará factura de dos maneras: por un lado, supone un coste elevado para un actor que, como se indicó, ha tenido en su apego a los valores una de las fuentes de su influencia internacional y su poder "blando" o "normativo"; por otro, en la medida que los Estados miembros rivalizan en el exterior compitiendo por contratos, inversiones y cuotas de mercado, otros actores, como Brasil, China o Estados Unidos, pueden sacar ventaja de las divisiones europeas.

La segunda dinámica que explica esa "irrelevancia autoinfligida" es la creciente fragmentación del poder europeo.[69] Pese a que, como se indicó, el Tratado de Lisboa proporciona el marco institucional para una acción exterior más integrada, persisten serios problemas de articulación y/o de fragmentación del poder europeo. Por mencionar algunos casos bien conocidos, no han existido "sillas" de la UE en los directorios ejecutivos de los organismos financieros internacionales -aunque la actual reforma de la distribución del poder de voto impulsada por el G-20, que modificará la distribución de voto y la composición de las "sillas", lo hace ahora posible[70]-; y la ayuda al desarrollo de los Estados miembros y las instituciones comunitarias sigue estando fragmentada y dispersa pese a las iniciativas de coordinación adoptadas por las instituciones comunitarias, lo que reduce sensiblemente su efectividad. El SEAE

---

[68] Martiningui y Youngs (2012).

[69] Torreblanca (2011c).

[70] "EU Explores Pooling IMF Representation", *Wall Street Journal*, 21 de noviembre de 2011.

está enfrentando serios problemas de implementación, y algo más de un año después de su creación, no cuenta con pleno apoyo de los Estados miembros, no tiene los recursos humanos y materiales necesarios, no ha logrado definir y/o desplegar estrategias coherentes para integrar las distintas áreas de la acción exterior (en algunos casos, en manos del SEAE; en otros, de distintos servicios de la Comisión), se debate entre conflictos y pugnas interburocráticas, y carece de un liderazgo adecuado.[71]

En materia de seguridad y defensa, a pesar de la voluntad de dotarse de capacidades militares significativas, veinte años después de haber terminado la Guerra Fría, los ejércitos europeos aún están organizados y armados bajo los parámetros de un escenario estratégico del pasado, con escasas capacidades comunes y grandes dificultades para organizar, desplegar y sostener las nuevas misiones militares de gestión de crisis y mantenimiento o imposición de la paz requeridas por los Tratados y la Política Común de Seguridad y Defensa (PCSD). El gasto de defensa de la UE es muy inefectivo, con una cooperación en materia de programas de armamentos aún incipiente -por ejemplo, a través del consorcio EADS-, debido a la persistencia de intereses nacionales a la hora de defender a sus respectivos "campeones" nacionales.[72] El caso de Libia, de nuevo, revela las consecuencias de los desacuerdos internos y las profundas diferencias que existen en cuanto a las misiones definidas por los Tratados. Solo algunos Estados miembros se implicaron en acciones de combate, mientras que otros optaron por permanecer en segundo plano, en misiones de apoyo. Alemania, país clave de la UE, pero más reacia al uso de la fuerza, se abstuvo en las votaciones del Consejo de Seguridad y no participó en las operaciones militares.

---

[71] Lehne (2011).

[72] Witney (2008).

El mayor problema es posiblemente la marcada tendencia a la "renacionalización" de la política exterior, con el telón de fondo de un visible reequilibrio en el poder y la influencia de los Estados miembros respecto a las instituciones de la UE. Las decisiones parecen adoptarse por un "directorio" de geometría variable, ya que no siempre se logrará el acuerdo. Este difícilmente podrá tener la legitimidad y el liderazgo necesario para los 27 Estados miembros, y al mismo tiempo, los órganos y las reglas establecidas por el Tratado de Lisboa van quedando apartados de las decisiones relevantes, como revelarían, de nuevo, el manejo de la crisis del euro, o la crisis de Libia. La voluntad aparente de dotar a la UE de instituciones más fuertes tiene su contrapunto en el bajo perfil y la falta de experiencia de la Vicepresidenta de la Comisión y Alta Representante de la UE para la PESC, así como del Presidente del Consejo, que se suman al débil Presidente de la Comisión. Pero esa debilidad debe ser vista más como un síntoma que como una causa de los problemas de liderazgo de las instituciones de la UE, pues el papel marginal que están jugando es el resultado de una elección deliberada de los Estados miembros, celosos de su papel director de la política exterior y del creciente papel de los jefes de Estado y de Gobierno en esa materia. Como ha señalado Torreblanca,[73] lo paradójico es que si el Tratado de Lisboa y la creación del SEAE debían haber alumbrado un sistema más integrado y coherente, lo que se ha generado es más fragmentación e incoherencia, con presidentes y cancillerías que actúan de manera irregular y por impulsos de política doméstica, con coaliciones y acuerdos *ad hoc* y con recursos nacionales, en el intergubernamentalismo más elemental. En ese contexto, las instituciones y las políticas de la Unión quedan reducidas a un rol declarativo,

[73] Torreblanca (2011a).

cada vez más alejadas de las decisiones y centros reales de poder, y a la postre se vuelven cada vez más irrelevantes, en la UE y ante otros actores.

Si ha habido un "día negro" para la política exterior de la UE, que simbolizara estas carencias, fue el 31 de octubre de 2011, con motivo de la votación sobre el ingreso de Palestina en la UNESCO -un paso simbólico y práctico en el reconocimiento de su estatalidad-, en la que la UE no fue capaz de adoptar una posición común -once votaron a favor, cinco lo hicieron en contra, y otros once se abstuvieron-, en una agónica demostración pública de la creciente brecha que existe entre los propósitos de Lisboa y la realidad de una PESC fragmentada e inefectiva.[74]

6. Las "cuatro crisis" de la UE y el reequilibrio de la relación birregional

Todo lo anterior revela que la crisis de la construcción europea no se limita a los problemas del euro. La UE atraviesa una "cuádruple" crisis que afecta a sus fundamentos, racionalidad, objetivos e identidad como proyecto para promover el crecimiento económico y la competitividad internacional en un contexto de globalización; para continuar siendo un modelo de "gobernanza democrática cosmopolita" y de soberanía mancomunada; para mantener la "Europa social" y seguir siendo un modelo sin parangón de cohesión económica, social y territorial a escala transnacional; y para posicionarse como actor normativo global en un sistema internacional caracterizado por profundos cambios en el poder.

Esas cuatro crisis del proyecto europeo sitúan a la UE en una encrucijada histórica ante la que cabrían tres

---

[74] Martínez (2011).

posibilidades: el debilitamiento del proyecto y la tendencia a la “renacionalización” de las políticas europeas; la transformación de la UE en un instrumento disciplinario de los mercados, en coordinación con el FMI, dejando en el camino su dimensión solidaria y su contenido político; o bien, una redefinición de la construcción europea como proyecto democrático y como instrumento político para la gobernanza efectiva de la globalización. Las dos primeras son, en realidad, falsas salidas: “renacionalizar” no permite recuperar soberanía frente a los mercados, y/o conduce a una mayor irrelevancia de la política exterior, y a la postre, esa opción, si es que existiera, no sería muy distinta de la segunda.

La crisis europea está alterando profundamente los equilibrios y la tradicional asimetría que durante décadas caracterizó la relación entre la UE y América Latina. Desde los años 1970, Latinoamérica buscó -y en parte, encontró- en Europa apoyo, inspiración y estímulos para afrontar sus crisis y problemas seculares. Destino de exiliados y fuente de solidaridad y de apoyo político, los gobiernos, partidos políticos y ONG europeos fueron un importante referente externo para impulsar los procesos de transición y consolidación democrática. Ante los conflictos centroamericanos, la relación con la UE amplió los márgenes de autonomía y el espacio para maniobrar frente a Estados Unidos, que ya no pudo alzarse como el único portavoz autorizado de los intereses o los valores de Occidente. El apoyo económico fue menos generoso, pues se mantuvo el proteccionismo comunitario y no hubo respuesta a las demandas de la región sobre la deuda externa. Al menos, la ayuda al desarrollo creció, y desde los años 1990 la UE se convirtió en la principal fuente de inversión extranjera. Más tarde, con la posibilidad de firmar acuerdos de libre comercio, la UE siguió siendo la principal referencia externa para diversificar las relaciones exteriores de la región, y así ganar autonomía política y económica, y es de ese factor del que dependía, en buena medida, su poder e influencia sobre la región.

Lo más relevante, quizás, es que la UE fue vista desde América Latina -tal vez exageradamente- como un actor normativo, y en particular, como un contrapeso político e ideológico al "Consenso de Washington" de los años 1990, y al unilateralismo y el militarismo estadounidense que se afirmó tras el 11-S. Si bien la UE nunca se distanció de los principios del internacionalismo liberal clásico -el fomento de la democracia representativa y el libre comercio-, también ha promovido otros valores "europeos", como la cohesión social, la integración regional, y una política exterior basada en valores democráticos y la defensa de los derechos humanos.

La UE, sin embargo, parece ser ahora una opción menos relevante en términos de diversificación de las relaciones exteriores de América Latina. A ello contribuye, sin duda, el ascenso de Asia y en particular de China. No se trata tanto de la (escasa) seducción que pueda emanar del modelo de capitalismo de Estado que está detrás del éxito económico de este país, como del hecho de que en muy poco tiempo China se ha convertido en uno de los primeros socios comerciales de los países sudamericanos, y según proyecciones de CEPAL, en pocos años más puede desbancar a la UE del segundo puesto que, tras Estados Unidos, viene ocupando como destino exportador de la región.

También parece diluirse el papel de la UE como "actor normativo" y referente político para la región. Ello se explica, en parte, por los cambios que se han producido en América Latina. La región atraviesa un ciclo político con fuerzas sociales y gobiernos progresistas para los que la UE ya no es un referente político, salvo para distanciarse de él, ya que se le percibe como "neoliberal". Pero lo más relevante es, como se ha indicado, la crisis de lo que la UE ha representado como referente económico, político y social, así como su papel como actor global basado en valores.

Por todo ello, la crisis europea ha significado, a corto plazo, una reequilibrio de las partes y una mayor simetría en las relaciones, ahora más horizontales. Pero esta encrucijada tiene otras implicaciones para América Latina. A corto plazo, la ruptura del euro y una recesión en la UE tendrían graves consecuencias para la prosperidad de la región, y como se reconoció implícitamente por parte de las autoridades económicas de la región, América Latina está más globalizada y es más interdependiente de lo que políticamente está dispuesta a aceptar. Por ello, a pesar de los agravios históricos, América Latina no debiera caer en sentimientos de *Schadenfreude* y recrearse en el mal ajeno. Como afirmó el ex presidente de Brasil Lula da Silva, "el mundo no tiene derecho a permitir que la UE acabe, porque ya es patrimonio democrático de la humanidad". La quiebra del proyecto europeo, más allá de sus consecuencias económicas de corto plazo, lo es también de muchas de las aspiraciones históricas de América Latina, y dejaría a la región más solitaria y aislada para hacer frente a los retos de la globalización.

Referencias bibliográficas

Bretherton, Ch. y J. Vogler (1999), *The European Union as a global actor*, Londres, Routledge.

Carr, E. (2011), "Starying into Abyss. Special Report: Europe and its Currency", *The Economist*, 12 de noviembre.

Costas, A. (2011), "Pensar lo impensable", *El País Negocios*, 31 de diciembre, p. 40.

Dullien, S. y U. Guèrot (2012), "The Long Shadow of Ordoliberalism: Germany's Approach to the Euro

Crisis", *Policy Brief. European Council of Foreign Affairs* (ECFR), Londres, febrero.

Estefanía, J. (2011), *La economía del miedo*, Barcelona, galaxia Gutenberg.

Fioramonti, L. y A. Poletti (2008), "Facing the Giant: Southern Perspectives on the European Union", *Third World Quarterly*, vol. 28.

Garton-Ash, T. (2012), "El miedo quizás ha salvado al euro", *El País*, 30 de enero.

Gowan, R. y F. Brantner (2008), *A Global Force for Human Rights? An Audit of European Power at the UN*, Londres, European Council on Foreign Relations (ECFR), septiembre de 2008.

Gratius, S. (2012), "¿Es Alemania todavía un poder europeo?", *FRIDE Policy Brief* núm. 73, febrero.

Hettne, B. y F. Söderbaum (2005), "Civilian Power or Soft Imperialism?, The EU as a Global Actor and the Role of Interregionalism", *European Foreign Affairs Review*, núm. 10, pp. 553-552.

Hill, C. y R. Wong (eds.) (2011), *National and European Foreign Policies: Towards Europeanization*, Londres, Routledge.

Holland, M. (1993), *The European Imperative. Economic and Social Cohesion in the 90s*, Nottingham, Spokesman.

Hooghe, L. (1998), "EU Cohesion Policy and Competing Models of European Capitalism", *Journal of Common Market Studies*, vol. 36, núm. 4, pp. 457-477.

Jonung, L. y E. Drea (2009), *The Euro: It Can't Happen, It's a Bad Idea, It Won't Last. US Economists on the EMU, 1989-2002*, Bruselas, Comisión Europea.

Lakoff, G. (2007), *No pienses en un elefante. Lenguaje y debate político*, Madrid, Editorial Complutense.

Lehne, S. (2011), *More Action, Better Service. How to Strengthen the European External Action Service*,

Washington, Carnegie Endowment for International Peace, diciembre.

Martínez de Rituerto, R. (2011), "La crisis sentencia la política exterior", *El País*, 22 de noviembre, p. 6.

Martininigui, A, y R. Youngs (2012), *Desafíos para la política exterior europea en 2012. Una Europa geoeconómica*, Madrid, FRIDE.

Pisany-Ferry, J. (2012), "The Euro Crisis and the New Impossible Trinity", *Bruegel Policy Contribution*, 2012/01, enero de 2012.

Sanahuja, J. A. (2009), "La cohesión social en el marco del diálogo político Unión Europea-América Latina: visiones y perspectivas desde Europa", en F. Carrillo Flórez, *La lucha contra la exclusión social en América Latina. Una mirada desde Europa*, La Paz, Banco Interamericano de Desarrollo, Comisión Europea, Plural, pp. 65-99.

Sanahuja, J. A. (2010), "Entre los valores y los intereses. Las relaciones entre América Latina y la Unión Europea tras el golpe en Honduras", *Nueva Sociedad*, núm. 226, marzo-abril, pp. 125-144.

Sanahuja, J. A. (2011), "América Latina y la Unión Europea: estrategias y opciones tras la Cumbre de Madrid", en J. Altmann, T. Beirute y F. Rojas Aravena (coords.), *América Latina y el Caribe: ¿Integrados o Marginados?*, Buenos Aires, Teseo / Facultad Latinoamericana de Ciencias Sociales (FLACSO), Colección Relaciones Internacionales, pp. 33-68.

Sapir, A. (2003), *An Agenda for a Growing Europe. Making the EU Economic System Deliver. Report of an Independent High-Level Study Group established on the initiative of the President of the European Commision*, Bruselas, Comisión Europea.

Scharpf, F. (1999), *Gobernar en Europa. ¿Eficaz y democráticamente?*, Madrid, Alianza Editorial.

Sikorski, R. (2011), "I Fear Germany's Powerless that its Inactivity", *Financial Times*, 28 de noviembre.

Stavridis, S. (2001), "Why the "Militarising" of the European Union is Strengthening the Concept of a '*Civilian Power Europe*'". *Robert Schuman Centre for Advances Studies Working Papers*, núm. 17, Florencia, European University Institute (EUI).

The Economist (2011a), "Step by Step to Disaster. The German Chancellor's Actions Fall Short of her Rhetoric about Political Union", *The Economist*, 19 de noviembre.

The Economist (2011b), "Is this Really the End? Unless Germany and the ECB Move quickly, the Single Currency's Collapse is Looming", *The Economist*, 26 de noviembre.

The Economist (2012), "Elected, but how Democratic? The EU Needs more Democracy-and yet the European Parliament is Flawed", *The Economist*, 17 de marzo.

Torreblanca, J. I. (2011a), "Cinco razones por las que Europa se resquebraja", *El País Domingo*, 15 de mayo, pp. 2-3.

Torreblanca, J. I. (2011b), "La democracia puesta a prueba", *El País Domingo*, 13 de noviembre, pp. 10-11.

Torreblanca, J. I. (2011c), *La fragmentación del poder europeo*, Barcelona, Icaria / Política Exterior.

Tsoukalis, L. (2004), *¿Qué Europa queremos? Los retos políticos y económicos de la nueva Unión Europea*, Barcelona, Paidós.

Witney, N, (2008), *Re-energising Europe's Security and Defence Policy*, Londres, European Cuncil on Foreign Relations (ECFR), policy paper.

Auge y declive de la Cumbre de las Américas

Thomas Legler[75]

Introducción[76]

En décadas recientes, la diplomacia de cumbres se ha convertido en la expresión máxima del multilateralismo preferida por los gobiernos de todo el hemisferio occidental.[77] La proliferación de este ejercicio en años recientes ha llegado a tal punto que Francisco Rojas ha estimado que en promedio, los presidentes de América Latina asisten a siete cumbres por año.[78]

Sin embargo, la cantidad no necesariamente equivale a calidad, y no todas las cumbres han logrado probar su éxito. Un caso que ilustra esto con claridad es la Cumbre de las Américas. Después de numerosas cumbres exitosas en Miami (1994), Santiago (1998) y Quebec (2001), la Cumbre de las Américas ha entrado en un proceso constante de declive, como lo muestran los eventos llevados a cabo en Mar de Plata, Puerto España y, más recientemente, Cartagena, Colombia, en abril de 2012.

En el siguiente análisis, se traza el auge y actual declive de las Cumbres de las Américas (en adelante, CA). Se

---

[75] Profesor de Relaciones Internacionales en la Universidad Iberoamericana en Ciudad de México.

[76] El autor agradece a Isabel Álvarez Echandi por su labor de traducción de este artículo.

[77] Jarque, Carlos M.; Ortiz, María Salvadora y Quenan, Carlos (eds.) (2009), *América Latina y la diplomacia de cumbres*, Madrid, Secretaría General Iberoamericana; Rojas, Francisco (ed.) (2000), *Multilateralismo: perspectivas latinoamericanas*, Caracas, Editorial Nueva Sociedad y FLACSO-Chile.

[78] Rojas, Francisco (2010), "La Comunidad de Estados Latinoamericanos y Caribeños", *Foreign Affairs Latinoamérica*, núm. 10, vol. 3, p. 29.

identifican tres perspectivas teóricas sobre el multilateralismo, que pueden ser de gran ayuda para diagnosticar cuál es el problema exactamente y cuáles son las posibilidades de recuperación: institucionalismo neoliberal; dimensiones de poder y cumbres como expresión de comunidad, identidad colectiva y región. Este análisis sugiere que los factores clave del contexto, como lo son el cambio en las relaciones de poder y el debilitamiento del regionalismo hemisférico, han socavado la receta o bien los lineamientos originales de las primeras cumbres. Estos lineamientos incluían el liderazgo estadounidense, las relaciones de amistad entre los tomadores de decisiones estadounidenses y latinoamericanos, el consenso hemisférico a favor del Consenso de Washington y la democracia liberal, la aceptación del Sistema Interamericano como la estructura de la gobernanza regional y la valoración común de la definición de región y comunidad hemisférica.

Probablemente, la única manera en que la Cumbre de las Américas pueda sobrevivir de manera significativa es si se somete a una redefinición dramática de acuerdo con las nuevas realidades regionales y de poder. El argumento central de este artículo es que lo que se requiere para rescatar a estas cumbres es nada menos que un nuevo proyecto hemisférico respaldado por todos los países y un nuevo clima de trabajo caracterizado por la madurez, la igualdad y el respeto mutuo.

1. Las cumbres y la teoría del multilateralismo

Como una forma de multilateralismo,[79] las cumbres presidenciales pueden ser analizadas teóricamente desde

---

[79] Multilateralismo se ha definido como "...los arreglos institucionales, tanto formales como informales, entre tres o más Estados que operan

tres perspectivas: como instancias de cooperación; como dimensiones de poder e instancias de cooperación, dimensión de poder; y como representaciones de la identidad regional y colectiva.

Primero, la literatura neoliberal institucionalista enaltece las virtudes de las instituciones internacionales como instancias de cooperación entre los Estados. Según esta perspectiva, los Estados deben superar los obstáculos que impiden la cooperación, como lo son la falta de confianza, el problema del polizón, las lagunas en la información e incertidumbre, para poder disfrutar los beneficios del multilateralismo. Los gobiernos realizan cálculos de los costos y beneficios de entrar en acuerdos multilaterales. Al mismo tiempo, e informados por la economía y teoría del juego, la cooperación multilateral es vista como beneficiosa para reducir la variedad de los costos de transacción.[80]

Richard Feinberg identifica una serie de beneficios de las cumbres Interamericanas.[81] Como las instituciones multilaterales han hecho en términos generales,[82] las cumbres pueden servir de promotoras de las normas internacionales,

---

de acuerdo con ciertos principios, los cuales están permeados por relaciones de poder, y que pueden incluir -o no- la participación de actores no estatales". Legler, Thomas y Santa-Cruz, Arturo (2011), "El patrón contemporáneo del multilateralismo latinoamericano", *Pensamiento Propio*, núm. 33, enero-junio de 2011, p. 20.

80 Al respecto, ver: Abbott, Kenneth W. (2007), "Institutions in the Americas: Theoretical Reflections", en Gordon Mace, Jean-Philippe Thérien y Paul Haslam (eds.), *Governing the Americas: Assessing Multilateral Institutions*, Boulder, Lynne Rienner, pp. 237-253; Zartman, William y Touval, Saadia (eds.) (2010), *International Cooperation: The Extent and Limits of Multilateralism*, Cambridge, UK, Cambridge University Press.

81 Feinberg, Richard (2010), *Summitry in the Americas: The End of Mass Multilateralism?* Policy Paper, Ottawa, FOCAL, marzo de 2010.

82 Amitav, Acharya (2006), "Multilateralism, Sovereignty and Normative Change in World Politics", Edward Newman, Edward, Ramesh Thakur y John Tirman (eds.), *Multilateralism Under Challenge? Power, International Order, and Structural Change?*, Tokyo, United Nations University Press, pp. 95-118.

como de la defensa colectiva y la promoción de la democracia. La Declaración de Quebec fue sumamente importante, ya que logró insertar una clausula sobre democracia y autorizar la negociación de la Carta Interamericana. De manera similar, también se puede avanzar en iniciativas específicas, como en el Área del Libre Comercio de las Américas.

A su vez, las cumbres cumplen la función de servir de espacios que facilitan el contacto cercano entre los jefes y jefas de gobierno y Estado. Estas reuniones son, en esencia, foros de élites para el diálogo, debate e intercambio de información entre los ejecutivos. Ellos ayudan a mantener, aunque a menudo demasiado breve, líneas abiertas de comunicación que sin duda pueden ayudar a reducir tensiones y males entendidos entre los líderes, quienes a menudo poseen diferencias ideológicas marcadas, como George W. Bush o Barack Obama y los presidentes del ALBA.

Las cumbres obligan a prestar atención a temas de la agenda interamericana para periodos de dos días cada tres o cuatro años. Como señala Enrique Iglesias, la atención personal y la influencia política de la comunidad diplomática simplemente no son adecuadas para muchos de los temas más importantes de la agenda regional. Lo que realmente se requiere es la estrecha interacción de los presidentes y primeros ministros.[83]

Estas cumbres poseen, además, agendas flexibles. A pesar de que los esfuerzos se han llevado a cabo por una compleja infraestructura para negociar la agenda y la declaración correspondiente de cada Cumbre de las Américas con meses de anticipación, también se ha dado espacio para discutir las cuestiones imprevistas y urgentes

[83] Iglesias, Enrique (2009), "Conclusiones", en Carlos M. Jarque, María Salvadora Ortiz, y Carlos Quenan (eds.), *América Latina y la diplomacia de cumbres*, Madrid, Secretaría General Iberoamericana, p. 226.

de la actualidad internacional, como la crisis económica mundial y la cuestión de la participación de Cuba, que se discutieron en Trinidad y Tobago en el año 2009.[84]

Por último, las cumbres también se distinguen por el fenómeno de *piggy-backing*. Es decir, por un lado, los líderes aprovechan estos eventos para organizar reuniones bilaterales y minilaterales. Es común que el presidente de los Estados Unidos organice reuniones propias con los líderes de los países socios en la región, como Canadá, México y Colombia. Por su parte, los líderes de los países centroamericanos y también de los Estados miembros del ALBA han aprovechado las cumbres para realizar sus propias sesiones. Por otro lado, con el deseo de influir en la agenda regional, eventos paralelos de la sociedad civil también se han convertido en un elemento de cada cumbre.

En segundo lugar, las cumbres deben ser vistas a través del lente del poder. Tomando en consideración el análisis de John Mearsheimer, las instituciones multilaterales son escenarios que se distinguen por las relaciones asimétricas de poder y las capacidades en las que los Estados miembros tratan de promover sus propios intereses, a menudo a expensas de los demás.[85] Fue Estados Unidos, como superpotencia indiscutible regional y mundial en ese momento, el que tomó la iniciativa de organizar la primera Cumbre de las Américas en Miami en diciembre de 1994. El gobierno de Clinton y los posteriores gobiernos estadounidenses ven a las cumbres como un mecanismo para ejercer el liderazgo de los Estados Unidos y defender

---

84 La arquitectura de planificación burocrática internacional y puesta en práctica incluye una Secretaría de Cumbres de la OAS, el Grupo de Revisión de la Implementación de Cumbres, y el Grupo de Trabajo Conjunto.

85 Mearsheimer, John J. (1995), "The False Promise of International Institutions", *International Security*, núm. 19, vol. 3, invierno de 1995, pp. 5-49.

los intereses nacionales, tales como la promoción del Área de Libre Comercio de las Américas.

Desde el punto de vista de los Estados con menos poder, las cumbres pueden brindar la oportunidad a los países más pequeños de hacer participar a los Estados más grandes en sus propios planes, al mismo tiempo que resisten los esfuerzos de dominación. El "equilibrio suave" se suele referir a la combinación de fuerzas entre países con ideas afines en contra del poder superior dentro de una cumbre específica, o bien, aquellos países con menos poder pueden crear cumbres alternativas que excluyan de la membrecía a los países más poderosos y dominantes.[86] La proliferación de cumbres en las que Canadá y los Estados Unidos no son miembros, como el ALBA, la CELAC y la UNASUR, sugieren que el equilibrio suave está vivo en América Latina y el Caribe. También dan crédito a la idea de la competitividad de las cumbres.

Por último, las cumbres como instituciones multilaterales promueven y a su vez están formadas por concepciones de comunidad, identidad colectiva y región.[87] Como Hemmer y Katzenstein han observado, el multilateralismo es una forma exigente de cooperación internacional que requiere fuertes lazos de identidad colectiva. En su jerga, los participantes en los esquemas multilaterales, como las cumbres, deben sentir fuertes niveles de identificación mutua entre ellos y la región a la que las cumbres se encuentran estrechamente vinculadas. La identificación conecta la región con prácticas institucionales internacionales particulares, como las cumbres. Tal como Iglesias ha

---

86 Con respecto al equilibrio suave, ver la publicación especial del *International Security*, núm. 30, vol. 1, verano de 2005.

87 Emmanuel, Adler (2006), "Communitarian Multilateralism", Edward Newman, Edward, Ramesh Thakur y John Tirman (eds.), *Multilateralism under Challenge? Power, International Order, and Structural Change?*, Tokyo, United Nations University Press, pp. 34-55.

señalado, estas cumbres tienen el potencial de fomentar visiones comunes sobre la base de una percepción de los problemas comunes y un destino común.[88]

En el caso de la Cumbre de las Américas, desde 1994 se realizó un esfuerzo histórico para promover una forma hemisférica de regionalismo en donde una comunidad política basada en las creencias compartidas de liberalismo económico y político crece. Como veremos, esta constelación particular de la institucionalidad de la Cumbre, región y comunidad, ha resultado ser problemática.

2. Auge y caída de la Cumbre de las Américas

La I Cumbre de las Américas se realizó en Miami con gran expectación y esperanza. Los líderes participantes se comprometieron a la negociación de un Área de Libre Comercio de las Américas para el año 2005. El exitoso lanzamiento de la primera Cumbre de las Américas, sin duda, fue impulsado por las condiciones inusualmente favorables en América. El fin de la guerra fría había terminado con la división y la tensión en la región. Washington mantuvo relaciones amistosas de una naturaleza sin precedentes con las elites de la región. Fundamentalmente, existían dos políticas clave de consenso que las élites adoptaron: por un lado, las preferencias estadounidenses en política económica -que tomaron forma en el Consenso de Washington-, y por el otro, la preferencia política de Estados Unidos por la democracia liberal.

Entre sus logros, la CA reforzó la modernización de la Organización de los Estados Americanos (en adelante, OEA) y del Sistema Interamericano durante la década de 1990, y su papel como organismo de ejecución en la gobernanza

---

88 Iglesias, Enrique, "Conclusiones", pp. 228-229.

regional.[89] La reunión de los jefes de Estado y de Gobierno llevada a cabo en Santiago de Chile en 1998, por ejemplo, apoyó la creación de un nuevo Relator Especial para la Libertad de Expresión, así como un mecanismo multilateral de evaluación contra el narcotráfico y el crimen organizado transnacional, ambos bajo el auspicio de la OEA.

Como se mencionó anteriormente, la mayor contribución de la CA fue la creación de un régimen interamericano para la defensa colectiva de la democracia. La cumbre celebrada en la ciudad de Quebec en abril de 2001 fue fundamental para este fin, ya que dio las instrucciones a la OEA para preparar una Carta Democrática Interamericana. La Declaración de Quebec refuerza el criterio de pertenencia a la democracia cuando señala que "cualquier alteración o ruptura inconstitucional del orden democrático en un Estado del hemisferio constituye un obstáculo insuperable para la participación del gobierno de dicho Estado en el proceso de Cumbres de las Américas".[90]

Sin embargo, existe una amplia literatura sobre las deficiencias de estas cumbres. John Graham, por ejemplo, lamentó la proliferación de nuevos mandatos para la OEA y el Sistema Interamericano, debido a los ambiciosos planes de acción de las cumbres anteriores. Especialmente frustrante fue el hecho de que estos planes no pudieron cumplirse y no contaron con los fondos necesarios.[91] En estas cumbres, los líderes parecían prestar más atención a producir nuevos mandatos que a la exploración de la

---

89 El Sistema Interamericano está construido sobre cuatro pilares: la Organización de los Estados Americanos, el Grupo de Río, el Banco Interamericano de Desarrollo y la Cubre de las Américas.

90 Declaración de la Ciudad de Quebec, Tercer Cumbre de las Américas, 20-22 de abril de 2001. Disponible en línea: http://www.oas.org/xxxivga/spanish/reference_docs/CumbreAmericasQuebec_Declaracion.pdf.

91 Graham, John W., "La OEA se hunde: ¿merece ser salvada?, *Foreign Affairs en Español,* núm. 5, vol. 2, junio de 2005), pp. 3-9.

viabilidad de esos proyectos o encontrar financiamiento para hacerlos posibles. Richard Feinberg llamó a este problema en particular la "brecha de credibilidad de las cumbres".[92]

Otras debilidades que han sido identificadas son la falta de acceso efectivo de los grupos de la sociedad civil al proceso de la cumbre. Los actores no estatales que han tratado de participar en las cumbres han sido divididos en dos. Por un lado, se encuentran los "de adentro", con ideas políticas y económicas similares a las de los gobiernos reunidos, y en consecuencia, con un acceso más privilegiado a la toma de decisiones. Y por el otro lado, están los "de afuera", que son sistemáticamente excluidos de las cumbres debido a que por lo general suelen tener puntos de vista más radicales y críticos.[93]

Otro problema es que desde la primera CA en el año 1994, ha habido un proceso constante de proliferación de cumbres en la región, de tal manera que muchos ahora hablan coloquialmente de una situación de "cumbritis". Los gobiernos, especialmente de países pequeños en Centroamérica y el Caribe, ven sus recursos humanos y financieros extendidos al máximo por las exigencias de preparar y asistir a múltiples cumbres en un año determinado.

Por último, Andrés Serbin lamenta el hecho de que como la tendencia multilateral principal de la región, las cumbres no han contribuido, hasta ahora y de manera significativa, al avance de instituciones multilaterales fuertes, bien financiadas, y autónomas, o a un multilateralismo sustantivo.[94]

---

92 Feinberg, Richard, *Summitry in the Americas*, p. 5.

93 Smith, William C. y Korzeniewicz, Roberto Patricio (2007), "Insiders, Outsiders, and the Politics of Civil Society", en Gordon Mace, Jean-Philippe Thérien y Paul Haslam (eds.), *Governing the Americas: Assessing Multilateral Institutions*, Boulder, Lynne Rienner, pp. 151-72.

94 Serbin, Andrés (2010), "De despertares y anarquías: de la concertación regional", *Foreign Affairs Latinoamérica*, núm. 10, vol. 3, p. 11.

Después de las primeras tres cumbres celebradas en Miami, Santiago y Quebec, las reuniones posteriores celebradas en Mar del Plata en 2005, en Puerto España en 2009, y en Cartagena en 2012 han señalado que las Cumbres de las Américas han entrado en un serio declive. El "antes y después" es bastante marcado. El lenguaje de las declaraciones de las tres primeras reuniones enfatizaba la importancia de la integración hemisférica, el Área de Libre Comercio de las Américas (ALCA) y la democracia liberal o representativa.

Sin embargo, ahora se puede observar que la Cumbre de Mar del Plata de 2005 marcó un punto de inflexión crucial. Aunque las tres declaraciones anteriores habían aprobado la integración hemisférica, el término desapareció por completo del texto de la declaración de Mar del Plata. Aun más importante, los líderes no lograron llegar a un acuerdo sobre el ALCA en virtud del plazo del año 2005 que se habían fijado desde 1994 en Miami. El proyecto del ALCA fue vetado rápidamente por Venezuela y los cuatro países miembros del MERCOSUR: Brasil, Uruguay, Argentina y Paraguay. Aunque la declaración de la cumbre parecía mantener viva la posibilidad de un futuro acuerdo de libre comercio hemisférico, en retrospectiva, ahora se puede observar que el ALCA murió en la cumbre llevada a cabo en Mar del Plata. Al margen de la cumbre, el presidente venezolano, Hugo Chávez, añadió un nuevo elemento de confrontación formato de la reunión cuando se dirigió a una gran multitud en el estadio local, criticando severamente al presidente George W. Bush.

En la cumbre realizada en Puerto España, la presencia del nuevo presidente de Estados Unidos, Barack Obama, y su aparente disposición a escuchar y aprender de los líderes latinoamericanos y caribeños, dieron esperanza a que el daño causado a las relaciones entre Estados Unidos y América Latina durante la presidencia de Bush Jr. se pudiera reparar y de esta manera revitalizar el proceso de la cumbre. Los países del ALBA secuestraron la agenda del día, que había sido previamente negociada para la cumbre, al insistir en que se discutiera la participación de Cuba en el proceso y su eventual retorno a la OEA. Aunque Obama indicó nuevas orientaciones para la mejora de las relaciones bilaterales con Cuba, los Estados miembros no lograron llegar a un acuerdo sobre la inclusión de Cuba en futuras cumbres. Es inquietante que por primera vez fracasara la aprobación de la declaración de la cumbre.

En la quinta Cumbre de las Américas, celebrada en Cartagena de Indias, Colombia, del 14 a 15 de abril de 2012, el polémico tema de la participación de Cuba fue una vez más planteado. Esta cumbre estuvo marcada por la división clara en tres temas importantes entre los países; Canadá y los Estados Unidos, por un lado, y la mayor parte de los países de América Latina y el Caribe, por el otro. Además del tema de Cuba, los líderes difirieron en la cuestión de cómo responder al problema del tráfico de drogas y a la delincuencia transnacional organizada. El presidente de Guatemala, Otto Pérez Molina, propuso un debate sobre la cuestión de si las drogas deben ser legalizadas como parte de un alejamiento del enfoque tradicional de la guerra tradicional de las drogas. Esta idea de plano fue rechazada por los Estados Unidos. La presidenta Cristina Fernández de Kirchner también buscó el apoyo al conflicto de su país con el Reino Unido sobre las islas Malvinas, que también dejó de percibir el apoyo de los Estados Unidos y Canadá. El evento se vio ensombrecido por la ausencia del presidente venezolano Hugo Chávez por razones de salud y por el boicot del presidente Rafael Correa de Ecuador y el presidente Manuel Ortega, de Nicaragua. Una vez más, la cumbre terminó sin la aprobación de la declaración.

La discusión anterior sugiere que en la reunión de Cartagena, los pilares de la experiencia original de la

Cumbre de Miami se han agrietado e incluso se han derrumbado. En primer lugar, originalmente, el impulso de las cumbres durante la década de 1990 provenía de los Estados Unidos, en momentos en que su liderazgo y el poder fueron ampliamente aceptados o tolerados en la región. Este ya no es el caso. La disminución relativa del poder de Estados Unidos y su influencia en la región ha estado acompañada por el surgimiento de nuevos desafíos y liderazgos regionales, entre ellos, Brasil, Venezuela, e incluso, posiblemente, México. La unipolaridad de la década de 1990 ha sido sustituida por una multipolaridad emergente, y además, probablemente, una situación de no-polaridad.[95] Por otra parte, gracias al progreso económico y social, así como a la diversificación del comercio y la inversión en los últimos años, los países latinoamericanos ya no dependen de los Estados Unidos como lo habían hecho en la época en que la primera cumbre se llevó a cabo.

En segundo lugar, las primeras cumbres beneficiaron y promovieron un consenso hemisférico de élite primando la economía y política liberal. El consenso liberal de élite de la década de 1990, centrado en el Consenso de Washington, se ha desintegrado. En cambio, hay una competencia sana y cada vez más pragmática sobre las ideas de política económica cuya elaboración se da en todo el espectro ideológico.

La hegemonía de la democracia liberal o representativa, que alcanzó su cima con la Carta Democrática Interamericana, ha venido siendo desafiada por alternativas participativas en países como Bolivia, Ecuador y Venezuela. La CELAC, la SEGIB y la UNASUR tienen sus propias cláusulas democráticas que no incluyen ninguna

---

95 Con respecto a la pregunta de la evolución de la polaridad, ver: Haass, Richard N. (2008), "The Age of Nonpolarity", *Foreign Affairs*, vol. 87, Issue 3, mayo-junio de 2008, pp. 44-56.

referencia a la Carta Democrática Interamericana ni a su democracia representativa. La evolución económica y política en la región fuera de los Estados Unidos y Canadá se está moviendo en una dirección decididamente *posliberal*.

En tercer lugar, las relaciones de buena voluntad sin precedentes y la amistad entre el gobierno de los Estados Unidos y sus homólogos de América Latina durante la década de 1990 sufrieron un declive importante en el nuevo milenio. El tratamiento por parte de los Estados Unidos a los migrantes, su dañina guerra contra las drogas y su programa de certificación, el uso de las instalaciones carcelarias en Guantánamo, las exportaciones privadas de armas para el crimen organizado, y su actual embargo contra Cuba han provocado un profundo resentimiento en América Latina y han dañado la credibilidad de Estados Unidos en la región. El presidente Obama ha mejorado estas relaciones un poco, pero aún no han regresado a los días dorados de la década de 1990.[96]

En cuarto lugar, el Sistema Interamericano, con los Estados Unidos en su centro, fue la arquitectura multilateral aceptada para la gobernanza regional. Este sistema se encuentra actualmente en plena crisis. Esta crisis se refleja no solo en los problemas de la CA, sino también en la propia existencia continuada de la OEA. Los Estados miembros del ALBA han amenazado reiteradamente con

---

96 Con respecto a la evolución de las relaciones entre Estados Unidos y América Latina, ver: Inter-American Dialogue (2012), *Remaking the Relationship: The United States and Latin America*, An Inter-American Dialogue Policy Report, Washington DC, Inter-American Dialogue, abril de 2012; Amaral, Sergio (2011), "U.S.-Latin American Relations over the Last Decade", en *A Decade of Change: Political, Economic, and Social Developments in Western Hemisphere Affairs*, Washington DC, Inter-American Dialogue, pp. 89-111; y Russell, Roberto (2011), "The Development of Inter-American Relations in the Past Decade", en *A Decade of Change: Political, Economic, and Social Developments in Western Hemisphere Affairs*, Washington DC, Inter-American Dialogue, pp. 71-87.

retirarse de la OEA. También han abogado por convertir a la recién creada Comunidad de Estados Latinoamericanos y del Caribe (CELAC) en el reemplazo de la OEA, una organización de la que Estados Unidos ha sido intencionalmente excluido. El gobierno de Chávez también ha amenazado con retirar su reconocimiento de la jurisdicción de la Corte Interamericana de Derechos Humanos (CIDH).

Por último, las primeras cumbres de las Américas están estrechamente vinculadas con la promoción de un proyecto regionalista hemisférico, desde Alaska hasta Tierra del Fuego. Hoy en día, pocas personas, fuera de los Estados Unidos y Canadá, se refieren a una región llamada las "Américas". Vale la pena mencionar que el regionalismo hemisférico ha sido debilitado tanto por América Latina como por los Estados Unidos. En el caso del primero, una combinación de la fragmentación regional e ideológica, así como un proyecto liderado por Brasil para la construcción de una región de América del Sur, se produjeron a expensas de una visión hemisférica compartida. Roberto Russell señala que el gobierno de Estados Unidos también hizo su parte al mover, a finales de 1990 y principios del nuevo milenio, el enfoque de la política hemisférica hacia una división tripartita y fragmentada de la región en tres áreas donde la prioridad en políticas se encuentra en declive: México, Centroamérica y el norte de América del Sur, la región andina y los países del Cono Sur.[97]

Todas las direcciones emergentes en el regionalismo durante el nuevo milenio tienen un denominador común: excluir a los Estados Unidos y Canadá como parte de la región, y que se hagan acompañar también por las instituciones internacionales. El ALBA aboga por una idea vaga de la región a lo largo de las líneas radicales y autónomas de

[97] Russell, Roberto, "The Development of Inter-American Relations in the Past Decade", pp. 115-116.

"América". Por un lado, la UNASUR insiste en la formación de una región de América del Sur, y por el orto, la CELAC promueve una visión latinoamericana y del Caribe.

3. ¿Puede la Cumbre de las Américas ser mejorada?

Varios investigadores han observado que el Sistema Interamericano ha tenido sus históricos sube y bajas.[98] Si los actuales problemas de la Cumbre de las Américas forman parte de una crisis mayor interamericana, ¿se puede recuperar la CA en el futuro?

A primera vista, puede parecer que el problema esencial de las cumbres de las Américas es el choque de personalidades e ideologías. Después de todo, George W. Bush y Barack Obama se han encontrado con momentos difíciles en sus relaciones con líderes como Hugo Chávez, Rafael Correa, Daniel Ortega y Cristina Fernández de Kirchner, y viceversa. Por otro lado, Bill Clinton se llevaba bastante bien con la mayoría de sus homólogos latinoamericanos. Se podría pensar que tal vez los cambios de dirección producidos en las futuras elecciones en la región podrían dar lugar a un conjunto de personalidades más proclives al diálogo y concertación que al constante choque, y por lo tanto, esto se traduciría en perspectivas más brillantes para el futuro de la CA.

Llama la atención, sin embargo, que incluso los países ampliamente conocidos por su estrecha asociación con

---

98 Corrales, Javier y Feinberg, Richard E. (1999), "Regimes of Cooperation in the Western Hemisphere: Power, Interests, and Intellectual Traditions", *International Studies Quarterly*, núm. 43, pp. 1-36; Mace Gordon y Thérien, Jean-Philippe (2007), "Inter-American Governance: A Sisyphean Endeavour?", en Gordon Mace, Jean-Philippe Thérien y Paul Haslam (eds.), *Governing the Americas: Assessing Multilateral Institutions*, Boulder, Lynne Rienner, pp. 35-50.

los Estados Unidos, tales como Guatemala y Colombia, han demostrado su disposición a diferir con el "Tío Sam" en cuestiones clave tratadas en las últimas cumbres. El anfitrión de la Cumbre de Cartagena, el presidente Juan Manuel Santos, por ejemplo, se alineó con los países del ALBA, normalmente adversarios, en la defensa de la entrada de Cuba en el proceso de la cumbre. Como se mencionó antes, el presidente de Guatemala desafió al gobierno de los Estados Unidos a un debate sobre la política antinarcóticos, que incluía la posibilidad de la legalización de las drogas suaves. Por otra parte, los líderes de los países que prefieren mantener buenas relaciones con los Estados Unidos, tales como Brasil, Chile, Colombia y México, también al mismo tiempo apoyan la creación de espacios multilaterales como la UNASUR y la CELAC, que tienen por objeto excluir a los Estados Unidos y competir con la CA. Es evidente que la viabilidad de la CA va más allá de los choques de personalidad entre los líderes.

Un enfoque institucionalista neoliberal que culpa a los resultados tan decepcionantes de las cumbres de las Américas puede contribuir con otra explicación para las dificultades que atraviesa la CA. De acuerdo con esta lógica, los Estados miembros se cansarán de participar en las cumbres que producen tantos costos en términos de recursos humanos y monetarios y brindan a cambio pocos beneficios tangibles. Si se lleva esta lógica aun más lejos, se podría argumentar que los países de América Latina y el Caribe se han cansado de estos eventos, ya que Estados Unidos actualmente ya no tiene tanto para ofrecer como durante la década de 1990 en términos de beneficios económicos o militares a cambio de su participación. Sin embargo, los países latinoamericanos y del Caribe se han comprometido en los últimos años a participar más en estas cumbres, a pesar de los problemas de proliferación y del pobre financiamiento y ejecución de mandatos. Por su parte, el ALBA, la CELAC, la SEGIB y la UNASUR continúan creando nuevos mandatos en cada una de las cumbres, pero poseen pocas posibilidades de realización futura. De hecho, como Jorge Domínguez ha observado, la laxitud en la aplicación ha sido una característica definitoria de las instituciones regionales de América Latina desde el siglo XIX.[99] Es evidente que el institucionalismo neoliberal es inadecuado para explicar el declive de la cumbre.

El análisis de las dimensiones de poder en la CA es más alentador para la evaluación de las perspectivas y posibilidades de recuperación. Como se mencionó anteriormente, la CA ha evolucionado en un contexto de cambios en las relaciones de poder en la región desde la década de 1990 hasta el nuevo milenio. Estados Unidos una vez dominó el proceso de la cumbre, sin embargo, este ya no es el caso. Mientras tanto, Brasil ha crecido mucho como potencia regional e internacional. La influencia de Venezuela en América Latina y el Caribe se ha expandido dramáticamente gracias a Hugo Chávez y su petro-diplomacia. Relativamente poco afectado por el factor de Estados Unidos, México entró en una especie de rivalidad con Brasil en el diseño de nuevos foros multilaterales regionales y esquemas de integración. En general, los países latinoamericanos más prósperos ya no dependen de los Estados Unidos como lo habían hecho cuando la primera cumbre se celebró en Miami.

En consecuencia, para poder sobrevivir en el futuro, lo que se requiere de la CA es que logre hacer la transición del antiguo modelo de cumbres, donde domina los Estados Unidos, a un foro más maduro, equitativo y horizontal. En resumen, la CA tendría que reinventarse a sí misma.

---

99 Domínguez, Jorge I. (2007), "International Cooperation in Latin America: the Design of Regional Institutions by Slow Accretion", en Amitav Acharya y Alastair Iain Johnston (eds.), *Crafting Cooperation: Regional Institutions in Comparative Perspective*, pp. 83-128, Cambridge, Cambridge University Press.

Para los Estados Unidos, así como para Canadá, este es un reto difícil, ya que tendrían que superar una historia de paternalismo determinado por la superioridad en la tenencia de recursos, así como los sentimientos conscientes o inconscientes de superioridad frente a los vecinos del sur del continente.

Finalmente, la pregunta sobre el poder se encuentra entrelazada con la de la comunidad, identidad y región. Estados Unidos y Canadá se han distanciado de América Latina y el Caribe, y estas últimas regiones se han distanciado a su vez de los dos países del norte. América Latina es sumamente diversa. El sentido de comunidad compartido por los países con valores políticos y económicos comunes dentro de un espacio geográfico llamado América se ha desvanecido. Los dos proyectos más grandes, que en su momento definieron un proyecto hemisférico común, el Área de Libre Comercio de las Américas (ALCA) y una visión común de la democracia consagrada en la Carta Democrática Interamericana, ya no logran reunir fuerzas.

En Cartagena, el desafío de encontrar un acercamiento novedoso que permitiera reemplazar el término anacrónico e ineficaz de "guerra contra las drogas" -término que ha sido adoptado en toda la región desde que Nixon primero lo utilizó a principios de la década de 1970- pudo haber sido la base para definir un nuevo proyecto hemisférico, y por extensión, el resurgimiento de la Cumbre de las Américas. Desafortunadamente, Estados Unidos y Canadá han fallado en aprovechar la oportunidad, y más bien se han resistido a cambiar el enfoque tradicional de las políticas sobre la droga, y por lo tanto, han reforzado la escisión antihemisférica entre ellos y el resto de los países en la región. Si los países del hemisferio occidental no logran dejar de lado sus diferencias en favor de un nuevo proyecto hemisférico, que favorezca un ambiente de mutuo respeto y equidad, el futuro de la Cumbre de las Américas seguirá siendo oscuro.

Nuevo espacio de concertación regional: la CELAC

Francisco Rojas Aravena[100]

La Comunidad de Estados Latinoamericanos y del Caribe (CELAC) es un gran bloque de naciones que tiene la aspiración de constituirse en una comunidad política conformada por distintos Estados nacionales y que, entre ellos, guardan un importante sentido de identidad. La mayoría de la comunidad tiene como referencia la lengua española y portuguesa, así como un significativo peso de la religión católica. En esta comunidad, además, se congregan Estados que tienen en su mayoría casi dos siglos de vida independiente y que desde su nacimiento, en las luchas por la independencia a inicios del siglo XIX, definieron un sentido de Patria Grande, la comunidad de América Latina y del Caribe.

La CELAC es la instancia latinoamericana y caribeña que asume el relacionamiento y la interlocución con otros países y grupos regionales en lo referido al diálogo político, la concertación de posiciones comunes en foros multilaterales, el impulso de la agenda propuesta por la región y los posicionamientos ante acontecimientos relevantes en la región y en otras áreas del mundo. En este sentido, la CELAC es hereditaria de los diálogos y las iniciativas desarrolladas en forma previa por el Grupo de Río. Ello significa que asume la representación regional en la CELAC-Unión Europea, así como en el diálogo ministerial institucionalizado que tenía establecido el Grupo de Río con la Unión Europea, y otros diálogos e interlocuciones con otros actores, especialmente en el contexto de la Asamblea General de las Naciones Unidas.

---

[100] Secretario General de la Facultad Latinoamericana de Ciencias Sociales, FLACSO (2004-2012).

El potencial de este gran bloque político-económico, por su población de casi 600 millones de habitantes, en un territorio de más de 50 millones de kilómetros cuadrados, radica en ese espacio con grandes recursos naturales, en particular en lo referido a los recursos hídricos y superficies forestales, como en reservas de petróleo y en recursos agrícolas. Es una de las regiones de mayor biodiversidad del planeta con una magnitud y relevancia mucho mayor que otros factores de poder.

Así como se expresan estas potencialidades, también se deben remarcar algunas debilidades importantes, en particular, las referidas a la infraestructura de comunicación regional y la debilidad en materias educativas en todos y cada uno de los países que conforman este nuevo bloque político, de interlocución, que promueve una integración amplia más allá de solo lo comercial, con aspiraciones de constituirse en una comunidad de intereses e institucionalidad consolidada y reconocida en el sistema internacional.

Además de su propio perfil, esta nueva comunidad de naciones recoge los esfuerzos político-diplomáticos anteriores de la región, expresados principalmente en la conformación de instancias subregionales amplias, como la Unión de Naciones Suramericanas (UNASUR) o la Asociación de Estados del Caribe (AEC), o en entidades regionales como el Grupo de Río y la Cumbre de América Latina y el Caribe sobre Integración y Desarrollo (CALC). En este sentido, la CELAC recibe un *acervo comunitario* en relación con las obligaciones y los derechos existentes y que ejercían estas últimas dos entidades de las cuales ella se origina. De allí que al constituirse en referente para la relación con terceros Estados, la CELAC posea las condiciones necesarias para suscribir acuerdos internacionales, establecer convenios y definir cursos de acción compartidos sobre la base de sus procesos decisorios con otros miembros del sistema internacional.

El concepto de comunidad en el ámbito internacional posee un desarrollo débil.[101] En estas definiciones, se señala que "será necesario concebir algún grado de integración social de una determinada zona geográfica como una condición necesaria, pero no suficiente, para formar una comunidad política. El proceso de ampliación de las dimensiones de la comunidad política está condicionado siempre por la situación de poder, o sea, por el ordenamiento complejo de las relaciones de poder que pudieran facilitar, obstaculizar y algunas veces impedir el proceso".[102]

En el caso latinoamericano y caribeño, la búsqueda de conformar una entidad superior a la de los Estados-nación está marcada de manera indeleble en las intervenciones de los próceres de los distintos países de América Latina. Este legado histórico fue remarcado de manera importante por los 33 presidentes y presidentas en la Cumbre de Caracas de 2011. También la iconografía de la reunión reafirmaba este vínculo histórico con el pensamiento de quienes otorgaron la independencia a los países de la región. Junto con esta mirada, las jefas y los jefes de Estado que participaron en la Cumbre de Caracas vincularon las gestas de la independencia con el sentido de soberanía que poseen los Estados de la región, y el anhelo de progreso que prima en el continente en un contexto de democracias que se consolidan día a día. De allí que el sentido de construcción de una comunidad, a partir del reconocimiento de su propia diversidad, por medio de la integración y la unidad política, económica, social y cultural, es una aspiración fundamental de las sociedades latinoamericanas y caribeñas y de sus gobernantes.

---

101 Bobbio, Norberto y Mattucci, Nicola (orgs.) (1981), *Diccionario de política*, México, Siglo XXI Editores; Edmund, Jan Osmañczyk (org.) (1976), *Enciclopedia mundial de relaciones internacionales y Naciones Unidas*, España, Fondo de Cultura Económica.

102 Bobbio, Norberto y Mattucci, Nicola (1981), *op. cit.*

1. Algunos antecedentes históricos importantes de la CELAC

El Congreso de Panamá, la Alianza para el Progreso y la Carta de Punta del Este constituyen fuentes referenciales de gran importancia para conocer los inicios y la consolidación de una unión latinoamericana. El Congreso de Panamá, celebrado en 1826, fue uno de los más grandes proyectos de Simón Bolívar frente a las crecientes ambiciones de dos potencias en ese momento: España y los Estados Unidos.[103] El propósito de este congreso fue ante todo servir como instancia de protección de las soberanías recientemente adquiridas que permitiera convertir a Hispanoamérica en un actor internacional capaz de proteger los intereses de sus Estados miembros, reforzar su capacidad estratégico-militar de la región y preservar el régimen republicano en toda ella.[104]

Por su parte, la Alianza para el Progreso surge como producto de los planes estadounidenses para la posguerra y en la política de contención contra el comunismo soviético del siglo XX. Los antecedentes inmediatos son producto de la peculiar posición hegemónica de los Estados Unidos en el hemisferio, de la necesidad de asegurar un campo favorable para la inversión privada de los Estados Unidos y de la necesidad de contar con un mercado saludable para los productos manufacturados en ese país. Por lo tanto, desde cualquier punto en que se vea, la ALPRO es un producto característico de la diplomacia de Washington.

---

103 Para profundizar más sobre este tema, consultar, Rojas Aravena, Francisco (2012), *Escenarios globales inciertos. Los desafíos de la CELAC. VIII Informe del Secretario General*, FLACSO-Secretaría General.

104 De la Reza, Germán (2003), "El Congreso Anfictiónico de Panamá. Una hipótesis complementaria sobre el fracaso del primer ensayo de integración Latinoamericana", en *Araucaria*, vol. 4, núm. 10, España, Universidad de Sevilla, p. 4.

Los objetivos de la ALPRO se fundamentaron en llevar a cabo un esfuerzo para promover el desarrollo económico y social de América Latina. El objetivo central fue elevar la renta per cápita en un 5,5% anualmente, y mejorar las condiciones de vivienda, educación y reducción del analfabetismo, más altos niveles de sanidad y salud pública. Entre los objetivos económicos, se encuentran la reforma agraria, las reformas fiscales y tributarias, la estabilización de los precios de los productos básicos, la integración económica y la legislación laboral, incluyendo prácticas patronales. La ALPRO fue esencialmente un plan decenal; cada país debía formular un plan propio de diez años, otro intermedio de cuatro a seis años y otro inicial de un año o de "acción inmediata".[105] Lo que se intentó fue que los planes de todos los países encajaran dentro del plan general implícito de dar lugar al primer sistema regional de planeamiento integrado en el mundo.[106]

En Punta del Este, Uruguay, se llevó a cabo el 17 de agosto de 1961 una reunión especial del Consejo Interamericano Económico y Social (CIES), donde los países americanos suscribieron la Carta de Punta del Este, que contenía un plan para lograr el desenvolvimiento económico de América Latina, la mejoría social y la estabilidad política. En la Cumbre de Punta del Este, se establecieron las necesidades básicas del desarrollo regional sobre las que se trató de construir una mirada compartida. Los cursos de acción tuvieron dos vías: el impulso al desarrollo y la lucha antisubversiva, pero al poco tiempo primó solo la aproximación antisubversiva, la que culminó con la emergencia de la Doctrina de Seguridad Nacional. De tal manera, se criminalizó la protesta y las demandas tanto

---

105 Krause, Walter (1963), "La Alianza para el Progreso", en *Journal of Inter-American Studies*, vol. 5, núm. 1, enero de 1963, p. 68.

106 *Ibíd.*, p. 69.

de los pobres como de las capas medias. Las democracias regionales fueron derrocadas por golpes de Estado con la excepción de Costa Rica, Colombia y Venezuela, creando un mapa político autoritario que frustró la esencia misma del desarrollo propiciado por la ALPRO. Con ello se frustró una oportunidad de cooperación hemisférica sólida y permanente.

2. El Grupo de Río

El contexto internacional hace veinticinco años, cuando se creó el Grupo de Río, era muy distinto. Las circunstancias que enmarcaban las decisiones eran muy diferentes, primaba el conflicto bipolar de la guerra fría. En aquel momento, los líderes de la región buscaban detener la intervención de las superpotencias en América Latina y el Caribe, en especial, en la región centroamericana, donde la guerra amenazaba con desbordarse gravemente más allá del Istmo. En lo esencial, el Grupo proponía *soluciones latinoamericanas a los problemas latinoamericanos.*

El Grupo de Río surgió de la fusión del Grupo de Contadora y del Grupo de Apoyo a Contadora. Este mecanismo de interlocución y concertación política ha sido uno de los instrumentos más efectivos desarrollados por los países de América Latina y el Caribe para impulsar sus intereses y para impedir la intervención militar en la región. Facilitó los procesos centroamericanos de paz como los de Esquipulas I y II, y los Acuerdos Nacionales que posibilitaron la paz en los países con guerras civiles. El Grupo de Contadora y de Apoyo a Contadora primero, y luego el Grupo de Río, contribuyeron de manera esencial a la consolidación de principios del Derecho Internacional y su aplicación.

Más de dos décadas y media de trabajo, de reflexión y concertación para enfrentar los desafíos de América Latina y el Caribe produjeron resultados positivos, aunque también se manifestaron debilidades. Fue un proceso de luces y sombras. El logro más importante fue el mantenimiento de la paz y la estabilidad interestatal, sobre la base de soluciones propias a los problemas de la región. También su contribución a la estabilidad democrática y las medidas para impulsar el desarrollo. No obstante, frente a la emergencia de nuevos temas en el contexto de la globalización y de un mundo unipolar en lo militar, no se alcanzó la meta de tener *una sola voz* en los asuntos mundiales. La intervención en Irak dividió a la región y se perdió una posibilidad de una mayor incidencia en asuntos globales vitales. Asimismo, ha encontrado dificultades para organizar las propuestas de integración que surgen desde las diversas subregiones. Pese al diálogo, las desconfianzas históricas y recientes pesaron a la hora de avanzar de manera más decidida.

La CELAC, comunidad naciente pero con una raigambre histórica de larga data, se vincula al multilateralismo del siglo XXI por medio de la *diplomacia de cumbres*.[107] Esta forma de diplomacia presidencial es el mecanismo privilegiado en la actual época de las relaciones internacionales. Los encuentros periódicos de jefes y jefas de Estado y de Gobierno se constituyen en la forma y el mecanismo por los cuales se expresa el multilateralismo, y permiten concertar acuerdos que inciden en la vida de millones de personas. La diplomacia presidencial o diplomacia de cumbres se expresa en el ámbito global en Naciones Unidas en los

---

107 Rojas Aravena, Francisco (2009), "Diplomacia de cumbres e integración regional", en Jarque, Carlos M.; Ortiz, María Salvadora y Quenan, Carlos (eds.), *América Latina y la diplomacia de cumbres*, Madrid, Secretaría General Iberoamericana, pp. 27-54; Rojas Aravena, Francisco y Milet, Paz (1998), *Diplomacia de cumbres: el multilateralismo emergente del siglo XXI*, Santiago, FLACSO-Chile.

ámbitos transregionales y en los ámbitos regionales como instancias de diálogo de cada una de estas áreas geográficas. Constituyen un foro privilegiado de alto nivel, de diálogo directo, con grados variables de institucionalización que adoptan resoluciones que no poseen carácter vinculante, pero sí en los componentes de carácter político y legitimidad. Orientan, definen, priorizan y cambian la agenda de los organismos internacionales intergubernamentales.

América Latina está fuertemente ligada a esta forma de diplomacia presidencial, y se pueden distinguir las participaciones en distintos tipos de cumbres: cumbres transregionales, cumbres regionales globales, cumbres macrorregionales y cumbres subregionales.

3. El proceso de la conformación de la CELAC

3.1. La herencia del Grupo de Río

Las acciones del Grupo de Río descansaron en al menos cinco elementos centrales que deben ser mantenidos por el nuevo organismo regional:

- Constituir "un espacio privilegiado para la consulta, coordinación y concertación política de América Latina y el Caribe". La importante membrecía significaba una más amplia representatividad, lo que le otorgaba la mayor legitimidad a sus acuerdos.
- Reiterar los compromisos con los consensos políticos y principios señalados en el Acta de Veracruz de 1999.
- Tener una misión claramente definida y delimitada. "En momentos en que los mecanismos de integración subregional están desarrollando crecientemente sus propios parámetros de alcance regional e internacional, los jefes de Estado y de Gobierno subrayaron -en

Turkeyen- la necesidad de que el Grupo mantenga su perfil de interlocución regional y extrarregional".[108]

- Poseer como actor internacional el reconocimiento y la experiencia necesaria para impulsar un diálogo orientado a la acción para el mejoramiento de la situación política, social y económica internacional.

Por otro lado, algunos de los retos que tendrá que asumir la CELAC y en los que el accionar del Grupo de Río no fue efectivo tienen que ver con la débil voluntad política del conjunto del colectivo para expresarse de manera constante y consistente con una sola voz en temas sensibles de la agenda global y regional. Aunado a ello, está el creciente nacionalismo en la región, la competencia por el liderazgo y la desconfianza que posee un fuerte arraigo.

3.2. La herencia de la Cumbre de América Latina y el Caribe sobre Integración y Desarrollo (CALC)

Si bien es cierto que la idea de crear una organización de Estados Latinoamericanos y Caribeños no es nueva, que su necesidad ha sido señalada por numerosos líderes de la región y fue estudiada en alguna ocasión por el Grupo de Río, la creación de la CELAC se desprendió principalmente de los esfuerzos concretos de dos de los actores de mayor peso en la región: México y Brasil.

La primera Cumbre de la CALC se celebró los días 16 y 17 de diciembre de 2008, con representantes de los 33 países latinoamericanos y caribeños reunidos en Costa de Sauípe, Bahía, Brasil. La idea central de esa cumbre estaba muy relacionada con la idea fundacional del Grupo de Río, que la región lograra concertar respuestas latinoamericanas a los problemas latinoamericanos.

---

[108] Jefes de Estado y de Gobierno del Grupo de Río (2007), *op. cit.*, p. 147.

Congregó a 31 mandatarios y mandatarias de los países de la región; únicamente los presidentes de Colombia, Álvaro Uribe, y de Perú, Alan García, no asistieron. Esta voluntad se refleja además en los cambios que han venido experimentando los procesos de integración regional que han dejado de privilegiar el tema económico-comercial, característico del regionalismo de la década de 1990, y se enfoca más en la conformación de alianzas políticas ante el reconocimiento de que las transformaciones del sistema internacional de los últimos años muestran un mundo cada vez más multipolar con nuevos actores y nuevos retos, y en donde Estados Unidos y su unilateralismo no son el único centro. No es casualidad que la Cumbre se realizara en plena coyuntura de crisis del sistema financiero internacional.

La agenda de prioridades planteada en esta primera Cumbre de la CALC fue bastante amplia. La Declaración de Bahía dejó plasmadas las siguientes: 1) cooperación entre los mecanismos regionales y subregionales de integración; 2) crisis financiera internacional; 3) Energía; 4) infraestructura física; 5) desarrollo social y erradicación del hambre y de la pobreza; 6) seguridad alimentaria y nutricional; 7) desarrollo sostenible; 8) desastres naturales; 9) promoción de los derechos humanos y combate al racismo; 10) circulación de personas y migraciones; 11) cooperación sur-sur; y 12) proyección de América Latina y el Caribe.

Además de la Declaración de Bahía, los mandatarios y las mandatarias suscribieron un comunicado sobre la cuestión de las islas Malvinas, un comunicado de apoyo a la solicitud que el SICA le hizo a la Unión Europea para que este bloque le mantuviera los beneficios del Régimen SGP+ a Panamá; una declaración de apoyo a Bolivia ante la amenaza estadounidense de eliminarle los beneficios de la Ley de Promoción Comercial Andina y Erradicación de Drogas; y una declaración especial sobre la necesidad de que Estados Unidos pusiera fin al bloqueo contra Cuba.

La celebración de la CALC no sólo fue un hito por su convocatoria, también fue pionera en dos elementos importantes de destacar. Por un lado, se trató de la incorporación oficial de Cuba al sistema latinoamericano.[109] No solo se emitió una declaración especial de condena a la Ley Helms-Burton, sino que más aun, se invitó a Cuba a participar como miembro pleno de esta reunión. Esta cumbre abrió paso a una nueva relación con todos los Estados caribeños, tomando en cuenta que en el Grupo de Río la representación de muchos de ellos se daba por medio de la Comunidad del Caribe (CARICOM), y no individualmente.

En la Cumbre de la Unidad, celebrada en el año 2011, en México, en la Riviera Maya, se acordó establecer la Comunidad de Estados Latinoamericanos y Caribeños con las herencias antes mencionadas. En la Cumbre de Caracas de diciembre 2011, se le dio forma y estructuró sus instancias de decisión.

4. El funcionamiento de la CELAC

La nueva entidad estableció procedimientos para su funcionamiento y estructuró los órganos de decisión. Es así que estableció seis niveles de decisión para esta Comunidad de Estados Latinoamericanos y Caribeños en la búsqueda de profundizar la integración política, económica, social y cultural de la región, y a la vez, reforzó la unidad regional al compartir objetivos comunes y proponerse alcanzarlos a través de la solidaridad y la cooperación entre los países de la región.

---

[109] Malamud, Carlos (2009), *Las cuatro cumbres de presidentes latinoamericanos y el liderazgo brasileño*, Documentos de Trabajo núm. 3 / 2009, Real Instituto Elcano.

Los seis órganos en torno a los cuales se estructura la CELAC son:

1. *Cumbre de jefas y jefes de Estado y de Gobierno.* Es la instancia máxima del nuevo mecanismo. Es el principal órgano político que representa a América Latina y el Caribe. Le corresponde designar al país sede y quién ejercerá la Secretaría Pro-Témpore del mecanismo. Las responsabilidades de la Cumbre son: definir las directrices y los lineamientos políticos, y establecer prioridades, estrategias y planes de acción para alcanzar los objetivos de la CELAC; adoptar los mecanismos políticos y estrategias para las relaciones con terceros, Estados y organismos globales, regionales y subregionales; aprobar las modificaciones a los procedimientos y promover la participación ciudadana en la CELAC.

2. *Reunión de ministras y ministros de Relaciones Exteriores.* Las atribuciones de esta instancia son amplias. Entre ellas, adoptar resoluciones y emitir pronunciamientos; coordinar posiciones comunes e implementar lineamientos políticos y estrategias; definir la conformación de grupos de trabajo y formas de abordar diferentes temas, así como realizar seguimiento de los cursos de acción y preparar las cumbres de jefas y jefes de Estado. Y en su caso, proponer normativas de la CELAC y sus modificaciones.

3. *Presidencia Pro-Tempore.* La Cumbre de Caracas definió que el período de las presidencias Pro-Témpore en los cuatro años iniciales de la CELAC se ejercerá por lapsos anuales. La Cumbre del 2011 fue en Caracas; la del 2012 (enero 2013) se efectuará en Chile; la del año 2013 se efectuará en Cuba; y en el año 2014, en Costa Rica. La Presidencia Pro-Témpore es el órgano de apoyo institucional de carácter técnico-administrativo de la CELAC.

4. *Reunión de coordinadores nacionales.* Las principales atribuciones y funciones de este nivel son coordinar a nivel nacional los temas de unidad, diálogo y concertación política; constituirse en la instancia de enlace y coordinación; implementar las disposiciones de los mecanismos superiores de la CELAC; elaborar proyectos de declaración, decisiones y resoluciones; dar seguimiento a los distintos procesos y decisiones; formar grupos de trabajo para cumplir con los mandatos; y preparar las reuniones de cancilleres.
5. *Reuniones especializadas.* Estas reuniones atienden áreas priorizadas y de interés, con funcionarios de alto nivel con suficiente capacidad de decisión para el cumplimiento de los objetivos de la CELAC. Estas reuniones serán convocadas por la Secretaría Pro-Témpore, en concordancia con el plan de acción bienal. Sus resultados se informan en la reunión de coordinadores nacionales. También podrán establecerse reuniones de carácter técnico preparatorias de estas reuniones especializadas.
6. *La Troika.* El país que ejerce la Presidencia Pro-Témpore está asistido por otros dos Estados, el que ejerció la responsabilidad en el período inmediatamente anterior y el que le sucederá en la siguiente etapa. Esto significa que en el año 2012, la Presidencia Pro-Témpore la ejerce Chile, y es acompañado por Venezuela, quien la ejerció en el período previo, y por Cuba, que la ejercerá en el año 2013.

5. Algunas claves de la CELAC

La CELAC asume la representación de América Latina y el Caribe en la interlocución global con terceros actores, organismos internacionales y Estados. No solo recoge la herencia histórica del Grupo de Río, sino que además asume de manera plena la capacidad de interlocución del conjunto de América Latina y el Caribe; de los 33 Estados parte de esta entidad internacional. En este sentido, es una organización plenamente inclusiva de la región con una absoluta universalización en la participación de los Estados que conforman la región geográfica conocida como América Latina y el Caribe.

Tal como lo señalaron las jefas y jefes de Estado y de Gobierno, tanto en la Cumbre de la Unidad en la Rivera Maya, México, como en la Cumbre de Caracas, en la diversidad y heterogeneidad regional -que persigue objetivos comunes, compartidos y reconocidos por los 33 Estados participantes en esta entidad-, está la fuerza y el sentido y proyección estratégico de la CELAC. De lo que se trata es de construir una identidad común que posee importantes características de origen y que pueden reafirmarse en la perspectiva de un proyecto mayor del conjunto de la región por sobre las diferencias estructurales, y por sobre las visiones heterogéneas sobre los desarrollos políticos. Lo que prima es el sentido de construcción de una comunidad que tiene y busca el desarrollo de una serie de bienes públicos que aseguren la estabilidad, la democracia y la paz en un contexto de solidaridad y cooperación intrarregional.

La cláusula democrática constituye uno de los ejes en la nueva entidad. En un contexto de plena autonomía y reafirmación soberana y del desarrollo sin interferencias externas de los sistemas políticos nacionales, la cláusula democrática adoptada por la CELAC es uno de los ejes de gravitación más importantes. Los términos en que se adoptó esta cláusula son similares a los adoptados por las Cumbres Iberoamericanas[110] y también al adoptado por UNASUR.[111]

Un segundo eje esencial en la CELAC es el referido a la integración regional. La generación de mecanismos que viabilicen la integración, que incrementen los lazos de interdependencia, que posibiliten mejorar los índices de intercambio entre los países de la región, constituye uno de los ejes de gravitación de esta nueva entidad. En ese sentido, el plan de acción busca avanzar de manera decidida en este campo. La herencia desde la CALC, en términos de la trilogía desarrollo, cooperación e integración, es un incentivo sustancial para alcanzar metas más importantes en la cooperación regional.

La CELAC representa un eslabón superior en un proceso de construcción institucional que ha reflejado una arquitectura flexible en el desarrollo del multilateralismo latinoamericano y las decisiones que en este contexto ha adoptado la diplomacia de cumbres en la región latinoamericana y caribeña. La CELAC está inmersa en un proceso de desarrollo institucional de multinivel. Es decir, existen fuertes desarrollos de vínculos bilaterales que generan una densa trama de relaciones, de interdependencia compleja, cada vez más entrecruzados y densos, en todas las subregiones, y se desarrolla con fuerza. También en la región es posible constatar un fuerte sello de vínculos y desarrollos institucionales subregionales, tales como el Mercado Común del Sur (MERCOSUR), el Sistema de la Integración Centroamericana (SICA), el CARICOM, y otros procesos de carácter subregionales amplios como el proceso

110 Jefes de Estado y de Gobierno Iberoamericanos (2010), *Declaración Especial sobre "La defensa de la democracia y el orden constitucional en Iberoamérica"*, Mar del Plata, Argentina, 4 de diciembre de 2010.

111 Jefes de Estado y de Gobierno de UNASUR (2010), *Protocolo Adicional al Tratado Constitutivo de UNASUR sobre Compromiso con la Democracia*, Georgetown, Guyana, 26 de noviembre de 2010.

del ALBA o el referido al Proyecto Mesoamericano o el de UNASUR. Cada uno de estos desarrollos subregionales, a su vez, se han diversificado y complejizado en términos de sus acciones en diversos campos o áreas de acción. El ejemplo más evidente corresponde a UNASUR y la creación de una serie de consejos o unidades sectoriales que buscan ordenar, coordinar y desarrollar iniciativas y cursos de acción en áreas específicas. Es así como podemos señalar el caso del Consejo de Defensa Suramericano que coordina la materia de defensa; el Consejo Económico y Social que coordina políticas sociales en la región, así como los más diversos consejos en las distintas áreas que demanda una interdependencia cada vez más intrincada entre los países suramericanos. En este contexto, la CELAC responde al nivel superior de esta arquitectura multinivel. Es la instancia superior de coordinación latinoamericana en los más diversos ámbitos y, por lo tanto, es en esta instancia donde la región definirá su capacidad de ser interlocutor en y de la región, en temas *intermésticos*, transnacionales y globales en el sistema internacional.

Desde esa perspectiva, es importante destacar que el nacimiento de la CELAC ha sido ordenado y ha definido desde el momento mismo de su concepción la estructura y los procedimientos de funcionamiento de manera clara, lo que permite augurar un proceso fluido en las decisiones que se adoptan en esta nueva estructura institucional, que por el momento no posee una secretaría permanente, pero que es un tema que será abordado dentro de un par de años como demanda que ya se percibe por la amplitud y complejidad del relacionamiento de la CELAC.

De igual forma, podemos señalar que esta entidad nace con una fuerte dosis de pragmatismo. Conciliar la diversidad en una perspectiva de unidad conlleva la necesidad de un pragmatismo eficiente que permita avanzar en las metas comunes. Ello se evidencia en las concordancias respecto a iniciativas complejas pero de gran importancia, como la creación del Banco del Sur o los pasos que será necesario recorrer para establecer mecanismos efectivos de supranacionalidad.

La última clave que permite comprender de manera importante el rol y la proyección de la CELAC es que esta entidad responde a un liderazgo compartido en el cual Brasil y México tienen un papel fundamental. El resto de los países tienen grandes espacios de iniciativa e incidencia a lo largo del proceso.

6. Desafíos de la CELAC

Un aspecto central de la CELAC es el de cuidar el desarrollo de bienes públicos globales y regionales sobre los cuales esta entidad tendrá un rol primario. Entre ellos, podemos destacar seis: la reafirmación democrática; la búsqueda de la integración sobre la base de la cooperación y la solidaridad; la generación de oportunidades para el desarrollo; la ampliación de las capacidades de interlocución en el sistema internacional; la defensa del derecho internacional; y la consolidación de América Latina y el Caribe como una región de paz.

Un segundo aspecto en el cual la CELAC deberá incidir de manera fundamental es el de establecer mecanismos que amplifiquen las oportunidades, las capacidades de construir una identidad latinoamericana y caribeña a través del establecimiento de medidas eficientes para la construcción de una *efectiva comunidad regional.* Esta tendrá una mayor capacidad de representación y de legitimidad en la medida en que esa comunidad sea capaz de consolidarse y expresar de manera simultánea las visiones de gobiernos, parlamentos, empresas, organismos internacionales regionales, organizaciones de la sociedad civil, e incluso de sus ciudadanos. En suma, de construir una voz compartida de la región en temas primordiales para su desarrollo.

Un tercer desafío corresponde al establecimiento de procesos decisorios eficientes. Al momento de constituirse la CELAC, se acordó mantener la regla del consenso. Sin embargo, se debatió la posibilidad de otros mecanismos que pudieran ser más eficientes en términos de la rapidez y el reflejo de una opinión claramente mayoritaria aunque no necesariamente unánime. Por el momento, se ha preferido mantener la experiencia del Grupo de Río en términos de decisiones consensuales frente a otros mecanismos, como el de "no objeción" o de "consenso menos uno o menos dos". En el marco del análisis y los debates que seguirán existiendo en torno a los mecanismos decisorios en algunas materias y áreas particulares, se podría pensar en la experiencia asiática. Allí, los acuerdos que se adoptan no son vinculantes, pero cada Estado hace una declaración específica respecto al grado y la forma en que cumplirá con dicho acuerdo.

Un cuarto desafío corresponde a una institucionalidad permanente *vs.* institucionalidad pro-témpore. Claramente, las experiencias más positivas en torno al seguimiento de acuerdos, a la generación de mecanismos eficientes para su implementación y al diseño de incentivos para el cumplimiento de las resoluciones de las instancias superiores en la diplomacia de cumbres están dadas cuando existe una Secretaría Ejecutiva pequeña y eficiente, pero de carácter permanente. El ejemplo de la Secretaría General Iberoamericana, dirigida por Enrique Iglesias, lo evidencia con claridad. Las secretarías pro-témpore muchas veces se ven inmersas en la mayor o menor capacidad que tenga el Estado que las acoge para generar los recursos técnicos y materiales para impulsar las tareas; a su vez, el liderazgo que pueda ejercer el país durante el período es crucial, y en esto también se pueden mostrar diferencias importantes.

La CELAC tomó la decisión de que este será un tema que deberá ser analizado luego de los cuatro primeros años de gestión para tomar decisiones al respecto, una vez que la experiencia muestre buenas y malas prácticas. Vale la pena destacar que el gobierno de Panamá ya ofreció a su país como sede permanente para la Secretaría de la CELAC.

Un quinto desafío tiene relación con el vínculo y la competencia eventual con otros organismos internacionales. En primer término, actores externos y también de la región quisieron ver a la CELAC como una entidad de "reemplazo" de la OEA. En la Cumbre de Caracas, quedó claro que la CELAC es una entidad distinta con identidad latinoamericana y que no reemplaza ni puede reemplazar a una entidad hemisférica en la cual dos de sus componentes son Estados Unidos y Canadá. Los roles y visiones de ambas entidades, si bien tienen en común ser espacios eminentemente políticos y de diálogo político, se diferencian en muchísimos otros ámbitos desde la membrecía a la forma y tipo de colaboración y cooperación que se expresa en ellos, además de la estructura y el marco orgánico de una y otra.

La CELAC no debe ser vista como una entidad competitiva con entidades subregionales como UNASUR, Asociación de Estados del Caribe (AEC), CARICOM, SICA o el Proyecto Mesoamericano. Estas instituciones poseen misiones específicas que deben ser alcanzadas en cada ámbito subregional, y que pueden encontrar un espacio de agregación y un foro de integración de iniciativas en la CELAC. De allí que en el plan de acción de la CELAC se coloca un fuerte sello para coordinar y generar sinergias entre organismos internacionales, regionales latinoamericanos y con otras entidades que inciden en los principales temas de la región.

Un sexto desafío está referido al peligro de polarización de posiciones, que de un regionalismo plural e incluyente se pueda pasar a una dimensión donde pese más la exclusión, un "regionalismo excluyente". La región quedaría autorreferida, en un contexto donde pese a la magnitud de sus recursos, no es posible desarrollarse y generar oportunidades de crecimiento sostenible fuera del sistema internacional global, regido por una creciente mundialización o globalización. El regionalismo de la CELAC requiere poner el eje de gravitación en fortalecer sus procesos de concertación e integración regionales haciéndolos compatibles y convergentes con los diversos socios estratégicos de cada una de las subregiones y de la región en su conjunto. Los pesos y la incidencia de los actores centrales del sistema global pasan por diferentes ciclos. En la actualidad, los países desarrollados están en un ciclo de baja, del cual se recuperaran. El manteniendo de los vínculos de la región con ellos en una nueva etapa será más fructífera sobre la base de políticas incluyentes que busquen la convergencia en el largo plazo, más que ventajas oportunistas en el corto plazo. Incluso, en algunos casos, podrían generarse miradas que busquen mayores grados de reciprocidad en la relación acorde con el crecimiento y el nuevo estatus internacional de un creciente número de países de la CELAC.

7. Consideraciones finales

La CELAC representa la voz latinoamericana y caribeña en los vínculos extrarregionales, no solo con terceros actores, también con organismos internacionales globales y de otras regiones. Por lo tanto, es el espacio desde el cual América Latina expresa su mirada sobre los principales temas que muestran la relación con la evolución del sistema internacional y las reglas que deben normarlo, como frente a los desafíos trasnacionales que requieren respuestas urgentes de carácter asociativo para enfrentarlos. La

CELAC hace uso y busca consolidar una perspectiva y un multilateralismo cooperativo y eficiente.

América Latina y el Caribe poseen una importante experiencia político-diplomática, tienen un significativo potencial en términos de recursos esenciales para el mundo, una población y un desarrollo económicos que ubican a la mayoría de los Estados regionales en un nivel medio del desarrollo y que en los próximos años los países con mayor desarrollo de la región ya estarán ubicados, desde muchas perspectivas, en el ámbito de países desarrollados. Todo esto destaca la razón por la cual los jefes y jefas de Estado y de Gobierno de América Latina y el Caribe constituyen y remarcan la importancia y trascendencia de la creación de la CELAC.

El derrotero que siga esta entidad y el liderazgo que ejerzan los distintos países y sus líderes en los próximos años serán determinantes en el rol positivo que puede jugar América Latina en el sistema internacional. Este contribuirá a superar la crisis financiera global, a afianzar las tendencias de cooperación para la estabilidad y el desarrollo de opciones de participación ampliada en las decisiones de la globalización que permitirán alcanzar el crecimiento, el desarrollo y la paz.

SECCIÓN III. TEMAS EMERGENTES TRANSNACIONALES

Ciudadanía global: respuestas de las organizaciones de la sociedad civil a los desafíos mundiales. El caso de América Latina

Manuela Mesa[112]

Introducción

En los últimos años, asistimos a la conformación de una sociedad civil organizada de carácter global que trata de responder a los desafíos globales que enfrenta la humanidad, relacionados con el medio ambiente, la paz, la justicia o la pobreza. Pero de forma paradójica, también surgen otros movimientos, de corte racista, xenófobo y autoritario, que buscan protegerse de los efectos de la globalización, regresando a lo nacional y a las identidades excluyentes, que solo otorgan derechos a los autóctonos y justifican la discriminación por motivos del lugar de nacimiento o de etnia, entre otras razones. Ambos movimientos sociales coexisten en la actualidad, en el marco de la globalización y en un momento de grandes desafíos calificados por algunos como una crisis sistémica o un cambio de época o de ciclo.

Este artículo se centrará en los movimientos de la sociedad civil que se organizan en redes globales, nacionales y locales en torno a la búsqueda de respuestas a los desafíos globales. Se analizarán cómo se manifiestan estos movimientos sociales en el caso de América Latina.

---

[112] Directora del Centro de Educación e Investigación para la Paz, (CEIPAZ).

1. El nuevo multilateralismo y el papel de la sociedad civil

Para entender el concepto de ciudadanía global, tenemos que insertarlo dentro de un sistema mundial, que está cada vez más globalizado y regionalizado, pero aún responde a un modelo "westfaliano" basado en Estados soberanos. No hay instituciones que aseguren una cooperación eficaz en torno a metas comunes o a la provisión de bienes públicos globales.

Las cuestiones relacionadas con el medio ambiente, las finanzas, el desarrollo, las migraciones y las guerras son cada vez más globales, pero todavía tratan de abordarse en el marco del Estado-nación, en el que se carecen de los mecanismos para hacerles frente. No existen instituciones globales que puedan abordar de una manera eficaz estas problemáticas. Las fronteras entre los asuntos locales y globales son cada vez más difusas. Se ha producido una expansión de las interdependencias y los flujos sociales, políticos y económicos que trascienden las fronteras estatales, regionales y continentales. De este modo, un acontecimiento global puede ocasionar un profundo impacto en entornos locales, aunque estén distantes entre sí, y al mismo tiempo, acciones locales pueden tener enormes consecuencias globales. Aunque ese tipo de influencias siempre ha existido, lo que es decididamente nuevo es la intensidad, la rapidez y el impacto de la transnacionalización, de las interacciones políticas, económicas y sociales, incluyendo la creciente influencia de los medios de comunicación global en las percepciones y la experiencia vital de la humanidad.

Todo ello conforma un nuevo espacio económico, político, social y cultural en el que lo local y lo global están cada vez más relacionados. En ese espacio, surgen nuevas oportunidades de desarrollo -acceso a capitales, mercados o tecnologías, contacto entre sociedades y culturas–, pero también afectan negativamente a la pobreza, a las distintas formas de desigualdad, al medio ambiente, generando o agravando riesgos globales, que por su naturaleza transnacional, ya no pueden ser gestionados en solitario por cada Estado.

Aunque los gobiernos son las máximas autoridades en el plano nacional, su poder se ha reducido significativamente. Las nuevas geografías del poder muestran que la globalización económica ha desplazado y "desnacionalizado" el poder de los gobiernos, trasladándolo al ámbito transnacional.[113] Muchas de las decisiones que afectan a su población se adoptan en foros internacionales sobre los que no tienen un control directo, o bien carecen de regulación por completo. Esta situación erosiona la soberanía de los Estados. Como afirma David Held,[114] "los pactos sociales nacionales son insuficientes para garantizar un equilibrio real entre los valores de la solidaridad social, la política de la democracia y la eficacia del mercado". Parece necesaria una redefinición del Estado y de la soberanía, lo que Urick Beck llama el "Estado transnacional cooperativo", para que la acción estatal se complemente con nuevas reglas e instituciones de gobernación supranacional. Con ello, se establecerían los mecanismos adecuados para dar respuesta a la demanda creciente de "bienes públicos globales" –seguridad, protección del medio ambiente, protección social y reglas laborales, normas comerciales y financieras y seguridad jurídica más allá de las fronteras, entre otros– y evitar el impacto negativo derivado de la globalización.[115]

Dado que los procesos de globalización afectan a todos los países y sociedades, su gobernanza democrática debería

---

113 Sassen (2001).

114 Held (2005).

115 Kaul *et al.* (2001).

constituir una tarea prioritaria. El actual sistema multilateral se caracteriza por un marcado déficit democrático, con asimetrías de poder y riqueza que se reflejan a menudo en las estructuras y en los espacios de toma de decisiones de los organismos internacionales. Este es el caso de las organizaciones de *Bretton Woods* (Banco Mundial y Fondo Monetario Internacional), cuyas reglas formales consagran una desigual e inequitativa distribución del poder de voto en sus órganos de gobierno.[116]

Junto a estos procesos, nos encontramos con la emergencia de una incipiente sociedad civil global, cada vez más relevante y con mayor capacidad para influir con sus propuestas en la configuración de la gobernanza global. Se está pasando de un modelo de organización que aglutina a los ciudadanos en base al territorio y a los problemas que se producen en él, a un modelo de organización en el que los ciudadanos se agrupan en torno a una comunidad de intereses, valores e identidades que van más allá del territorio, y por lo tanto, pueden tener carácter global y local o ambos al mismo tiempo. De ahí que a veces se les denomine "glocales".

Las organizaciones de la sociedad civil se muestran cada vez más activas en la búsqueda de respuestas a los problemas globales y se han convertido en actores decisivos para los objetivos internacionales de desarrollo humano y sostenible, y lucha contra la pobreza y las desigualdades, el cambio climático, las crisis alimentarias, la crisis energética, entre otros. Se trata de una ciudadanía cada vez más consciente de la necesidad de la gestión colectiva de los problemas comunes de carácter global. Esto ha tenido como consecuencia la inclusión dentro de su agenda de estas cuestiones globales, entendiéndolas no solo como un derecho, sino también como una responsabilidad que

---

116 Kaul *et al.* (2001).

se puede ejercer en los ámbitos local, nacional, regional e internacional. Y todo esto ha contribuido así a conformar progresivamente la noción de ciudadanía global. Se trata de "la globalización desde abajo", en palabras de Richard Falk, en la que los movimientos sociales se organizan en torno a una agenda local y global al mismo tiempo. Esta noción implica que cada vez más personas a lo ancho del planeta asuman que comparten un futuro colectivo y adoptan una conciencia planetaria; esta significa estar comprometido en lo local y global al mismo tiempo. Las cuestiones globales se han convertido en parte de las experiencias locales del día a día.

Pero junto con estos movimientos sociales, comprometidos con la justicia global, también han emergido en estos años grupos de carácter conservador, xenófobos y racistas, que reivindican el retorno a lo nacional, la recuperación de una identidad localista y el rechazo al multiculturalismo. Esto se observó con el crecimiento de los partidos de ultraderecha por toda Europa, que reivindican en su programa los elementos más tradicionales de la nación, marcados por el miedo y el odio a lo diferente, que se nutren de la pérdida de confianza en las instituciones democráticas del Estado (a las que se acusa no solo de no poder, sino además de no querer solucionar los graves problemas de los ciudadanos). Existen partidos de extrema derecha en Austria, en Francia, en Dinamarca, en Eslovaquia, en Polonia, entre otros. Ni siquiera los países nórdicos han quedado fuera de esa lógica. El surgimiento de partidos de extrema derecha, como "los Auténticos Finlandeses", o la reciente matanza de jóvenes socialdemócratas en Noruega durante el verano de 2011 a manos de un militante del partido de la ultraderecha son una expresión de esta realidad. Estas formaciones políticas mezclan hábilmente en su lenguaje la defensa de lo local y la desconfianza o el rechazo hacia lo exterior, y recogen el voto del miedo, del desconcierto y de la inseguridad.

Como se indicó, este artículo se centrará en aquellas organizaciones de la sociedad civil comprometidas con la justicia global o en construir -en palabras de Leornardo Boff-[117] "una ética planetaria", en la que se comparten ideas y valores globales relacionados con los derechos humanos, el desarrollo social, la protección del medio ambiente y la equidad de género. Son iniciativas como los foros paralelos a las Conferencias de Naciones Unidas, el Foro Social Mundial o las recientes movilizaciones del 15-O, o "Somos el 99%". Movimientos que propugnan una radical reinvención de la democracia a nivel global, con nuevas instituciones internacionales que regulen las cuestiones mundiales, así como una profundización de la democracia electoral y la expansión de fórmulas participativas en el plano nacional, regional o local. Se trata también de movimientos que buscan impulsar la creación de marcos institucionales y normativos que aseguren los principios de representación y equilibrio de poderes inherentes a la democracia. Aunque en ocasiones las demandas de democracia real, reclamadas por el movimiento 15-O, han sido percibidas como una amenaza a la democracia parlamentaria y al sistema democrático en su conjunto, parece no haber duda de que la exigencia de superar las lógicas de poder de los partidos y una mayor atención en las necesidades de los ciudadanos y ciudadanas no solo es legítima, sino que asimismo fortalece el propio sistema democrático. Las propuestas de establecimiento de listas abiertas por parte de los partidos, un mayor compromiso para cumplir los programas electorales, así como la incorporación de nuevas formas de participación ciudadana pueden contribuir a aumentar la calidad de la democracia.

---

117 Boff (2001).

Y no solo en el ámbito nacional, también en el ámbito internacional, en el que se propone un sistema multilateral que asegure la gobernanza democrática de la globalización en un mundo de múltiples actores, en aquellos ámbitos que superan la acción del Estado-nación, relacionados con la vigencia de los derechos humanos, el respeto por la diversidad, y la lucha contra la pobreza y la exclusión, entre otras cuestiones. Un sistema que garantice una adecuada provisión de los bienes públicos globales y que se sustente en los siguientes elementos:

- La existencia de varios niveles de gobierno (gobernanza multinivel o *multilevel governance*), local, regional, estatal y supranacional, que permitan gestionar adecuadamente las cuestiones que afectan a los procesos de desarrollo, y que se rijan por el principio de subsidiariedad, orientado a que las respuestas políticas vengan desplegadas desde aquel nivel que, siendo capaz de abarcar en toda su dimensión el fenómeno a tratar, se encuentre lo más próximo posible a la ciudadanía.
- El reconocimiento y la adecuada canalización de la voz de los actores no estatales, como las ONG y la sociedad civil organizada, cuya participación resulta crucial en los procesos de desarrollo.
- La articulación de nuevos espacios de participación y el reconocimiento de la existencia de distintas comunidades políticas superpuestas, asentadas sobre ciudadanías múltiples que afectan al contenido de derechos inherente al desarrollo.

En resumen, la noción de "ciudadanía global" aún puede estar lejos de ser una realidad jurídica o política, pero la existencia de movimientos sociales transnacionales revela que existe ya un espacio político global que promueve un "nuevo multilateralismo", asentado sobre una base democrática.

2. ¿Qué caracteriza a la ciudadanía global en el contexto de la globalización?

Bajo el concepto de sociedad civil, se incluye un conjunto de organizaciones, entidades, grupos que trabajan a nivel local y global cuya composición varía de un país a otro, con estructuras, presupuestos, formas organizativas y misiones distintas. Su característica principal es que actúan de forma independiente al Estado y a las estructuras de los partidos políticos. Pueden ser grupos religiosos, de estudiantes, sindicatos, ONG, grupos de mujeres, organizaciones vecinales, entre otros. La diversidad de situaciones y de grupos que se incluye bajo el concepto de sociedad civil hace necesario que se defina con claridad qué papel puede jugar cada uno de ellos en función de su contexto. Mary Kaldor y la Unidad de Gobernabilidad de la *London School of Economics* han analizado este proceso y publican un anuario sobre sociedad civil que da cuenta de las principales tendencias.[118]

El principal cambio que se ha producido en el ámbito multilateral es la creciente influencia de nuevos actores en el sistema internacional -como los movimientos de la sociedad de civil, los poderes locales, el sector privado- en diversas cuestiones relacionadas con la problemática global: cambio climático, deuda, minas terrestres, VIH-Sida y otras pandemias globales, las armas ligeras o el Tratado sobre el Comercio de Armas.

Esto se manifiesta en la internacionalización del trabajo de las ONG y de las organizaciones de la sociedad civil y su presencia en los foros internacionales, que ha ido adquiriendo cada vez más importancia. Por ejemplo, en las grandes conferencias de Naciones Unidas realizadas en la década de 1990 sobre medio ambiente y desarrollo

---

118 Kaldor (2003a); Kaldor (2003b).

(1992), derechos humanos (1993), población (1994), mujer y desarrollo y desarrollo social (1995), entre otras. En algunas de estas conferencias paralelas, se logró reunir a más de 40.000 personas, lo que muestra el extraordinario peso que han adquirido estos encuentros. Otras organizaciones han tratado de influir y de hacer escuchar su voz en los procesos de la formulación de tratados para prohibir las minas antipersona, o para abordar la problemática de los niños soldados, entre otros. Una parte de las organizaciones ha trabajado dentro de las estructuras existentes, aprovechando las oportunidades que se plantean en el ámbito de la construcción de la paz y del desarrollo, pero con una agenda cada vez más global que articula a organizaciones sociales del norte y del sur y con un ámbito de acción local y global al mismo tiempo.[119] También otra parte de este movimiento se ha definido abiertamente como anticapitalista o antisistema, como movimiento contra la globalización neoliberal o por la justicia global,[120] y ha situado su acción en un marco de transformación radical de las estructuras existentes.

No se puede avanzar hacia una sociedad civil global a menos que se aborden la desigualdad y la injusticia planetarias, y se realicen esfuerzos para reducirlas. Por ello, algunas iniciativas a destacar son los movimientos de la sociedad civil que han movilizado a miles de personas en el Jubileo del año 2000, y la campaña por la abolición de la deuda externa, la campaña "Haz que la pobreza sea historia", que fue lanzada en 2005 y que ha sido considerada como una campaña global. También ha sido muy importante el trabajo en red de las organizaciones que están participando

---

119 Ver la iniciativa realizada por *Global Partnership on Conflict Prevention* y las propuestas sobre prevención de conflictos presentadas en Naciones Unidas (GPPAC). Disponible en línea: www.gppac.net/

120 Díaz-Salazar (2002).

en la elaboración de un Tratado Internacional de Armas, para lograr un mayor control y regulación en el comercio de armamento.[121] Y las cuestiones ambientales, relacionadas con la sostenibilidad ambiental y el agotamiento de recursos, el cambio climático, la biodiversidad o el consumo responsable. Estas cuestiones han estado muy presentes en la agenda de las organizaciones de la sociedad civil y de las ONGD, con acciones de gran relevancia e impacto.

También, en los últimos años, gracias al impulso de la sociedad civil, se han producido avances importantes en el ámbito de la construcción de la paz, relacionados con la aplicación de principios como la Justicia Universal, y con el papel de las mujeres en la construcción de la paz, entre otros muchos asuntos.[122] Por ejemplo, la intervención de la sociedad civil global en la negociación de la Corte Penal Internacional, entre 1995 y 1998, desarrolló propuestas alternativas, fortaleció la participación de los países del sur, e hizo que el proceso negociador fuese mucho más transparente para los observadores interesados.[123] En las cuestiones sobre género y paz, se logró la aprobación de la Resolución 1325 sobre el papel de las mujeres en la construcción de la paz, que fue el resultado de muchos años de trabajo por parte de las organizaciones de la sociedad civil en torno al impacto de los conflictos armados en las mujeres, y sobre el papel activo que ellas jugaban en los

---

121 Una amplia red de organizaciones de todo el mundo, como IANSA (*International Action Network on Small Arms*), lleva años trabajando para la lograr la elaboración de un Tratado de Armas. El 2012 será un año clave para determinar la voluntad políticas de los gobiernos de que se elabore este Tratado.

122 All, Pamela R. (2004), "Non-governmental Organizations and Conflict Prevention: Roles, Capabilities, Limitations", en Carment, David y Schnabel, Albrecht, *Conflict Prevention, from Rhetoric to Reality: Opportunities and Innovation*, vol. 2, Maryland, Lexington Books.

123 Glasius (2004).

procesos de negociación y de rehabilitación posbélica.[124] En julio de 2010, la Asamblea General de las Naciones Unidas creó ONU Mujeres, la entidad de la ONU para la igualdad de género y el empoderamiento de la mujer. Ha contado con el respaldo de los movimientos de mujeres en todo el mundo, que presionan para que las cuestiones de género estén presentes en la agenda internacional. Además, el décimo aniversario de la aprobación de la Resolución 1325 sirvió para hacer balance de los logros alcanzados y definir un conjunto de propuestas para avanzar en el reconocimiento de las mujeres en la construcción de la paz.[125]

Durante el año 2011, dos acontecimientos significativos en este proceso de construcción de la ciudadanía global han revitalizado el movimiento y han aumentado su fuerza: por una parte, la aparición de la Primavera Árabe en Túnez y posteriormente en Egipto, con un fuerte impacto en la región, con enérgicas movilizaciones de la ciudadanía que exige más democracia y el fin de los regímenes autoritarios; y por otra, el surgimiento del movimiento 15-M, convertido después en 15-0, o la *World Revolution*.

Estos dos movimientos se han visto favorecidos por las oportunidades que ofrecen las Tecnologías de la Información y la Comunicación (TIC) y han contribuido con éxito a propagar información, difundir convocatorias para movilizar de manera masiva a los ciudadanos y ciudadanas. Además, unos movimientos han sido capaces de inspirar a otros.

---

124 La página *web Peace Women* (http://www.peacewomen.org) recoge de manera exhaustiva las iniciativas y las organizaciones de mujeres de todo el mundo, tanto internacionales como locales, que están trabajando para la promoción de la Resolución 1325, además de proporcionar amplia documentación en torno a la resolución 1325 y su implementación y la traducción de la resolución a 100 idiomas, un gran número de ellos hablados en zonas afectadas por conflictos armados.

125 Mesa (2010).

Por una parte, la experiencia exitosa de la llamada Primavera Árabe, que fue difundida en tiempo real y convirtió a algunos blogueros en sus líderes, junto con otros actores, por el papel que jugaron en difundir a escala global lo que estaba ocurriendo, ha mostrado la capacidad de la sociedad civil no solo para acabar con un régimen totalitario, sino también para sentar las bases de una democracia. Ha sido la culminación de un largo período de luchas sociales como consecuencia del impacto de las políticas neoliberales, que provocaron una fuerte polarización social, la generalización del paro, la extensión de la pobreza hasta un porcentaje elevadísimo de la población. Ha sido la juventud urbana y educada de estos países, con acceso a las nuevas tecnologías, la protagonista de estas revoluciones, al ver frustradas sus expectativas de progreso. La Primavera Árabe ha permitido también romper con el imaginario colectivo occidental que mostraba a las sociedades árabes desde una visión reduccionista, como "fundamentalistas violentos", y ofrecer una imagen más real, que muestra que las aspiraciones de los jóvenes árabes son las mismas que en otros lugares del mundo: tener trabajo, libertad y satisfacer las necesidades básicas, ligadas al acceso a la salud o la educación, así como tener acceso a las mismas oportunidades y aspiraciones que los jóvenes de otras latitudes, con los que se comunican y comparten un imaginario colectivo común a partir de las redes sociales.

Por otra, la crisis financiera internacional ha sacado a la calles a miles de personas que cuestionan que el coste de la crisis deba ser pagado por la ciudadanía, en lugar de por quienes la han provocado. Una ciudadanía que plantea la importancia de lograr una "democracia real" capaz de dar respuesta a sus necesidades. Este movimiento se ha internacionalizado y ha encontrado sus formas de expresión propias en cada lugar –Madrid, Londres, Nueva York o Tel Aviv–, pero compartiendo un planteamiento común en el análisis sobre la crisis financiera y en sus consecuencias sobre la sociedad, que no solo se la empobrece, sino que al mismo tiempo ve cómo se recortan sus derechos. Desde las manifestaciones contra la guerra de Irak, nunca hasta la fecha había habido una confluencia de iniciativas ciudadanas tan global-local exigiendo el fin del poder de los mercados sobre la política.

Un tercer rasgo de este movimiento de las organizaciones de la sociedad civil ha sido su apuesta por la no-violencia, lo que le ha dado una gran legitimidad y le ha permitido contar con el apoyo de una gran parte de la ciudadanía, que se identifica con su reivindicaciones y sus propuestas de democracia real. El apoyo masivo de la población ha evitado lo que ocurrió en el pasado con los movimientos altermundialistas[126] que sufrieron una feroz represión. El nivel de confrontación entre los manifestantes y el poder fue muy alto, culminando en el asesinato en Génova del joven Carlo Giulani por un disparo de la policía. Paradójicamente, en esta ocasión incluso la revista *Time* ha elegido como protagonista de 2011 al "manifestante anónimo" aludiendo a estos jóvenes anónimos que han salido a la calle pacíficamente para echar abajo dictaduras, como en el caso Túnez, Egipto o Bahrein; o bien, los indignados que se manifestaron en la Puerta del Sol o en *Wall Street*, denunciando la avaricia de los banqueros o recordando que son el 99% de la población.

3. El papel de las TIC en la conformación de la ciudadanía global

La conformación de la ciudadanía global se ha visto favorecida por las Tecnologías de la Información y la

126 Díaz Salazar (2002).

Comunicación (TIC).[127] A partir de la década de 1990, las organizaciones de la sociedad civil y sus redes, poco a poco, han logrado diseñar una agenda de acción internacional en torno a las problemáticas globales que afectan al conjunto de la población. En escasos minutos, se puede poner en funcionamiento una campaña que puede llegar a miles de personas.

En el mundo árabe, las TIC, particularmente las redes sociales y los móviles, en combinación con la señal de televisión *Al Yazira*, jugaron un papel determinante como aceleradores y precipitadores de las movilizaciones de la Primavera Árabe. Favorecieron el trabajo horizontal y en red, actuaron como espacios de politización donde los jóvenes árabes compartieron sus aspiraciones de formar parte de un mundo más democrático y justo, y permitieron conformar una conciencia política sobre los mecanismos de poder existentes y cómo desafiarlos. Su gran victoria ha sido la recuperación de la confianza en la capacidad colectiva para transformar el mundo. En algunos contextos como en Egipto y en Túnez, esto ha sido muy importante tras años de frustración social y de ausencia de perspectivas. Pero también ha tenido un efecto de contagio en otras zonas, como Madrid, Londres, Washington o Tel Aviv, combinando reivindicaciones locales con otras globales, y compartiendo esa posibilidad de transformación, de intercambio, de sentirse parte del cambio que las nuevas tecnologías han facilitado.[128]

En el mundo árabe, desde el año 2005 se ha producido un crecimiento espectacular de las redes sociales. Se estima que Facebook tiene unos diez millones de usuarios en el mundo árabe, que es un número muy superior al de los lectores de periódicos. Y esto ha podido tener un

---

127 Trejo (2011).

128 Antentas y Vivas (2012).

papel determinante en la caída de los regímenes en Egipto y Túnez. Los micromensajes de Twitter o los videos de YouTube contribuyeron al éxito de las manifestaciones en las calles de El Cairo y son una pieza clave en la conformación de una ciudadanía global. No debe sobreestimarse el papel de las redes sociales, dado que su acceso se produce principalmente en el ámbito urbano y por parte de aquellos jóvenes de clase media que, a pesar de su cualificación, no tienen expectativas de mejorar su futuro. Han sido estos jóvenes los que han actuado como motor y catalizador de las luchas sociales que se venían produciendo desde hace años. Hubo incremento exponencial del número de usuarios entre estos sectores jóvenes, a pesar de que en Egipto tan solo el 6,7% de la población tiene Facebook, y en Túnez, el 20%, un poco más cercano a Europa, que es del 30%. Como explicaba un activista egipcio cuando se le preguntaba por el papel de las redes sociales: "Usamos Facebook para convocar las protestas, Twitter para coordinarlas y YouTube para contárselo al mundo".[129]

Las TIC han generado nuevas formas de movilizarse aprovechando las oportunidades que ofrecen las redes sociales, que se han convertido en un potente instrumento de socialización política. Las redes sociales han modificado profundamente la manera como se construyen las relaciones entre los individuos y los grupos en la sociedad contemporánea. Permiten implicar a un número mayor de personas en las movilizaciones difundiendo las convocatorias, ofrecen información en tiempo real sobre lo que está ocurriendo, sin filtros ni manipulaciones. Aunque las redes sociales no crean revoluciones, sí han favorecido la creación de un sentido colectivo sobre las acciones que se han llevado a cabo para promover la democracia o para trasladar las demandas a los gobiernos. Por ejemplo, la

---

[129] Meneses y Alsedo, *El Mundo*, 29 diciembre de 2012.

difusión de música, como la del rapero tunecino El General, se convirtió en el canto de adhesión a la protesta de la juventud contra el gobierno dictatorial de Ben Alí. Las redes sociales han servido como catalizadores del malestar presente en la sociedad por la falta de libertades y la crisis económica. Herramientas como Twitter y Facebook han sido esenciales para movilizar a la gente y también para que las manifestaciones se convirtieran en un fenómeno global. Por ejemplo, la utilización de Twitter en Egipto o el uso de Internet en las movilizaciones del 15-O.

Las redes sociales han favorecido la aparición de nuevos actores políticos, como los blogueros o los jóvenes despolitizados. En el caso de Túnez y Egipto, estos se convirtieron en una fuente indispensable para conocer la situación de las movilizaciones y ejercieron un tipo de liderazgo desconocido hasta el momento. Por ejemplo, *la Tunisian Girl* se hizo tan popular que fue propuesta a los premios Nobel de la Paz. Muchos de los y las jóvenes que se movilizaron carecían de trayectoria política o social y se manifestaban por primera vez; sin embargo, mostraron una gran capacidad para formular propuestas concretas y desarrollar maneras nuevas de participar y de hacer incidencia política en la región. Se trata de un "empoderamiento de la ciudadanía" que tiene acceso a la información (en ocasiones, en tiempo real y sin filtros, superando las corporaciones mediáticas), que interactúa a partir de las redes sociales, con oportunidades de participar en diversas acciones y además de manera horizontal, superando las viejas jerarquías. También ofrece opciones importantes para renovar la política y potenciar la participación de modo horizontal.

La utilización de las redes ha permitido internacionalizar los movimientos de protesta, dándolos a conocer y difundiéndolos de manera amplia. Y esto ha tenido como consecuencia que las diferentes movilizaciones se hayan inspirado en las anteriores. Todas ellas comparten el eje de tomar los espacios públicos ("tomemos la plaza"), su carácter no violento. Así, las manifestaciones en la plaza de Tahir sirvieron de inspiración al movimiento 15-M, y posteriormente al 15-O y otros movimientos similares que han surgido como "ocupemos *Wall Street*". El movimiento de los indignados se extiende de España a Israel pasando por Nueva York, Washington y la India, aunque los contextos de cada lugar son distintos y también las repercusiones: el movimiento no es igual en un país democrático como España que en Estados represivos como Egipto o Libia. Todas estas son muestras que nos indican que se está conformando una conciencia global planetaria que utiliza la red como espacio de reflexión y de movilización.

Otra de las formas de movilizarse y que suponen una puesta en práctica de la noción de ciudadanía global son las campañas llevadas a cabo desde la red, de organizaciones como *Avaaz*, que significa 'voz'.[130] Es un movimiento político en la *web* que define su misión como: "Cerrar la brecha entre el mundo que tenemos y el mundo que la mayor parte de la gente desea". De manera ágil y rápida, *Avaaz* organiza campañas para abordar crisis importantes "allá donde ocurran". Está comprometida con diversas causas relacionadas con las bombas racimo, el cambio climático, la corrupción, la matanza de ballenas o la pena de muerte. Tiene cerca de seis millones de miembros. Las acciones abarcan desde la incidencia política constante y tenaz sobre un problema concreto al que se propone una solución determinada, hasta acciones más directas como proveer a los monjes birmanos de teléfonos satelitales para informar de su situación.

Actúan en lo local y en lo global, y también realizan acciones directas en el ámbito local, como por ejemplo,

130 *The Economist* (2010).

protestas ante las embajadas iraníes por las sentencias de muerte a las mujeres acosadas de adulterio en Irán.

Su peculiaridad está en que permite aglutinar a personas y organizaciones muy distintas en torno a una causa común, y actúan como un centro distribuidor (*hub*) de campañas e iniciativas ciudadanas. Es un buen ejemplo de lo que significa ser hoy en día un ciudadano del mundo y vincularse a los problemas globales vinculados a la paz, el desarrollo o a la lucha de las mujeres por la igualdad.

Puede afirmarse que el activismo político en Internet abre nuevos espacios de libertad, pero la toma de conciencia del papel que puedan jugar está llevando a los gobiernos a tratar de controlar la red, con diversas iniciativas como la ley SOPA[131] y otras. Internet, a partir de sus múltiples aplicaciones, ya no es solo un lugar donde esta juventud puede encontrar la información, sino que además ha pasado a ser el lugar de la política, constituyéndose en un espacio público alternativo.[132]

En lo que se refiere al acceso a la información, las TIC permiten en la actualidad tener disponible a una cantidad inmensa de información. Son herramientas que están modificando las formas de concebir el conocimiento y los procesos de aprendizaje. Los saberes y el conocimiento ya no están solo en manos del profesor/a o del experto/a, sino que asimismo un ciudadano o ciudadana puede tener

---

131 La ley SOPA (*Stop Online Piracy Act*), un proyecto de ley presentado en octubre del 2011 en EE.UU., que tiene como objetivo combatir la descarga ilegal de contenidos con derechos de autor subidos a Internet. SOPA no solo afecta a Estados Unidos, ya que lo que propone es bloquear a nivel DNS sitios (no solo alojados en EUA) que *podrían* infringir derechos de propiedad intelectual (aunque solo se suponga) o simplemente penalizar a un proveedor de servicios o intermediario que no *ha hecho lo suficiente para detener a estos sitios*. Más información en: http://es.wikipedia.org/wiki/Stop_Online_Piracy_Act

132 González-Quijano (2011).

acceso a una información mucho más amplia a partir de Internet.

Un ciudadano del mundo es aquella persona que ya no necesita "reproducir" lo que dicen los expertos sobre un asunto o una situación, sino que tiene criterios propios para identificar la información relevante en Internet, relacionarla entre sí y generar nuevas formas de conocimiento, que son transnacionales, híbridas y que incluyen diferentes enfoques y perspectivas. Como plantea George Siemens,[133] se trata de buscar la conectividad, de organizar la información fragmentada y dispersa en marcos conceptuales que generen nuevos conocimientos; transformar la información en conocimiento, de una forma amplia y generalizada. En la India, existen experiencias muy interesantes en este sentido, sobre todo en la zona rural, como el programa de un "Agujero en la pared", entre otros.

Por lo tanto, las TIC han sido clave en la conformación de esta ciudadanía global que desarrolla nuevas formas de aprendizaje y de análisis de las cuestiones globales, y que es capaz de movilizar y de generar cambios sociales y políticos. Sin embargo, todavía la brecha digital sigue siendo enorme entre unas zonas y otras del planeta. El mapa de Facebook, que en vez de presentar fronteras políticas muestra las conexiones sociales de sus usuarios, es muy ilustrativo en este sentido,[134] y nos cuenta que esta incipiente conformación de organizaciones de la sociedad civil global necesita intensificar el flujo de contactos e interacciones norte-sur.

---

133 Siemens (2004).

134 Mapa sobre el uso mundial de Facebook en el mundo que muestra las conexiones sociales entre las diferentes partes del mundo.

4. La ciudadanía global en América Latina: un proceso en construcción

El número de organizaciones de la sociedad civil y ONGD en América Latina se ha incrementado considerablemente en las últimas décadas. Estas estructuras surgen en la región con los procesos de democratización en la década de 1980 y el fin de los regímenes autoritarios. Están por lo tanto ligadas a las redes y los movimientos de derechos humanos que denuncian los abusos cometidos durante las dictaduras militares, pero que también incorporan una dimensión social en su acción por su vinculación con las corrientes progresistas de la Iglesia católica, como la Teología de la Liberación. Esto fue particularmente relevante en un período en el que se aplicaron las políticas de ajuste estructural impulsadas por el Consenso de Washington, que adelgazaron aun más los escasos servicios sociales que ofrecía el Estado y dejaron desprotegidos a importantes sectores de la sociedad sin acceso a la salud o a la educación. La actividad de las organizaciones de la sociedad civil se ha orientado a superar la exclusión y marginación de amplios sectores de la población. Estas organizaciones tienen agendas sectoriales muy específicas, dependiendo de si proceden del medio urbano o rural: el protagonismo será mayor de las clases medias en el ámbito urbano, y de las organizaciones campesinas y populares en el ámbito rural.

En general, se podría afirmar que las organizaciones de la sociedad civil latinoamericanas tienen dificultades para articularse en redes nacionales, regionales o transnacionales, y se movilizan escasamente por temas regionales o globales que estén fuera de los intereses y las demandas nacionales. Carecen de una perspectiva regional o internacional en la mayoría de los asuntos, a excepción del movimiento de los derechos humanos (en el marco de la experiencia de la Comisión Interamericana de DH) y las movilizaciones contra el ALCA, que tuvieron un alcance más regional en la década de 1990.[135] También las cuestiones de género han sido un elemento movilizador en el ámbito regional e internacional.

Las iniciativas de integración regional en América Latina, en particular UNASUR, el ALBA y la Comunidad de Estados de Latinoamérica y el Caribe (CELAC), han sido de carácter intergubernamental y han dejado poco espacio para la construcción de un proyecto de integración regional desde abajo, con apoyo de la ciudadanía organizada y la inclusión de una dimensión social relevante.[136] Además, el retorno de un rol más activo del Estado en estos espacios regionales ha supuesto el regreso a visiones y percepciones estadocéntricas. Las organizaciones ciudadanas han estado fuertemente apoyadas por donantes externos (europeos, estadounidenses o canadienses) más que por una efectiva apertura del Estado a una mayor participación de la ciudadanía. La participación de muchas de estas redes en la OEA, las cumbres iberoamericanas, los foros de la Unión Europea-América Latina o en las Cumbres de las Américas cuenta con fondos de la cooperación internacional, pero no con el apoyo de sus propios gobiernos de los organismos regionales. Esto contrasta con el apoyo financiero que reciben del Estado las redes y organizaciones ciudadanas en el plano nacional para la ejecución de proyectos sociales.[137]

Estas organizaciones se han ido vinculando progresivamente a redes internacionales más amplias ligadas a la equidad de género, la protección del medio ambiente o la lucha contra la pobreza.[138] Pese a ello, el Estado ha sido un referente permanente en el desarrollo de la sociedad civil

135 Serbin (2011).
136 Serbin (2011).
137 Serbin (2011: 13).
138 Serbin (2011: 14).

en la región, incluso en el desarrollo de los movimientos sociales de carácter antisistémico.[139]

Paradójicamente, uno de los movimientos con un mayor enfoque transnacional en América Latina ha sido el movimiento indígena, que ha contado con una mayor capacidad para llevar sus reivindicaciones de derechos colectivos a los ámbitos internacionales, particularmente en el marco de Naciones Unidas. También las organizaciones de mujeres tienen cierta trayectoria en el trabajo regional y continental sobre las cuestiones relacionadas con la violencia, la salud sexual y reproductiva, entre otros asuntos.

La participación de las ONG latinoamericanas en el ámbito de las Naciones Unidas es bastante reducida si se compara con otras regiones del mundo. El número de ONG con estatus consultivo es muy bajo. Según los datos del ECOSOC, representan el 6% del total de las organizaciones, mientras el 36% son europeas; el 28%, norteamericanas; el 12%, africanas; y el 16%, asiáticas. Los países más representados en Naciones Unidas son la Argentina (23), Brasil y México (19), Cuba (15), Chile y Perú (12). Y además, el grado de intervención con contribuciones escritas o de otro tipo de acciones es muy bajo.

El enfoque de las organizaciones de la sociedad civil y ONGD es principalmente local o nacional, y por lo tanto, en escasas ocasiones participan en los ámbitos globales relacionados con Naciones Unidas. Esto se explica por diversas razones. La primera de ellas está relacionada con las propias características de las ONGD y de las organizaciones de la sociedad civil latinoamericanas, que por sus capacidades, por sus límites financieros, por las barreras lingüísticas (foros en inglés y francés mayoritariamente) y por sus visiones, centran su acción en cuestiones eminentemente locales o nacionales.[140]

---

139 Tulchin y Rutheburg (2007: 187-197; 235-252), citados en Serbin (2011).

140 Serbin (2011).

Algunos estudios e investigaciones ofrecen también claves sobre este asunto y sobre la percepción de la sociedad latinoamericana acerca de la ciudadanía global que existe en las sociedades latinoamericanas. Uno de los más relevantes es el estudio de opinión pública y política exterior *Las Américas y el mundo 2010-2011*, que realiza en México el Centro de Investigación y Docencia Académica (CIDE) en coordinación con una red de instituciones académicas latinoamericanas. Este estudio recoge las visiones de la población de Brasil, Colombia, Ecuador, México y Perú, y se realiza cada dos años. Muestra que la identidad regional de América Latina es ambivalente y simbólica. A pesar de que la población se percibe como latinoamericana, las identidades propias están por encima de la identidad latinoamericana, y esto hace que todo aquello que implique una mayor unidad y cooperación reciba un escaso apoyo social.

Países como Brasil y México, que tienen una cierta capacidad de liderazgo, sin embargo tienen menos interés en participar en el escenario internacional que otros países con menores capacidades para hacerlo como Colombia, Ecuador o Perú.[141] Colombia aparece con el porcentaje mayor de ciudadanos atentos y conocedores de la realidad mundial.

"Desde América Latina, el mundo se lee en clave nacional", dice el Informe de CIDE (2011). Tanto las amenazas como los objetivos internacionales prioritarios se contemplan desde una óptica localista que está influida por el ánimo público nacional: en Brasil, se traduce en optimismo; en Colombia, en apertura; en Ecuador, en reserva; en México, en pesimismo; y en Perú, en oportunidad.

Y según este mismo estudio, hay dos formas de mirar al mundo: una visión más acotada y otra más global. Algunos países consideran que sus principales socios e intereses se encuentran principalmente en el continente americano, como

---

141 CIDE (2011).

es el caso de Colombia, Ecuador y México. Mientras otros, como Brasil y Perú, mantienen una visión más global de sus intereses en el mundo, que abarca a otras regiones, en particular, a Asia como un nuevo motor de la economía mundial.[142]

Además, en general, la opinión pública se muestra a favor de una integración regional basada en libre flujo de bienes, servicios e inversiones en la región, pero rechaza la unión monetaria y la construcción de instituciones supranacionales. Es decir, se busca un tipo de integración que deje afuera los aspectos políticos, militares y sociales.

El contacto, el conocimiento y el interés por el mundo se caracterizan por ser muy reducidos: una gran mayoría nunca ha viajado fuera de su país (el 88% de los brasileños, el 81% de los mexicanos y el 76% de los ecuatorianos). Tampoco hablan ningún idioma extranjero. El principal vínculo con el mundo es indirecto a partir de las redes transnacionales de migrantes.

Además hay una amplia brecha digital que los separa. La utilización de Internet es la herramienta para interactuar con otros habitantes del mundo. Tienen acceso a Internet el 44% de los colombianos, el 39% de los peruanos, 31% de los brasileños, el 26% de los mexicanos y el 21% de los ecuatorianos. Curiosamente, Brasil muestra una desconexión con el mundo más acentuada.

El interés ciudadano medio por lo internacional alcanza un promedio del 64,8% de la población de los cinco países encuestados. Sin embargo, Colombia, Ecuador y Perú muestran un mayor interés que México o Brasil.

Y además, prevalece un elevado desconocimiento de países, actores e instituciones internacionales. Por ejemplo, el 45% desconoce qué es la ONU, y el 58%, qué es la OEA. Los países grandes como Brasil y México están menos atentos e informados sobre las cuestiones internacionales.

---

142 CIDE (2011).

Como concluye el estudio, prevalece un nacionalismo latinoamericano de carácter selectivo y ambivalente:

> Por un lado, el nacionalismo político y social es un rasgo tradicional altamente característico de los países de América Latina, donde mayorías sociales rechazan la posibilidad de abrir las fronteras nacionales a la migración o de integrar plenamente a los extranjeros naturalizados como ciudadanos con derechos políticos plenos de la comunidad nacional; además, tienen una clara inclinación soberanista que los lleva a oponerse a que su país acate las decisiones multilaterales cuando no sean de su agrado, someta a sus conciudadanos a la jurisdicción de organismos internacionales o promueva mecanismos de representación política y defensa conjunta en la región. Esta veta nacionalista lleva a que el multilateralismo en América Latina sea superficial, retórico y falto de raíces sociales profundas (CIDE 2011: 126).

Esta encuesta ofrece datos que podrían explicar la escasa participación de las organizaciones de la sociedad civil latinoamericana en acciones de carácter más global, así como la inexistencia de una agenda de acciones locales que sean analizados desde una perspectiva global. Por ejemplo, las movilizaciones estudiantiles en Chile reivindicaban el acceso a la educación, pero circunscribieron su lucha al ámbito nacional. No fueron capaces de vincularse a otros movimientos similares en otros lugares del mundo que luchan contra la privatización de la educación y por lograr una educación pública para todos y todas.

Al mismo tiempo, el Foro Social Mundial, que se inició en Porto Alegre en 2001 y acuñó el lema "otros mundo es posible", ha contribuido a la internacionalización de las organizaciones de la sociedad civil latinoamericana con un gran protagonismo de Brasil, pero no ha logrado extenderse y consolidarse a otros países latinoamericanos, a diferencia de otras regiones donde se ha realizado un trabajo más profundo. Además, en los últimos años este movimiento ha ido perdiendo fuerza. Al diferirse su celebración cada dos años y disgregarse en foros temáticos y geográficos, se ha diluido su fuerza y su presencia global. Es necesario repensar el proceso del Foro Social Mundial en el nuevo contexto de emergencia de nuevos movimientos de protesta social indignada que fluyen por caminos cercanos pero diferentes.

América Latina no está al margen de los procesos de globalización, y los fenómenos locales y nacionales también deben abordarse en clave internacional y global, si de verdad se quieren entender en toda su dimensión y se quiere influir sobre ellos. Por lo tanto, la acción de las organizaciones de la sociedad civil latinoamericana necesita internacionalizarse, combinando la acción en el nivel regional y nacional. Si realmente quieren tener voz e influencia en los asuntos globales y/o locales, no podrán quedarse al margen del proceso de globalización y de esa ciudadanía global cada vez más influyente que utiliza el poder de las nuevas tecnologías para coordinase, diseñar acciones y configurar una agenda global para el cambio.

Referencias bibliográficas

Alonso, Jorge (2002), "La democracia, base de la lucha contra la pobreza", en *Alternativas Sur*, núm. 1, Madrid, CIP/Fuhem.

Alsedo, Quico y Rosa Meneses (2011), "Y la masa despertó de su letargo. Internet y las redes sociales, piezas clave para la transmisión de las protestas", *El Mundo*, 29 diciembre 2011.

Anheier, Helmut; Glasius, Marlies y Kaldor, Mary (eds.) (2001), *Global Civil Society*, Oxford, Oxford University Press.

Antentas, Josep M. y Vivas, Esther (2012), "Un año revolucionando Egipto". Disponible en línea:

http://esthervivas.wordpress.com/2012/02/01/un-ano-revolucionando-egipto/

Beck, Ulrich (2002a), "Haz la ley, no la guerra", *El País*, 16 de octubre de 2002.

Beck, Ulrich (2002b), "La paradoja de la globalización", *El País*, 5 de diciembre de 2002.

Beck, Ulrich (2011), "Indignados, entre el poder y la legitimidad", *El País*, 11 de noviembre 2012.

Boff, Leonardo (2001), *Ética planetaria desde el gran Sur*. Madrid, Trotta.

CIDE (2011), *Las Américas y el mundo 2010-2011. Opinión pública y política exterior en Brasil, Colombia, Ecuador, México y Perú*, México, CIDE.

Díaz-Salazar, Rafael (2002), *Justicia global. Las alternativas de los movimientos del Foro de Porto Alegre*, Barcelona, Icaria / Intermon-Oxfam.

Glasius, Marlies (2004), "La Corte Penal Internacional: una sociedad civil global", en *Papeles*, núm. 84, Madrid, FUHEM-CIP. Disponible en línea: http://www.fuhem.es/revistapapeles/index.aspx?numero=84

González-Quijano, Yves (2011), "Las revueltas árabes en tiempos de transición digital. Mitos y realidades", *Nueva Sociedad*, núm. 235, septiembre-octubre de 2011.

Held, David (2005), *Un pacto global*, Madrid, Taurus.

Kaldor, Mary (2003a), "The Idea of Global Civil Society", *International Affairs*, núm. 79, vol. 3, pp. 583-593.

Kaldor, Mary (2003b), "Civil Society and Accountability", *Journal of Human Development*, núm. 4, vol. 1, pp. 5-27.

Kaul, Inge *et al.* (eds.) (2001), *Bienes públicos globales. La cooperación internacional en el siglo XXI*, Oxford, Oxford University Press.

Mesa, Manuela (2006), "Globalización, ciudadanía y derechos: la ciudad multicultural", en *Papeles*, núm. 95, Madrid, CIP-FUHEM.

Mesa, Manuela (2010), "Mujer, paz y seguridad: la Resolución 1325 en su décimo aniversario", en Mesa, M. (coord.), *Balance de una década de paz y conflictos: tensiones y retos en el sistema internacional*, Anuario CEIPAZ 2010-2011, Madrid, CEIPAZ-Fundación Cultura de Paz.

Sanahuja, José Antonio (2005), "Sesenta años sin democracia. Hegemonía y poder en las instituciones de Bretton Woods", en Mabel González Bustelo y Manuela Mesa (coords.), *Cartografías del poder. Hegemonía y respuestas. Anuario CIP 2005*, Barcelona, Icaria / Centro de Investigación para la Paz (CIP), pp. 99-123.

Sassen, Saskia (2001), *¿Perdiendo el control? La soberanía en la era de la globalización*, Barcelona, Bellaterra.

Serbin, Andrés (2011), "La organizaciones intergubernamentales y la sociedad civil en la prevención de conflictos en América Latina y el Caribe", en Serbin, Andrés (coord.), *De la ONU al ALBA: prevención de conflictos y espacios de participación ciudadana*, Barcelona, CRIES / Icaria.

Serbin, Andrés (2011), *Los nuevos escenarios de la regionalización: déficit democrático y participación de la sociedad civil en el marco del regionalismo sudamericano*, Buenos Aires, CRIES.

Siemens, George (2004), "Conectivismo: una teoría de aprendizaje para la era digital", mimeo. Disponible en línea: http://humanismoyconectividad.wordpress.com/2009/01/14/conectivismo-siemens/

The Economist (2010), "A Town Crier in the Global Village", 2 de octubre de 2010.

Trejo, Raúl (2011), "¿Hacia una política 2.0? Potencialidades y límites de la red de redes", *Nueva Sociedad*, núm. 235, s/r.

Tulchin, Joseph y Rutheburg, Meg (eds.), *Citizenship in Latin America*, Boulder, Lynne Rienner.

Gobernanza y desarrollo en democracia

Juany Guzmán León[143]

Presentación

Estos apuntes se inscriben en la reflexión de un conjunto de seminarios que FLACSO organizó como preparatorios para la Cumbre Iberoamericana de Asunción, Paraguay, celebrada en octubre de 2011, sobre transformaciones del Estado.

América Latina muestra hoy que estamos en una coyuntura realmente novedosa. Podríamos decir -y este es el punto de partida de estos apuntes- que se ha trascendido el malestar con la democracia por su connivencia con la desigualdad, la concentración del poder y la riqueza, y la exclusión social, y estamos frente a una dimensión que pareciera más propositiva.

En efecto, los triunfos electorales de partidos o alianzas de diferentes formatos de las izquierdas en la región, pero también los estrechos márgenes con que han ganado las elecciones las candidatas y los candidatos de los partidos más tradicionales, muestran algo más que el descontento o el desencanto de la ciudadanía con el funcionamiento de las democracias que se pusieron en marcha sobre todo a partir de la década de 1980. Son directamente apuestas muy importantes por alternativas que en algunos casos, por el discurso nacionalista de nuevo tipo, de perspectiva incluyente, de compromiso con la redistribución de la riqueza, entre otros, refrescan la política y animan a la ciudadanía a arriesgar y darles un voto de confianza a quienes van al sitio de las aperturas: abrir brecha intentando romper

---

[143] Coordinadora Académica Regional de FLACSO. Directora del Centro de Investigación y Estudios Políticos (CIEP) de la Universidad de Costa Rica.

culturas organizacionales, culturas directamente políticas, y por supuesto, crear nuevas instituciones, bajarles el perfil a otras, porque es difícil cerrarlas; en fin, intentar no desandar lo andado en décadas, sino redireccionarlo. En este momento, en algunos casos queda la sensación de que esto de desandar algunos pasos no solo es posible, sino que además puede ser peligroso en relación con algunos logros alcanzados en las democracias liberales. Pero redireccionar es mucho más complejo en términos de las posibilidades reales que tienen los gobiernos por mucho acuerdo que haya en las nuevas élites gobernantes de avanzar hacia la inclusión y la redistribución.

En este contexto, quisiera plantear algunos puntos sobre el desafío que significa hablar de gobernanza y desarrollo hoy en América Latina, siempre y cuando este último esté mediado por el compromiso asumido con las aspiraciones democráticas.

¿Qué quiero decir con esto? Que si algo lograron las democracias liberales de los las últimas tres décadas, es sacar a la superficie los derechos, visibilizarlos. Las latinoamericanas y los latinoamericanos hoy tienen más claro cuándo sus derechos son violentados, precisamente porque son más conscientes de sus derechos. Por eso es una ciudadanía más informada, y en consecuencia, más exigente, que les da a los líderes de cualquier signo un voto más condicionado; no es un cheque en blanco, es un voto de confianza que exige más que nunca el compromiso de cumplimiento, pero no uno cualquiera, sino mediante y respetando las aspiraciones democráticas que se han universalizado en estos últimos años.

En efecto, en relación con la gobernanza hay un conjunto de factores que están marcando la pauta para definir si los cambios que se proponen o las experiencias puestas en marcha están efectivamente comprometidos con el desarrollo en democracia o no. Hay sin embargo tres factores que en clave democrática se presentan como desafíos particularmente fuertes para enfrentar el desarrollo en la región:

1. Las relaciones entre gobernantes y gobernados.
2. Los mecanismos de participación política.
3. El procesamiento de los conflictos.

1. Las relaciones entre gobernantes y gobernados

Marcadas por una tradición de carácter autoritario, de un verticalismo que está en la misma construcción histórica de la región, las aspiraciones democráticas pasan necesariamente por replantear esas relaciones entre gobernantes y gobernados en la teoría entre representante y soberano. Que avancen al menos a ser relaciones marcadas por el respeto, por la accesibilidad a las autoridades públicas y por el derecho a disentir, poder expresarse y no ser perseguido por ello.

Esto es especialmente cierto en relación con la oposición, cómo tratarla, cómo incluirla, haciendo honor al discurso incluyente tan de moda en estos tiempos. Pero también en relación con quienes les apoyan: cómo trascender el clientelismo. Al menos disminuirlo e institucionalizar incentivos y apoyos diversos que les sean dados a las personas como reconocimiento por méritos y no pagos por votos. Sabemos que el clientelismo, en alguna medida, existe en todos los sistemas políticos. Lo grave es que sea el mecanismo por excelencia de relacionamiento entre gobernantes y gobernados, porque genera relaciones insalubres, promueve la corrupción y, sobre todo, si se dan premios por otras cosas, desperdicia el conocimiento tan urgente en estos momentos, en que se requiere tanta especialización e imaginación para construir herramientas, en particular, en política económica para generar condiciones de mayor bienestar para todos.

Por lo demás, con una perspectiva mucho más estratégica de esta relación, que está en la base de qué desarrollo se quiere, surge el tema de ir más allá de las políticas de asistencia social para avanzar en políticas de inversión económica y social. El hecho de que cierto asistencialismo se requiere al menos temporalmente para ciertos grupos en especial condición de vulnerabilidad no es excusa, aunque en América Latina lo ha sido muy frecuentemente. Como sabemos, ese fenómeno termina por desgastarse en políticas asistencialistas que no atacan las causas de la pobreza; más bien, si no se complementan con políticas de más largo alcance, en la práctica perpetúan las condiciones de vulnerabilidad y dependencia, porque justamente no forman capacidades para generar movilidad.

Esto es especialmente cierto en relación con las llamadas "políticas de transferencias condicionadas" como estímulos o formas de detener (en parte) la deserción en el sistema educativo y promover los accesos a la atención primaria en salud. Es una política que se ha generalizado, porque en términos de estudiantes que asisten a los colegios o niños llevados a centros de vacunación, muestran metas alcanzables a corto plazo que dan réditos a los gobernantes. Pero después de esto, ¿qué pasa con el sistema educativo? ¿Qué sucede con la infraestructura, los planes de estudio, la formación de los docentes, las técnicas de enseñanza y aprendizaje? No es solo la ausencia de recursos económicos lo que expulsa a los chicos de la escuela; hay también temas estructurales en educación, atención en salud, etc. De manera que ello nos muestra que la relación entre gobernantes y gobernados no es cuestión de satisfacer ciertos rubros de la estadística, sino de involucrarse en las causas de los problemas. Este último punto se vive aplazando *ad perpetum,* no por ser medidas impopulares, sino por ser no reelectorales. La relación sigue muy marcada por la inmediatez.

2. Los mecanismos de participación política

Cuando se universaliza el voto, en la región nos sentimos bastante satisfechos, porque hemos asimilado *participación electoral* con *participación política*. Pero además, hemos dicho que baja la participación política cuando se ha incrementado en algunos países el abstencionismo en las elecciones nacionales.

Al abrir el voto a condiciones más libres, ocurrió que en realidad no tomamos en cuenta que ello implicaba era abrir una puerta, una expectativa a la participación política por excelencia: la capacidad de tomar decisiones o de influir decisivamente en la toma de decisiones, la novedad del juego democrático.

Sin embargo, aún en los países más abiertos a la participación política, hemos reconocido que en muchos casos es una expectativa frustrada para la gente: se abren audiencias, se le consulta sobre lo humano y lo divino, se le pide todo tipo de información, se le convoca a todo tipo de reuniones, pero su participación no es de incidencia, no influye en la toma de decisiones; alguna vez lo hace en la formulación, pero no en la ejecución, y menos en el control de las políticas públicas. Esto tiene consecuencias importantes tanto con relación a la eficiencia como a la eficacia de las políticas.

Usualmente, tenemos la idea de que la participación política es como un foro de cientos de personas opinando sobre un tema. En nuestros propios países y en nuestras comunidades, desperdiciamos el conocimiento y las capacidades de las personas expertas en las distintas materias para que tengan efectiva incidencia en las orientaciones, el rumbo y la conducción de las políticas públicas. Por el contrario, lo ideal sería estar abiertos a aprovechar tales capacidades, pues aunque aquellas personas no sean partidarias del gobierno de turno, probablemente estén dispuestas a hacer sus aportes. Es interesante lo que ocurre en relación con las capacidades de quienes conocen la historia de las instituciones y se desarrollan en ámbitos diversos del quehacer nacional. En numerosas ocasiones, se recurre a personas expertas que tal vez no están inmersas o no conocen los matices en las relaciones y los juegos de poder, que finalmente son el escenario en que se van a desarrollar las políticas públicas.

Esto es especialmente cierto en relación con la participación política del funcionariado y con las burocracias. No estamos hablando de beligerancia partidaria, sino de incidencia política. Muchas veces, los funcionarios conocen en gran medida las capacidades y posibilidades reales que tienen, pero se limitan a cumplir instrucciones de quienes ocupan los despachos titulares, que dicho sea de paso, están cada vez menos tiempo allí, cambian con más frecuencia de la deseable, y desperdician esas capacidades y esa historia. Ello hace que los funcionarios rechacen las distintas propuestas, a pesar de ser quienes hacen posible que se ejecuten las políticas. La legislación que se ejecuta pasa por ellos, o no se ejecuta. Es tan importante la participación activa de las burocracias públicas para mejorar la calidad de las políticas, que pareciera que una clave está en mantener la formación de capacidades, las políticas de incentivos, la movilidad, la asesoría y los estímulos diversos para que aporten en toda su dimensión a la construcción de sociedades que apuesten por el desarrollo en clave democrática.

En esta perspectiva, la participación política deja de tener ese romanticismo al que parecemos apelar, y se vuelve un requerimiento para mejorar en la gestión misma del Estado. No se trata de multiplicar sin plazos ni condiciones las consultas universales en los mecanismos de democracia directa. Más bien, la idea es principalmente la de consultarles a los iniciados, a quienes conocen sobre las distintas materias, aunque por consultarles haya que pagar algún costo político en lo inmediato. Si realmente se quiere corregir lo que se considera erróneo, hay que volver a echar a andar la carreta, que es lo más complicado.

Ello diversifica, expande y descentraliza las cuotas de poder. El Estado no es así sinónimo de Presidente de la Nación o de Poder Ejecutivo. Es algo más, algo de lo que mayor cantidad de gente empieza a sentirse parte.

3. El procesamiento de los conflictos

Las democracias liberales de las últimas décadas han dejado un legado muy valioso que a veces subestimamos. El otro tiene derecho a existir y a exigir. Es un juego de suma variable, no un juego de suma cero, y es algo sobre lo que hay que avanzar. ¿Cómo enfrentar los conflictos? Ello, en nuestra América Latina, tiene una importancia enorme. Los cambios como resultados de procesos electorales y la emergencia de nuevas élites políticas han pluralizado los actores. Hay muchos más actores en juego, y todos tienen derecho a reclamar su cuota de poder: ese es el legado de las democracias liberales, tenemos que reconocerlo. Las mismas democracias liberales son el caldo de cultivo para sus propios críticos y para la emergencia de nuevas élites.

El tema, más bien, es cómo enfrentar los conflictos en clave democrática. Para ello, es muy importante la legislación, el fortalecimiento institucional a nivel administrativo y a nivel judicial. Pero casi más importante es contar con reglas de juego claras, que sean conocidas por todos para que puedan recurrir a ellas.

En primera instancia, hay que reconocer que en las democracias los consensos no existen más allá de un nivel muy general, y podríamos dejarlo en los postulados consagrados en la carta constitucional. Más acá de esto, se construyen acuerdos cada vez más difíciles de lograr. El trabajo central en la búsqueda de rutas para el desarrollo de nuestras naciones está en la construcción de acuerdos entre actores diversos. Las experiencias más exitosas en relación con la legitimidad de las acciones públicas han radicado en aquellos acuerdos que son tomados en el marco de la diversidad ideológica, partidaria, generacional, disciplinaria, interinstitucional, etc.

Pero esas diferencias que pueden hacer posible los acuerdos también son el marco de los conflictos. Están en la base, y el desafío es abrir una discusión más amplia sobre el procesamiento de los conflictos, en el respeto de los intereses de los otros actores, para ser consecuentes nuevamente con el discurso de la perspectiva incluyente de la diferencia. La complejidad de los conflictos no es toda del mismo nivel, pero no cabe duda de que su procesamiento es el crisol en el que se mide la apuesta por la vía democrática o por la gobernanza y el desarrollo en democracia.

El procesamiento de los conflictos y la construcción de acuerdos se logran en clave democrática mediante la construcción de alianzas. Con la excepción de las recientes elecciones en España, que son un caso especial, casi ningún partido ganador obtiene hoy por hoy mayoría absoluta en el Congreso. Esto implica necesariamente la construcción de alianzas diversas para cumplir con lo prometido al electorado. Volviendo a nuestro punto de partida, la gente está exigiendo que los gobernantes cumplan, pero además, no de cualquier manera, sino en clave democrática (la excepción podría verse en el tema de la seguridad, como es el caso de Centroamérica). Pero en general, la idea es que aquello que se decida sea consultado con los actores involucrados, quienes exigen que se les incluya, o de lo contrario, muestran rápidamente esa capacidad en la que parecen tener mayor margen de maniobra: la capacidad de veto, bloqueo, huelgas, manifestaciones multitudinarias.

Los indignados no son solo los que se apostan en las plazas centrales de las grandes ciudades europeas. Hay un enojo con las autoridades democráticas en prácticamente todos los países de América Latina. Creo que es un enojo positivo, que se ha traducido en nuevos partidos, el surgimiento de nuevas élites y nuevos gobernantes. También nuevos parámetros de negociación. Pero el tema es cuánto da de sí la democracia: hasta dónde se puede llegar sin rasgar la legitimidad que la misma ciudadanía latinoamericana le ha concedido y que la constituyó en su principal esperanza desde el último cuarto del siglo XX.

No cabe duda de que hay una responsabilidad enorme en la gobernanza y el desarrollo de los ciudadanos, las organizaciones del más diverso tipo y las autoridades públicas para rescatar los principales logros alcanzados y redireccionar las decepciones que se han generado por la corrupción y la concentración del poder y la riqueza con la que la democracia ha sido complaciente. Mientras la desigualdad no sea la principal tensión y el objetivo a enfrentar por la democracia, los conflictos serán cada vez más difíciles, ya no de resolver, sino de administrar.

4. En prospectiva

En relación con estos tres factores mencionados, es importante decir que puede ser provechoso darles un espacio público más acotado que el nacional para la búsqueda de opciones y alternativas diversas. Esos espacios pueden constituirse en laboratorios para avanzar en estrategias de desarrollo más incluyentes y de largo alcance. En efecto, recuperar la territorialidad no solo como espacio físico, sino también como espacio público -por ejemplo, en el ámbito de los gobiernos locales, municipales-, ha mostrado, en diferentes comunidades de América Latina y en particular en Centroamérica, jugar virtuosamente en el sentido de que es posible una relación más horizontal entre gobernantes y gobernados, mayor participación política y mejor capacidad para resolver y/o administrar los conflictos.

Los desafíos que enfrentan esas comunidades trascienden en mucho sus ámbitos de acción. Así que no se trata de atomizarlas, sino más bien de reconocer que algunos municipios pueden compartir mayores experiencias con sus homólogos en otros países de la región antes que con su propio país, por las enormes diferencias y desigualdades que se presentan no solo entre los países de América Latina, sino también en el interior de cada uno de ellos. En este sentido, abrir posibilidades de intercambios, diálogos, interacciones diversas de municipios de países diferentes es también otra forma de generar integración y vincular las distintas dimensiones en que deben enfrentarse los problemas de seguridad, gestión del riesgo, desastres, cambio climático, pobreza, desigualdad, crimen organizado. Cada vez se coincide más en que se requiere conjugar esfuerzos a nivel nacional e internacional, pero también con acciones desde sus competencias por parte de los gobiernos locales.

Hay una gran responsabilidad en darles seguimiento a experiencias diversas que permiten ir viendo qué es posible, y darles condición de viabilidad respecto de lo que puede lograrse. Pero sobre todo, se debe reconocer que en América Latina, los países y las comunidades entran a jugar, por así decirlo, en distintos carriles de la pista, a distintas velocidades. Y en realidad, se trata de pistas y competencias diferentes, para seguir con la metáfora. Hay que reconocer también las diferencias subregionales (Centroamérica, Caribe, países andinos, Cono Sur), pero estos esfuerzos recuperan lo logrado, en el contexto de las democracias liberales que se intentan superar; para todos es su historia reciente, aunque con niveles de desarrollo democrático muy desiguales.

Los cambios en la legislación e incluso los cambios constitucionales han emergido con gran eficiencia, pero las instituciones que crean esas leyes se construyen políticamente, lo cual lleva su tiempo, como lleva tiempo intentar cambiar las culturas políticas y organizacionales. Por ello, no podemos atenernos únicamente a las macrorespuestas. Hay que reconocer experiencias más acotadas que permitan avanzar en una lógica de acumulación democrática comprometida efectivamente con el desarrollo.

Referencias bibliográficas

Giorgis, Liliana (2001-2002), "La problemática del ejercicio pleno de la ciudadanía en situaciones de marginación, desempleo y pobreza. Necesidad de una democratización de la democracia para garantizar la efectiva participación política de todos", en *REVISTA IIDH*, vol. 34-35, pp. 165-209.

Nicolau i Coll, Agustí (2004), "Ciudadanía, un concepto occidental peligroso", *Boletín ICCI-ARY Rimay*, año 6, núm. 61, abril de 2004.

PNUD (2008), *Una brújula para la democracia. Aportes para una agenda de gobernabilidad en América Latina*, Buenos Aires, Siglo XXI Editores.

Revista Iberoamericana de Filosofía, Política y Humanidades (2006), año 8, núm. 16, segundo semestre de 2006.

Revista IIDH (2001-2002), núm. 34-35, edición especial sobre Participación Ciudadana, San José de Costa Rica.

La integración como respuesta a los desafíos emergentes

Josette Altmann Borbón[144]

El ideario de la integración está en el ADN de América Latina. Pero se ha frustrado en cada uno de los ciclos, desde el Congreso Anfictiónico de Panamá en 1826, convocado por Simón Bolívar, a la actualidad. La multiplicidad de temas en las agendas de los mecanismos de integración lleva a la dispersión de acciones, así como a la adopción de compromisos que nunca llegarán a la práctica.[145] Pese a ello, los procesos de la globalización están generando mayores interdependencias que obligan a buscar más coordinación de políticas. La respuesta de América Latina ha sido crear y consolidar organizaciones regionales como la Comunidad de Estados Latinoamericanos y Caribeños (CELAC).

La propensión a la integración es algo manifiesto en América Latina y el Caribe. No obstante, persisten las dificultades en los procesos de integración que dejan a la región con menos oportunidades para afrontar problemas comunes y con mayores limitaciones para hacer frente de manera asociada a los desafíos subregionales, regionales y globales en ámbitos como la inequidad, la pobreza, la seguridad, el cambio climático, las pandemias y otras amenazas emergentes. No contar todavía con *"una sola*

---

[144] Coordinadora Regional de Coordinación Internacional FLACSO y Directora del Observatorio de Integración Regional Latinoamericana (OIRLA).

[145] Ver más en Altmann, Josette y Rojas Aravena, Francisco (eds.) (2008), *América Latina y el Caribe: ¿fragmentación o convergencia? Experiencias recientes de la integración*, Quito, Ecuador, FLACSO Sede Ecuador, Colección 50 Años, Ministerio de Cultura del Ecuador y Fundación Carolina.

voz" obstaculiza los avances de la integración y favorece la dispersión de posiciones de la región.

América Latina ha logrado enfrentar de mejor manera que en el pasado la crisis financiera global de los años 2008 y 2009. Ello ha generado confianza en poder enfrentar su continuidad, la recesión anunciada, o una recuperación. La crisis se ha transformado en una oportunidad para lograr mayor concertación y coordinación de políticas. Los líderes demandan esfuerzos mayores para concretar acuerdos en materias macroeconómicas y medidas para enfrentar la "guerra de las monedas" con la revalorización de las monedas nacionales, lo que incide en las exportaciones y atrae capitales de alta volatilidad. Sin embargo, por un lado, la crisis también conlleva el riesgo de separar aun más a la región norte de la del sur, y por el otro, el surgimiento de políticas con un sello nacionalista.

Sin integración, no avanzaremos en superar los desafíos actuales ni los emergentes. En el contexto de las crisis globales, la única opción es afianzar la coordinación regional. Europa, pese a todo lo avanzado, sufre los embates de la crisis, y la única opción viable señalada por sus líderes es más integración. "El mejor modo de evitar la desintegración es avanzar hacia una mayor unidad fiscal y económica. Para nosotros, la única solución es más integración, no menos".[146] En América Latina, desde Brasil se señala la necesidad de un camino estratégico de alianzas, "porque con la crisis internacional, la mejor forma de enfrentar la situación es con la integración de los países de América del Sur".[147]

La democracia se ha consolidado en la región. No obstante, corre riesgos significativos por la baja valoración de

---

[146] Blair, Tony; Delors, Jaques; Schoder, Gerhard; González, Felipe *et al.* (2011), "Europa es la solución no el problema", en *El País*, 8 de septiembre de 2011, pp. 27 y 28.

[147] Pimentel, Fernando (2011), entrevista en *El Mercurio*, 27 de agosto de 2011, p. A6.

los instrumentos democráticos: el sistema judicial, el parlamento y los partidos políticos. Sin una reflexión profunda sobre las trabas que evidencian los diferentes sistemas políticos, sin una mirada que dé cuenta de la demanda de participación de amplios sectores en un contexto de incremento de los espacios de comunicación, la confianza continuará erosionándose no solo en estas instituciones políticas, sino en el conjunto del sistema.

Con una confianza limitada, se restringen las posibilidades de desarrollo de la sociedad y de emprender tareas colectivas como las que impone el desarrollo en el actual contexto de globalización. De allí que profundizar en las tendencias y en las formas en que los países de la región abordan las dimensiones sociales y el nuevo rol del Estado es camino fundamental para recobrar la confianza y ampliar las oportunidades de inclusión, reduciendo y limitando la desafección.

En un contexto de cambios acelerados de relaciones de poder, el multilateralismo se reafirma como la mejor opción para lograr los equilibrios que puedan mantener la paz y la estabilidad internacionales. América Latina es una región de paz, es esencial mantener esta condición como base para la construcción democrática y para el desarrollo. La *diplomacia de cumbres* es la forma que ha adoptado el multilateralismo en el siglo XXI. Es un tipo de diplomacia *ad hoc*. No posee una institucionalidad formal como la *diplomacia parlamentaria*, sino que tiende a la superposición. Se crean iniciativas y a la vez iniciativas anteriores quedan congeladas, no se descartan, quedan por si fuese necesario volver a ponerlas en acción.[148]

---

148 Rojas Aravena, Francisco; Altmann, Josette; Beirute, Tatiana (2011), "Integración política: un nuevo camino hacia la integración latinoamericana", documento presentado en el XII Foro de Biarritz, Santo Domingo, República Dominicana, 6 y 7 de octubre de 2011.

La integración regional en América Latina se observa desde dos ópticas, como un vaso medio lleno o como un vaso medio vacío. Si vemos la integración desde el ámbito económico-comercial, la integración tiene saldos muy positivos. Pero si la observamos desde el ámbito político y social, siguen habiendo grandes deudas aún por cumplir. En la integración, reposa la ventaja comparativa de América Latina en un mundo cada vez más globalizado y competitivo, pero no solo de América Latina en general, sino incluso de los países pequeños. Es a través de la integración que los países pequeños pueden dejar de ser específicamente tomadores de oportunidades para participar en la elaboración o proceso con una sola voz.

La agenda de América Latina en la actualidad ya no radica en acciones puntuales que se van agotando por sí mismas y que en una época generaron titulares, como lo fueron la guerra centroamericana, el fin de los gobiernos militares y el fin de los procesos de democratización que vivió la región. Más bien es una agenda que pasa por el silencioso y gradual sostenimiento de los procesos sociales y de las demandas sociales de los ciudadanos; demandas cada vez más complejas, porque ellos están cada vez más informados a pesar de que muchas veces no entienden tanta información. Lo cierto es que básicamente la ciudadanía es consciente de las capacidades que debe tener un Estado para generar la igualación de sus derechos.

En las dos décadas pasadas, se ha impulsado, desarrollado, reformulado, relanzado, ha fracaso o se volvió a proponer una gran variedad de propuestas de integración para la región. Es precisamente ahí donde se puede observar los claroscuros de los procesos, pero de una manera más optimista a través de mecanismos de integración, en el norte, con el SICA, y más hacia el sur, con la UNASUR. También se observa que Brasil le está poniendo más importancia a economías de doce países que a economías de cuatro, y esto a su vez anuncia el principio del fin del MERCOSUR a un corto plazo.

Existe un discurso importante que coloca la integración como el medio a través del cual América Latina y el Caribe pueden alcanzar objetivos políticos, económicos, sociales y culturales. Sin embargo, aquí operan de manera real varias paradojas. Por un lado, es una región que posee más democracia, pero en la que existe un mayor descontento ciudadano con ella. Por otro lado, hay un importante crecimiento del comercio con menor integración, hay más crecimiento económico con mayores desigualdades. Además, existe una retórica integracionista con acciones cada vez más fragmentadoras; hay un discurso cooperativo con escalamiento de tensiones; hay complejos diseños institucionales con debilidades estructurales; hay respuestas a guerras no tradicionales (como el caso del crimen organizado y el narcotráfico) de una manera tradicional; y aunque tenemos más autonomía en el sistema internacional, no tenemos una voz propia como región.

Estas paradojas además se sustentan en una serie de riesgos que atentan contra la gobernabilidad y la convivencia democrática en los países latinoamericanos y del Caribe.

1. Altos niveles de desigualdad, pobreza y desempleo

El cumplimiento de los derechos económicos y sociales representa uno de los principales desafíos para la gobernabilidad democrática en la región. En promedio, la mayoría de los países pueden ser considerados de renta media, no todos los ciudadanos gozan de una mínima calidad de vida debido a las persistentes inequidades. Las asimetrías en el interior de los países de América Latina y entre ellos señalan diferencias en relación con el porcentaje de pobreza. Es así como Uruguay aparece como el país con el menor porcentaje, con el 8,6%, mientras que Nicaragua y Honduras aparecen con las cifras más altas, con el 61,9 y el 67,4%, respectivamente.[149]

2. Bajos niveles de confianza

En América Latina, la confianza en las instituciones es baja. La Iglesia es la mayor depositaria de confianza (el 64% en 2011). Las otras instituciones privadas (empresa, bancos, medios de comunicación) gozan de mayor confianza que las instituciones públicas. Los medios de comunicación están en segundo lugar. En las instituciones públicas, la mayor confianza está depositada en el gobierno (el 40% en 2011) y en las Fuerzas Armadas (el 39% en 2009), y la menor confianza, donde alcanza niveles bajos, está depositada en los sindicatos y los partidos políticos (28 y 22%, respectivamente, en 2011).[150]

3. Falta de consensos fundamentales

América Latina falla en generar consensos que permitan el mantenimiento de la estabilidad política, el progreso económico y el mejoramiento del bienestar social de la población en su integralidad. Dicha estabilidad política y económica se logra cuando la clase política y los estamentos tecnocráticos logran un consenso básico acerca de cuáles son

---

149 CEPAL (2011), *Panorama Social 2011*, Santiago, Chile, CEPAL. Disponible en línea: www.eclac.org

150 Corporación Latinobarómetro (2011), *Informe Latinobarómetro2011*, Santiago, Chile, Corporación Latinobarómetro. Disponible en línea: www.latinobarometro.org

sus funciones en la democracia actual.[151] Es decir, se requiere de un régimen de cooperación entre políticos profesionales y tecnócratas para que de esta manera se consolide un sólido sistema político pluralista y una adecuada administración del Estado que logre responder a las exigencias políticas, económicas y sociales que permitan gozar de altos niveles de gobernabilidad y convivencia democrática.[152]

4. Discurso integracionista, fragmentación en la práctica

Amenazas transnacionales como el crimen organizado, el cambio climático, las crisis financiera, alimentaria y energética, y las pandemias como las de VIH/SIDA y AH1N1 repercuten negativamente sobre la gobernabilidad. Los Estados no están en condición de hacerles frente a estos desafíos de manera aislada. El mayor desafío que enfrenta la integración es poder convertirse en un proyecto básico más amplio, que busque consensos de largo plazo, establezca una visión más latinoamericana con sociedades menos fragmentadas, cuente con la voluntad política de fortalecer la institucionalidad, y en el que la supranacionalidad se afiance en un espacio comunitario que logre establecer vínculos sólidos entre desarrollo económico y cohesión social que se traduzcan en una gradual disminución de las asimetrías, tanto en el interior de los países de la región como entre ellos.[153]

---

151 Silva, Patricio (2010), *Tecnocracia y gobernabilidad democrática en América Latina*, San José, Costa Rica, FLACSO-Secretaría General, AECID, p. 24.

152 *Ibíd.*, p. 25.

153 Altmann, Josette (2009), "América Latina: ¿una región dividida o integrada?", en Altmann, Josette y Rojas Aravena, Francisco (eds.) (2009), *América Latina y el Caribe: ¿fragmentación o convergencia?* Quito, Ecuador, FLACSO Ecuador, Ministerio de Cultura y Fundación Carolina, p. 129.

La integración en América Latina continúa siendo complicada. Existe una compleja institucionalización de los diferentes mecanismos de integración, y además se ve que no hay un eje ordenador de los procesos ni hay liderazgos significativos. Todo lo anterior se manifiesta en la ausencia de una mirada político-estratégico o de tener una visión común. Esto inhibe que se vaya consolidando un derrotero común como región. Por lo tanto, la integración en América Latina sigue siendo ante todo una aspiración de mediano plazo.

La integración en América Latina será previsible si se superan al menos nueve desafíos.

1. Las asimetrías entre los países y en el interior de ellos.
2. La ausencia de fondos de cohesión para erradicar o al menos minimizar esas asimetrías.
3. La existencia de una gran diversidad de modelos y visiones de desarrollo.
4. La falta de voluntad política de los gobiernos para dotar de soberanía a las instancias de integración.
5. La debilidad de las instituciones de la integración regional y en el interior de los países.
6. Las relaciones con los líderes regionales, que ha tenido una marcada ideologización y ha impedido la búsqueda de intereses comunes en la región.
7. La exclusión de los grupos originarios de los procesos de construcción de la nacionalidad en la región; esto le resta legitimidad a los procesos de integración.
8. Existen muchos temas de seguridad pendientes en la agenda de integración con respecto a los conflictos interestatales.
9. El establecimiento de liderazgos claros en los distintos ámbitos de acción.

En suma, ¿es la integración una respuesta a los desafíos emergentes? Sí, pues es la única manera en que los Estados, por más grandes que sean, pueden hacer frente a los desafíos emergentes. Un Estado, por más sólido y por más fuerte que sea, no puede hacerle frente por sí mismo a los desafíos del narcotráfico, las pandemias, el cambio climático.

Sin integración, no es posible progresar para superar los desafíos actuales ni los emergentes en un contexto de crisis globales. Ella es la única opción para avanzar y el único camino estratégico para lograr alianzas. La democracia se ha consolidado en la región, pero también corre riesgos significativos si no se le pone suficiente atención a lo que está pasando, que es una baja valoración de los instrumentos democráticos. Se debe poner especial atención al sistema judicial, a los parlamentos y a los partidos políticos.

En conclusión, sin una reflexión profunda sobre las trabas que se están viviendo, se pone en mayor riesgo la democracia y la convivencia en general. Con estos instrumentos y poniéndoles atención a los déficits y las paradojas mencionadas, el desafío que enfrentan los líderes es tener mayor creatividad para ver cómo se sale adelante y cómo se lleva a buen puerto el tema de la integración. Además, es preciso contar con un modelo de desarrollo que maneje perspectivas comunes (a pesar de las diferentes aproximaciones ideológicas) y que logre unir a América Latina en una misma visión, en un mismo discurso que vaya dirigido a generar una igualación de derechos, un desarrollo humano sostenible, una asignación más justa de las riquezas y pensar que es un modelo sustentable que va a llevar a vivir bien a la gran mayoría de los ciudadanos.

La integración es un medio para alcanzar metas políticas, económicas, sociales y culturales. Es un camino que debería posibilitar que mejoren las condiciones para la inserción internacional, para ampliar y consolidar el desarrollo otorgándole sustentabilidad, a la vez que mejora el bienestar de la población y consolida la estabilidad y la paz. La integración efectiva de América Latina es el principal camino para hacer frente al complejo escenario que viven en la actualidad los países desarrollados -en general, todo el planeta-, producto de la crisis financiera internacional, la inestabilidad económica, el comportamiento especulativo de los mercados mundiales, la devaluación del dólar y la crisis por la que atraviesa actualmente la Unión Europea.

En síntesis, la agenda actual de la región pasa por el silencioso y gradual sostenimiento de los procesos sociales que no exigen orientaciones claras de parte de los gobiernos para evitar que las demandas sociales se conviertan en crisis sociales y crisis de gobernabilidad. Por ende, la integración latinoamericana continúa siendo una inspiración de mediano plazo, y esta será previsible si se superan las asimetrías entre los países y en el interior de ellos, y si se establecen liderazgos claros en los distintos ámbitos de acción.

Referencias bibliográficas

Altmann, Josette (2009), "América Latina: ¿una región dividida o integrada?", en Altmann, Josette y Rojas Aravena, Francisco (eds.), *América Latina y el Caribe: ¿fragmentación o convergencia?* Quito, Ecuador, FLACSO Ecuador, Ministerio de Cultura y Fundación Carolina.

Altmann, Josette (comp.) (2009), *Cohesión social y políticas sociales en Iberoamérica*, Quito, Ecuador, FLACSO y Fundación Carolina.

Altmann, Josette y Rojas Aravena, Francisco (eds.) (2008), *América Latina y el Caribe: ¿fragmentación o convergencia? Experiencias recientes de la integración*, Quito, Ecuador, FLACSO Sede Ecuador, Colección 50 Años, Ministerio de Cultura del Ecuador y Fundación Carolina.

Blair, Tony; Delors, Jaques; Schoder, Gerhard; González, Felipe *et al.* (2011), "Europa es la solución no el problema", en *El País*, 8 de septiembre de 2011.

CEPAL (2011), *Panorama Social 2011*, Santiago, Chile, CEPAL. Disponible en línea: www.eclac.org

Corporación Latinobarómetro (2011), *Informe Latinobarómetro2011*, Santiago, Chile, Corporación Latinobarómetro. Disponible en línea: www.latinobarometro.org

Kruijt, Dirk (s/r), "Violencia y pobreza en América Latina: los actores armados", en *Pensamiento Iberoamericano. (In)Seguridad y violencia en América Latina: un reto para la democracia*, núm. 2, s/r.

Luhmann, Niklas (1996), *Confianza*, Barcelona, España, Editorial Anthropos / Universidad Iberoamericana de México DF / Instituto de Sociología de la Pontificia Universidad Católica de Chile.

Nussbaum, Martha y Sen, Amartya (eds.) (1993), *The Quality of Life*, Oxford, Clarendon Press.

Pimentel, Fernando (2011), entrevista en *El Mercurio*, 27 de agosto de 2011, p. A6.

Rojas Aravena, Francisco (2004), "Democracia y gobernabilidad en América Latina", en *Papeles*, núm. 86.

Rojas Aravena, Francisco (2005), *La gobernabilidad en América Latina: balance reciente y las tendencias a futuro*, I Informe del Secretario General, San José, Costa Rica, FLACSO-Secretaría General.

Rojas Aravena, Francisco y Altmann, Josette. (coords.) (2009), "Efectos sociales de la crisis financiera en América Latina y el Caribe", documentos sobre Gobernabilidad y Convivencia Democrática, San José, Costa Rica, FLACSO / AECID. Disponible en línea: www.flacso.org

Rojas Aravena, Francisco; Altmann, Josette; Beirute, Tatiana (2011), "Integración política: un nuevo camino hacia la integración latinoamericana", documento de trabajo presentado en el XII Foro de Biarritz, Santo Domingo, República Dominicana, 6 y 7 de octubre de 2011.

SECCIÓN IV. SEGURIDAD Y DEFENSA EN EL SIGLO XXI

Desafíos emergentes a la luz del concepto de *seguridad multidimensional* en el hemisferio occidental

Abraham Stein[154]

Introducción

Hoy en día, los Estados de las Américas se encuentran en una situación coyuntural que demanda la redefinición de la institucionalidad y de las bases doctrinales de la seguridad en el hemisferio. Para fines del presente análisis, hablaremos de la adopción del concepto de la *seguridad multidimensional*, delimitando su comienzo a partir de la Declaración de Quebec de la Cumbre de las Américas en el año 2001, en la que los jefes de Estado y de Gobierno se reunieron para reiterar el compromiso de combatir estas nuevas amenazas a la seguridad de nuestras sociedades. Posteriormente, en la XXXII Asamblea General de la OEA (Bridgetown, Barbados, junio de 2002) se estableció el Enfoque Multidimensional de la Seguridad Hemisférica. De esta forma, la nueva concepción de seguridad quedó plasmada en la Declaración sobre Seguridad en las Américas (DSA),[155] elaborada en la conferencia especial sobre seguridad celebrada en Ciudad de México en octubre de 2003, y cuya adopción marca el reconocimiento formal por parte de los Estados americanos miembros de la Organización

---

154 Director del Departamento de Defensa y Seguridad Hemisférica de la Secretaría de Seguridad Multidimensional de la OEA. Previamente fungió como Secretario Ejecutivo Adjunto de la Secretaría de Seguridad Multidimensional, y de la Comisión Interamericana para la Prevención del Abuso de Drogas.

155 El texto completo de la Declaración puede encontrarse en: http://www.oas.org/documents/spa/declaracionsecurity_102803.asp.

de Estados Americanos (OEA) del fin del concepto de seguridad sustentado en las amenazas derivadas del orden bipolar, es decir, con una connotación militar y centrada en la seguridad nacional, siendo sustituido por un nuevo y ampliado compendio de "aquellas amenazas nuevas y tradicionales que son las preocupaciones y los desafíos a la seguridad de los Estados del hemisferio".

El proceso de transición doctrinal que desde el informe de Naciones Unidas sobre Seguridad Humana de 1994 descartaba al Estado como principal beneficiario de la seguridad, se concreta en la DSA (2003) al definir al ser humano como primordial objeto de las políticas de seguridad. Con ello, se eliminaba la posibilidad de entender la seguridad como la ausencia de conflictos armados y se ampliaba de forma importante su alcance. Ante este nuevo paradigma y en la búsqueda de responder adecuadamente a la nueva diversidad de las amenazas a la seguridad humana, la OEA decide crear la Secretaría de Seguridad Multidimensional.

Este nuevo entorno de seguridad, tal como lo viene a definir la DSA, representa además una situación sin precedente respecto de las tipologías de las amenazas percibidas, enfrentadas a una institucionalidad con graves deficiencias, y poniendo en evidencia un importante desfasaje entre las capacidades estatales vigentes y las necesidades de los países de las Américas en este ámbito.

Es importante destacar que la DSA implica una evolución esencial de la conciencia compartida por los Estados del hemisferio en cuanto a la eminente necesidad de responder a estas nuevas amenazas. Sin embargo, esta transición no fue acompañada en su momento por la creación de una estrategia de implementación que permitiera operativizar las conclusiones contenidas en este nuevo marco doctrinario, debido fundamentalmente a la falta de consenso alrededor de la estrategia en sí.[156] Es decir, los Estados reconocen esta compleja situación en la que nos encontramos, pero sin embargo, no se ha logrado un acuerdo sobre cómo responder a estos fenómenos. Es válido también hacer notar que las amenazas percibidas no son siempre iguales para todos los actores del sistema, lo cual conlleva al reto de armonizar las prioridades individuales de cada uno de ellos en los espacios de cooperación multilateral.

El presente análisis no pretende enfocarse en las amenazas percibidas que sustentan la situación actual, por cuanto ya existe una plétora de información técnica sobre estos fenómenos. Nos enfocaremos en identificar los principales desafíos vigentes en la definición de las nuevas estrategias de seguridad en el hemisferio. Se iniciará con los desafíos que se derivan de tener que responder ágilmente a las amenazas actuales con una institucionalidad desfasada: el excesivo uso del concepto de seguridad y la excesiva militarización de la respuesta. Posteriormente, se abarcarán los desafíos que implican la transformación de los mecanismos y los medios de la seguridad en el hemisferio, haciendo especial énfasis sobre los mecanismos del sistema interamericano y el rol emergente de las instituciones subregionales. Para esto, analizaremos la situación actual de la gestión política de la defensa, de la aplicación de las Medidas de Fomento de la Confianza y Seguridad (MFCS),[157] y finalmente de las instancias del llamado Sistema Interamericano de Seguridad.

---

156 Clara evidencia de esta importante diferencia en la percepción de amenazas a la seguridad son las muy diversas respuestas recibidas en los cuestionarios utilizados en el proceso preparatorio para la creación de la DSA.

157 Se incluirán también en el análisis los temas de control de armamentos, desarme y no proliferación, y libros blancos.

1. Respondiendo a las amenazas inminentes

Tras casi una década de debates sin frutos significativos sobre la aplicabilidad de la DSA, las principales amenazas han continuado infiltrándose sin límites visibles en nuestras sociedades, llegando a niveles ya insoportables que empujan a los ciudadanos a demandar respuestas inmediatas de sus gobiernos. El narcotráfico, el crimen organizado, la trata y el tráfico de personas, de armas y dinero, los desastres naturales y socioeconómicos, la violencia y la criminalidad común han tomado espacios de alta prioridad en las agendas del hemisferio. Además, el incremento desmesurado del impacto negativo de estos fenómenos, acompañado de su alta visibilidad mediática, han obligado a la gran mayoría de los Estados a enfrentarse a la disyuntiva entre responder a las demandas inmediatas que implican estas amenazas o dedicar sus esfuerzos hacia estrategias integrales que busquen atender a las problemáticas sociales más profundas que dan inicio a estos fenómenos, sujeto todo ello a importantes limitaciones presupuestarias debido al impacto de la crisis económica mundial.

Ante estos fenómenos, podemos identificar dos tendencias predominantes:

1.1. El excesivo uso del concepto *seguridad*

Con la creación de la DSA, vemos un importante incremento en la cantidad de fenómenos sociales que se comienzan a categorizar como amenazas a la seguridad, que implica básicamente "un proceso por el que se da estatus de asunto de seguridad a un tema que antes no lo tenía".[158] Esto lleva aparejada una transformación fundamental en la manera en que se abarca la problemática, porque implica

[158] Buzan *et al.*, p. 3.

su reconocimiento como amenaza a la sobrevivencia del Estado u otros grupos sociales.

Una vez que se logra categorizar alguna situación como tema de seguridad, se le permite al Estado activar una serie de mecanismos de acción fuera de los procesos normales de gestión gubernamental y política, sustentados en figuras legales como la declaración de estados de excepción o de emergencia. Esto indudablemente puede servir como una forma de agilizar la capacidad de respuesta del Estado, sin embargo, también puede conllevar la retirada, *de facto*, de la opinión pública de las esferas oficiales de toma de decisión. Lo anterior, sumado al mencionado incremento de categorización de fenómenos de inseguridad, puede implicar una importante amenaza a los procesos de democratización y gestión política de la seguridad, bajo una perspectiva de respeto a los derechos humanos y civiles.

Adicionalmente, este proceso puede dar lugar a la sobreutilización de tácticas reactivas, como puedan ser el incremento del número de fuerzas de seguridad o ampliación de los sistemas de justicia criminal, en detrimento de aquellas estrategias integrales de mayor alcance que busquen enfrentar las causas sociales más profundas de la inseguridad.

1.2. La militarización de la respuesta

Un segundo fenómeno que está tomando gran relevancia en América Latina, especialmente en México y Centroamérica, es la militarización de la respuesta ante las nuevas amenazas a la seguridad, como son el crimen organizado, el narcotráfico e inclusive la respuesta ante desastres naturales. De la mano de la excesiva utilización del concepto de seguridad, la militarización se ha convertido en una respuesta necesaria para muchos gobiernos, dada la rápida disponibilidad de estas fuerzas y sus avanzadas capacidades logísticas y tácticas. Sin embargo, esto da lugar a una serie de preocupaciones serias en cuanto a la sustentabilidad de la utilización de Fuerzas Armadas para misiones fuera de su tradicional rango de acción.

Esto ha llevado a una ardua discusión entre aquellos Estados que abogan por la continuación del uso de las Fuerzas Armadas en asuntos normalmente considerados de seguridad pública, como es el caso de México y Centroamérica, y aquellos que defienden la necesidad de una división entre asuntos de defensa y asuntos de seguridad pública, como es el caso de la Argentina.

Uno de los procesos más complejos de militarización es el que se viene dando en México por la problemática del narcotráfico y las organizaciones de delincuencia transnacional. Hasta ahora, los efectos más nocivos del narcotráfico se han incrementado en países como Bolivia, Colombia, Ecuador, México, Venezuela, Perú y en países de Centroamérica. Las estrategias de respuesta han variado en cada uno de estos países, sin embargo, todos comparten, en diferentes grados, el uso de fuerzas militares para responder ante las amenazas que implica el narcotráfico.

El desafío es que el proceso de militarización representa en la mayoría de los casos un aumento en los gastos militares, ausencia de transparencia sobre su gestión, sin olvidar la importantísima cuestión de los derechos humanos de la sociedad civil.

2. Conducción de la política de la defensa

La militarización de la respuesta nos lleva a otro importante obstáculo todavía presente en América Latina: la verdadera gestión política de la defensa.

Tras el fin de las dictaduras militares en nuestro hemisferio, se ha llevado adelante una intensa batalla para llegar a la transformación de la defensa nacional de nuestros países en un tema de política pública real. Evidentemente se han logrado avances en la subordinación constitucional de las Fuerzas Armadas al mando de las autoridades civiles, sin embargo, ello está todavía sumamente lejos de la meta final de gestión política. Hoy en día, en la mayoría de nuestros países las autoridades militares cuentan con un extenso nivel de autonomía y autogestión, lo cual se puede atribuir principalmente a una falta de interés y desconocimiento del ciudadano común, e incluso de un gran número de políticos, sobre el tema de defensa.

Es válido aclarar que la subordinación a lo civil y la gestión política son claves en el proceso de democratización de la defensa, no porque las autoridades militares no sean capaces de conducir de forma adecuada la defensa nacional, sino por el simple hecho de que no se trata de funcionarios democráticamente electos. Por ende, su rol no es el de crear políticas públicas, ya que no representan la voluntad popular, sino el de aplicar aquellas que sean promovidas por los gobernantes.

Entre las principales carencias que impiden hoy en día la verdadera democratización de la defensa, está la falta de participación de la sociedad civil en las esferas de toma de decisiones. A menudo escudada bajo la figura del secreto de Estado y amparada en la protección de la seguridad nacional, la defensa históricamente se ha manejado de un modo exclusivo como un tema bajo parámetros militares. Sin embargo, la situación actual del rol de las Fuerzas Armadas en nuestros países requiere de una verdadera gestión integral con el fin de alinear efectivamente las prioridades y objetivos de la defensa con las prioridades y objetivos civiles y nacionales.

No es viable, desde un punto de vista internacional, promover una receta común para este proceso. Es clave que cada Estado defina a través de la participación de los poderes civiles el papel que otorga a sus Fuerzas Armadas, aclarando y delimitando las diferencias entre los ámbitos de seguridad y defensa.

3. Sobre las medidas de fomento de la confianza y seguridad

Las medidas de fomento de la confianza y la seguridad (MFCS) comenzaron a ser reconocidas principalmente a partir del acta final emanada de la Conferencia sobre Seguridad y Cooperación en Europa (CSCE) de Helsinki, Finlandia, en 1975. Tuvieron su auge después de la guerra fría y la desaparición del conflicto bipolar, junto a la necesidad de reformular un nuevo concepto de seguridad global. Resultaron ser instrumentos importantes para prevenir guerras, conflictos armados, y repercuten también en el control de armas y desarme impulsando los acuerdos que se puedan emanar sobre estos temas.

Las MFCS son instrumentos que buscan mejorar los niveles de confianza entre Estados. Contribuyen a la estabilidad y seguridad al proponer las condiciones para reducir la posibilidad de conflicto armado debido a malentendidos y errores de cálculo estratégico. Tenemos claro que aunque las medidas de fomento de la confianza no garantizan en sí la seguridad, son una herramienta para promover cooperación y diálogo entre las naciones.

Desde mediados de la década de 1990, cuando en América Latina las democracias comenzaron a prevalecer, el mismo hemisferio occidental fue reconocido como ejemplo a seguir por su estabilidad, en comparación con otras regiones del mundo. Si bien los conflictos tradicionales en el hemisferio han disminuido, aún permanecen cierta desconfianza y algunos conflictos limítrofes que superar. Tampoco podemos pasar por alto algunas tensiones de carácter tradicional que han surgido en algunas subregiones; de aquí la importancia y el futuro de las MFCS en el hemisferio.

En el marco de la OEA, se promueve una lista consolidada de MFCS con el fin de recopilar información particularmente de carácter militar. Los Estados reportan sobre ejercicios combinados, ejercicios militares, visitas de defensa llevadas a cabo, intercambio de personal, metodologías para la medición de gastos de defensa, entre otras. Otras MFCS de carácter militar son los libros blancos o libros de política y doctrina nacional de defensa, que pretenden dar pie a mejorar las relaciones político-militares, y en cierta forma, representan un resultado más del proceso de democratización de los ministerios de Defensa en América Latina.

Por otro lado, se cuenta con las medidas enfocadas a promover el desarme y la no proliferación de armas; entre estas, la Convención Interamericana de Transparencia en la Adquisición de Armas Convencionales (CITAAC); la Convención Interamericana contra la Fabricación y el Tráfico Ilícito de Armas de Fuego, Municiones, Explosivos y otros Materiales Relacionados (CIFTA); el Tratado de Tlatelolco, que establece una zona de paz y libre de armas nucleares; el Tratado de Prohibición Completa de los Ensayos Nucleares (TPCEN, o CTBT por sus siglas en inglés: *Comprehensive Nuclear-Test-Ban Treaty*); y el prospecto Tratado de Comercio de Armas (TCA, o ATT por sus siglas en inglés: *Arms Trade Treaty*), que funcionará como mecanismo legalmente vinculante, y que pudiera ser adoptado en un futuro próximo en el seno de las Naciones Unidas.

Existen también otras medidas de carácter diplomático, además de los buenos oficios, la mediación, el arbitraje, los cursos de desarme y limitación de armamentos, que contribuyen a la estabilidad y cooperación; asimismo, aquellas medidas enfocadas a la educación para la paz en temas de desarme, de transparencia de gastos militares, entre otras.

4. Libros de política y doctrina nacional de defensa

Los libros blancos o libros de política y doctrina nacional de defensa son documentos que reúnen la política de defensa de un determinado Estado. Ahí se identifican los objetivos relacionados con defensa, los medios y recursos para alcanzarlos y, hasta cierto grado, la realidad presupuestaria del sector de defensa. El objetivo de estos documentos es promover la transparencia e intercambio de información al más alto nivel de la gestión pública. La tendencia actual es que la elaboración de estos libros, por su naturaleza y contenido, requiere una colaboración entre civiles y militares, entre autoridades políticas: ministerios y Fuerzas Armadas.

En relación con este tema, se pueden ubicar algunos retos y puntos a considerar: 1) a pesar de que la OEA, a través de la Comisión de Seguridad Hemisférica, señala unas recomendaciones y características a seguir en la elaboración de los libros blancos de defensa,[159] aún se percibe en la práctica una falta de claridad sobre la definición de contenidos pertinentes; 2) existe una escasa respuesta voluntaria a la elaboración de esos contenidos; y 3) basados en algunos estudios comparados, la mayoría de los libros blancos publicados en América Latina han tenido diversos grados de incidencia sobre la reforma del sector de defensa en la región. En general, han contribuido en la ampliación del conocimiento público de los roles y misiones de las Fuerzas Armadas, y servido como herramienta política para transmitir una nueva imagen o determinar nuevas misiones. Los libros blancos son sin duda un proceso que puede ir perfeccionándose y mejorar.[160]

---

159 Véase el documento OEA/Ser. G CP/RES. 829 (1342/02), de noviembre de 2002.

160 Sepúlveda y Alda (eds.) (2008), *La administración de la Defensa en América Latina*, Estudios comparados, vol. III, Madrid, IUGM, pp. 423-446.

5. Control de armas

5.1. Desarme y no proliferación

En el tema de desarme, resultan trascendentes aquellas iniciativas enfocadas a diplomáticos y tomadores de decisiones cuyas resoluciones repercutirán directamente en los tratados que en este tema se resuelvan. Estas iniciativas responden a la necesidad de aumentar la conciencia sobre las cuestiones de desarme y no proliferación, la educación sobre los peligros de las armas de destrucción masiva, sean nucleares, químicas, biológicas o convencionales, incluyendo las medidas necesarias para superar los retos y las consecuencias causadas por estas armas.

Existen instancias comprometidas con la misión de educar en este tema e iniciativas que se han desarrollado dentro del marco de la Organización de Naciones Unidas y sus órganos e instituciones: UNIDIR (por sus siglas en inglés, *United Nations Institute for Disarmament and Research*); UN-LIREC (por sus siglas en inglés, *United Nations Regional Centre for Peace, Disarmament and Development in Latin America and the Caribbean*); el SIPRI (por sus siglas en inglés, *Stockholm International Peace Research Institute*); el Colegio Interamericano de Defensa de la Junta Interamericana de Defensa, y la OEA. Sin embargo, estas iniciativas no están exentas de importantes obstáculos. El principal es que la educación es una inversión a futuro, y como las inversiones vienen de contribuciones voluntarias, pocos gobiernos han contribuido en una manera significativa y constante. En el año 2001, en el marco de la Asamblea General de la ONU se documentaron algunas lecciones aprendidas sobre los esfuerzos de educación en el desarme; uno de los principales puntos resaltantes fue que los Estados que tenían mayores gastos militares en la adquisición de armamento no han hecho contribuciones a ninguna campaña educacional.[161]

Por otro lado, basándose en el reporte de gastos militares mundial de SIPRI, América Latina aumentó sus inversiones en defensa en un 3% con respecto al año 2009,[162] si bien la subregión aún no alcanza los mismos porcentajes en gastos militares que otras. Lo que sí denota este aumento considerable es la necesidad de hacer hincapié en impulsar la transparencia y sistematización de los gastos militares.

5.2. Mecanismos para registrar, controlar, limitar y erradicar las armas de destrucción masiva químicas, biológicas, nucleares, convencionales, pequeñas y ligeras, ilícitas y misiles balísticos

No detallaré el sinfín de mecanismos existentes que forman parte del control de armas en el hemisferio, debido a su longitud y profundidad. Sin embargo, quisiera recalcar algunos que considero importantes y los retos que en este ámbito nos encontramos.

América Latina es una zona libre de armas nucleares tras el Tratado de Tlatelolco de 1967, el cual se considera como un elemento esencial de confianza en la región.

---

161 Véase William C. Potter (2001), "A New Agenda for Disarmament and Non-Proliferation Education", *Disarmament Forum*, núm. 3.

162 Basado en el estudio de SIPRI (publicado el 11 de abril de 2011) sobre gastos militares. El gasto militar total estimado en América en 2010 fue de USD 791 mil millones (USD 721 mil millones en América del Norte; USD 6.5 mil millones en América Central y el Caribe; y USD 63.3 mil millones en América del Sur). El gasto aumentó el 3% en términos reales con respecto a 2009 (2,8% en América del Norte; 1,9% en América Central y el Caribe; y 5,8% en América del Sur), y en un 76% comparado con el año 2000 (80% en América del Norte; 28% en América Central y el Caribe; y 42% en América del Sur). Comparada con otras regiones, cuyos gastos militares se representan en USD (en precios constantes del año 2009 y tasas de cambio del 2010), la región de Europa occidental presenta en gastos USD 295 mil millones y Medio Oriente USD 104 mil millones.

Dicho tratado no solo impulsa una zona libre de armas nucleares, sino también invita a que la energía nuclear sea utilizada únicamente para fines pacíficos. A la par del mismo, se han alcanzado bilateral o regionalmente otros acuerdos importantes, como la Declaración de Iguazú (entre la Argentina y Brasil, que es un acuerdo en materia de intercambio de información nuclear entre las dos partes) y el Compromiso de Mendoza suscrito por la Argentina, Brasil, Chile y Uruguay, con la prohibición completa de producir, desarrollar y almacenar armas químicas o biológicas, entre otros.

En materia de adquisición de armas convencionales, dentro del marco de la OEA existe un instrumento legalmente vinculante para el control y el fomento, a largo plazo, de la reducción de la adquisición de armas convencionales: la Convención Interamericana de Transparencia en la Adquisición de Armas Convencionales (CITAAC), que ya ha sido ratificada a la fecha por quince (15) Estados miembros de la OEA y a la que nueve se han reportado por lo menos una vez.[163]

Es importante mencionar que existe un mecanismo paralelo dentro de las Naciones Unidas en el registro de armas convencionales, pero que no tiene un carácter vinculante, como sí lo tiene la Convención. Ambos registros y reportes anexos contemplan las mismas categorías sobre las que los Estados deben reportar en todo lo referido a la adquisición de armas.

La Oficina de Desarme de las Naciones Unidas sostiene un memorándum de entendimiento con la Secretaría General de la OEA, y es el Departamento de Defensa y Seguridad Hemisférica de la Secretaría de Seguridad Multidimensional la vía por donde se han examinado las

---

163 Véase reportes en: http://www.oas.org/csh/english/conventionalweapons.asp#Docs.

posibles acciones en pro de aumentar los reportes a ambos mecanismos, mejorar su calidad y analizar la información. En este tema, existen algunos retos que habría que retomar en la agenda: 1) el alcance de los reportes, es decir, las categorías sobre las cuales los Estados deben reportar. Hasta ahora las siete categorías han sido: carros de combate, vehículos blindados de combate, sistemas de artillería de gran calibre, aviones de combate, helicópteros de ataque, naves de guerra, misiles y lanza-misiles. En el registro de la ONU, algunos países han decidido reportar voluntariamente sobre una octava categoría en armas pequeñas, pero ello no se ha contemplado en el marco de la CITAAC; 2) si bien los reportes buscan recopilar información general sobre las armas consideradas como las más letales, hasta ahora no se ha reevaluado la vigencia de estas categorías. En el ámbito del registro de las Naciones Unidas existe un grupo de expertos que se reúne periódicamente. Sería también de importancia considerar la posible reevaluación de las categorías inclusive desde un punto de vista netamente militar.

Por otro lado, las Naciones Unidas en conjunto, a través del Instituto de las Naciones Unidas de Investigación sobre el Desarme, ha convenido conferencias regionales y subregionales para discutir sobre la posible adopción de un nuevo tratado en el tema de armas: el Tratado de Comercio de Armas o ATT (por sus siglas en inglés, *Arms Trade Treaty*), el cual abarcaría a la comunidad internacional estableciendo un mecanismo legalmente vinculante que controlaría las actividades relacionadas con armas legales con el fin principal de reducir el tráfico ilícito. Este tratado podría tener resultados altamente positivos no solo por el marco y las dimensiones del reporte, sino además porque de contemplar el comercio entre países, el reporte involucraría aquellos actores no estatales y personas jurídicas. Su entrada en vigor probablemente no ocurrirá en un futuro muy próximo, pero cabe destacar las iniciativas que se están llevando a cabo a través de conferencias regionales y subregionales para que este entre en vigencia lo antes posible.

Además del actual proceso de negociación para su entrada en vigor, existen algunos retos y desafíos que es conveniente señalar en términos de implementación del Tratado: 1) la común falta de participación universal en este tipo de mecanismos y de reportes de carácter voluntario; 2) contar con un mecanismo adicional en el tema de armas puede causar rechazo automático, en algunos casos, por el trabajo que esto requiere, porque el Estado no pueda tener las capacidades para reportar, por factores de seguridad interna, políticos o de decisión.

El tráfico ilícito de armas de fuego es otro tema importante a considerar, que en las Américas genera altos costes humanos y perjuicios económicos, y está asociado a múltiples formas de criminalidad y violencia. La OEA cuenta con la Convención Interamericana contra la Fabricación y el Tráfico Ilícito de Armas de Fuego, Municiones, Explosiones y otros Materiales Relacionados (CIFTA).[164]

En este contexto, el combate al tráfico de armas de fuego es un eje de trabajo central para la OEA y sus Estados miembros con el fin de fortalecer la seguridad pública y fomentar la paz en la región.

6. Instancias del Sistema Interamericano de Defensa

No existe una sola definición del sistema interamericano enmarcado en un documento o estatuto. En cambio, existe un conjunto de principios, normas y bases jurídicas,

164 El texto de la Convención puede encontrarse en: http://www.oas.org/juridico/spanish/tratados/a-63.html.

resoluciones, declaraciones, instrumentos e instancias que crean las condiciones para preservar la estabilidad y la paz que contemplan las amenazas y los mecanismos de cooperación multilateral.

Lo que entendemos por Sistema Interamericano de Defensa se refiere a los distintos congresos, reuniones y conferencias que han aportado una serie de principios y elementos en todos los órdenes de la vida interamericana (político, jurídico, social, comercial y de defensa).

Particularmente, dentro del sistema interamericano de seguridad y defensa se pueden enmarcar el Tratado Interamericano de Asistencia Recíproca (TIAR), de 1947; la Carta de la OEA, de 1948; el Tratado Americano de Soluciones Pacíficas "Pacto de Bogotá", de 1948; el Tratado de Tlatelolco, de 1967, y su Agencia Intergubernamental para la Prohibición de Armas Nucleares en América Latina y el Caribe (OPANAL), de 1969; la Comisión Preparatoria de la Organización del Tratado de Prohibición Completa de los Ensayos Nucleares (CTBTO), de 1996; la Convención Interamericana sobre Transparencia en las Adquisiciones de Armas Convencionales (CITAAC), de 2001; el Compromiso de Lima (Carta Andina para la Paz y la Seguridad, Limitación y Control de los Gastos Destinados a la Defensa Externa), de 2002; la Declaración Sobre Seguridad en las Américas (DSA), de 2003; la lista consolidada de las Medidas de Fomento de la Confianza y Seguridad (MFCS), de 2008; los compromisos por la Seguridad Pública de las Américas emanados de las Reuniones de Ministros en Materia de Seguridad Pública de las Américas (MISPA); y las declaraciones emanadas de las Conferencias de Ministros de las Américas (CDMA).

También existen algunas instancias del Sistema Interamericano de Defensa y seguridad, como la Junta Interamericana de Defensa (JID); el Sistema de Cooperación entre las Fuerzas Aéreas Americanas (SICOFAA); la

Conferencia de Ejércitos Americanos (CEA); la Conferencia Naval Interamericana; la Conferencia de las Fuerzas Armadas Centroamericanas; el sistema de Seguridad Regional (RSS) del Caribe; el Comité Jurídico Militar de las Américas (CONJUMA); el Consejo de Defensa de UNASUR; y la Conferencia de Ministros de Defensa de las Américas (CMDA).

7. El Tratado Interamericano de Asistencia Recíproca (TIAR)

El Tratado Interamericano de Asistencia Recíproca es el ejemplo más significativo de acción de seguridad colectiva. Fue firmado en Río de Janeiro en 1947 y conforma las medidas y los procedimientos para la solución de controversias, establece una zona geográfica de seguridad, creando un marco de alianza de carácter colectivo en materia de defensa a las agresiones externas.

El TIAR fue firmado originalmente por diecinueve naciones y se caracteriza por ser una negociación de estrategia entre dos bloques: Estados Unidos y América Latina. Su principal objetivo era la defensa común ante cualquier amenaza o agresión del exterior previniendo la seguridad del hemisferio. Recordemos que fue pactado en el período de la guerra fría. El principal objetivo era la defensa mutua. América Latina impediría la entrada a potencias comunistas y Estados Unidos se comprometía a no intervenir unilateralmente en la región.

Dentro del Tratado, me parece relevante resaltar los artículos 3° y 6°, que son reflejo de la colectividad de la seguridad en ese tiempo:

> ARTICULO 3°
> Las Altas Partes Contratantes convienen en que *un ataque armado por parte de cualquier Estado contra un Estado*

> *Americano, será considerado como un ataque contra todos los Estados Americanos*, y en consecuencia, cada una de dichas Partes Contratantes *se compromete a ayudar a hacer frente al ataque*, en ejercicio del derecho inmanente de legítima defensa individual o colectiva que reconoce el Artículo 51 de la Carta de las Naciones Unidas.

Convocando explícitamente a la seguridad colectiva para la agresión extracontinental:

> ARTICULO 6°
> Si la inviolabilidad o la integridad del territorio o la soberanía o la independencia política de cualquier Estado Americano fueren afectadas por una agresión que no sea ataque armado, o por un conflicto extracontinental o intracontinental, o por cualquier otro hecho o situación que pueda poner en peligro la paz de América, *el Órgano de Consulta se reunirá inmediatamente, a fin de acordar las medidas que en caso de agresión se deben tomar en ayuda del agredido o en todo caso las que convenga tomar para la defensa común y para el mantenimiento de la paz y la seguridad del Continente.*[165]

Es evidente que la definición de agresión en el Tratado y sus reformas refiere a las amenazas tradicionales, dejando fuera de sus alcances a las "nuevas amenazas" e intimidaciones transnacionales, de lo que podemos concluir que el TIAR adolece de la multidimensionalidad que hoy en día se requiere para dar respuesta a la seguridad del hemisferio.

El TIAR, que entró en vigor en 1947, fue invocado con cierta frecuencia hasta 1982. En diecinueve casos en que se invocó el TIAR, se trató de situaciones conflictivas entre Estados americanos, en su gran mayoría, por problemas surgidos en América Central o en el Caribe, en los que el Órgano de Consulta del TIAR actuó de un modo u otro.[166]

---

165 El texto del Tratado puede encontrarse en: http://www.oas.org/juridico/spanish/tratados/b-29.html (el destacado es propio).

166 Reflexiones del Dr. Jean Michel Arrighi.

Los últimos dos en los que se invocó el TIAR implicaron la participación de Estados o de agresores extrarregionales.

Es pertinente mencionar que cuando existieron situaciones conflictivas en la región, fueron otros los mecanismos a los que los Estados acudieron. Cuando nuevamente en la década de 1980 la conflictividad fue muy grande en América Central, tanto a nivel interno con guerras civiles como entre los Estados de la región, se buscaron otras instancias para la solución de los conflictos, como el "Grupo Contadora", por el que un grupo significativo de Estados americanos actuaron como mediadores a lo largo de toda la década.

Otra cuestión a considerar, referente a las competencias de la Organización de Estados Americanos frente a la Carta de las Naciones Unidas: cuando el conflicto se ha planteado entre Estados americanos o por amenazas provenientes de Estados americanos, la OEA ha actuado. Cuando la amenaza ha provenido desde afuera de la región, se han pronunciado tanto el Consejo de Seguridad de las Naciones Unidas como el Órgano de Consulta previsto en el TIAR.

El desafío principal que quiero resaltar en relación con este tratado, que sigue siendo marco dentro del Sistema Interamericano de Defensa, es que representa un mecanismo de respuesta que no va de acuerdo con el nuevo entorno de seguridad. El entorno desde antes de los años 1990 resultaba ser colectivo; actualmente, por el carácter de las amenazas y su multidimensionalidad, su marco debe ser más de cooperación y responsabilidad compartida.

8. La Junta Interamericana de Defensa

Dentro del Sistema Interamericano de Defensa, también está la Junta Interamericana de Defensa (JID) como la asociación internacional de Fuerzas Armadas más antigua del mundo.

En sus estatutos, aprobados por la Asamblea General el 15 de marzo de 2006, se estable a la JID como "entidad de la OEA". Sin embargo, cabe resaltar que no existe otro instrumento jurídico que exprese precisamente la definición del concepto de "entidad", por lo que esta misma falla de interpretación ha obstaculizado y postergado, por más de cuatro años, la posibilidad de una integración efectiva de la JID en la OEA y su interacción eficaz con otras unidades de la Organización.

La única interpretación del concepto de "entidad" que puede conducir a una integración efectiva de la JID, su secretaría y el Colegio Interamericano de Defensa a la Organización de los Estados Americanos, en opinión de la Secretaría de Seguridad Multidimensional, es aquella que los Estados miembros han aplicado en el caso de otros organismos como la Comisión Interamericana de Telecomunicaciones, la Comisión Interamericana contra el Abuso de Drogas (CICAD) o el Comité Interamericano contra el Terrorismo (CICTE), que están conformadas, igual que la JID, como una comisión, comité, consejo o asamblea de delegados de los Estados miembros, gozan de autonomía técnica e informan a la Asamblea General por intermedio de órganos específicos de la Organización (en el caso de la JID, por intermedio de la Comisión de Seguridad Hemisférica). La integración efectiva de estas entidades a la OEA se verifica mediante sus instancias técnicas (secretaría ejecutiva, secretaría técnica o, en el caso de la JID, su secretaría) cuando son asumidas por la Secretaría General de la OEA. Esta integración significa que la Secretaría General aporta y financia los recursos humanos y materiales que son necesarios para el funcionamiento de esa instancia técnica, y que esta se ajusta a las normas, los deberes y los derechos de la Secretaría General.

La integración de la Secretaría de la JID en la Secretaría General de la OEA no modificaría lo dispuesto en el artículo

17 del Estatuto de la Junta en lo relacionado con su carácter administrativo. Se ha impulsado en reiteradas ocasiones desde el interior de la OEA la necesidad de que la JID y la OEA desarrollen una estructura administrativa que permita las economías de escala y aproveche las capacidades administrativas de la OEA.

Una vez integrada la Secretaría de la JID en la Secretaría General de la OEA por intermedio del Departamento de Defensa y Seguridad Hemisférica de la Secretaría de Seguridad Multidimensional, podrían iniciarse, ampliarse o configurarse nuevos proyectos, o por lo menos, las siguientes actividades : 1) gestión ante la Conferencia de Ministros de Defensa de las Américas para que la Secretaría General de la OEA actúe como secretaría técnica; 2) consolidación de los informes de los Estados miembros sobre medidas de fortalecimiento de la confianza mutua; 3) consolidación de los informes y las relatorías de los Estados miembros en el ámbito de la Convención Interamericana sobre Transparencia en la Adquisición de Armas Convencionales, particularmente recibiendo asesoría técnica de la Junta en cuanto a la posible necesidad de actualizar las categorías de los informes anexos a la Convención; 4) integración efectiva de la JID al Programa de Acción Integral contra Minas Antipersonales; 5) un sistema integral de asistencia de la OEA a los Estados miembros, en casos de fenómenos naturales con resultados sociales catastróficos; 6) un programa de la OEA para el fortalecimiento de las relaciones cívico-militares en la región; 7) promoción y análisis de los libros blancos de defensa; 8) fortalecimiento de la currícula académica extendiéndola a los temas de seguridad en el Colegio Interamericano de Defensa, entre otras.

Sin embargo, hasta la fecha, la Junta Interamericana de Defensa no ha podido presentar un plan estratégico unánime, razón que también ha perjudicado los esfuerzos de trabajo en conjunto con la Secretaría General de la Organización de Estados Americanos. Por otro lado, no está de más resaltar la resistencia cultural de trabajo en conjunto o subordinación de los organismos militares con organismos políticos y civiles.

9. La Conferencia de Ministros de Defensa de las Américas

Por último, quisiera abordar algunos desafíos y retos que sería necesario atender con prontitud en relación con la Conferencia de Ministros de Defensa de las Américas (CMDA), ámbito que se ha convertido en un importante medio para deliberar y facilitar la cooperación entre los miembros en materia de defensa y seguridad. La primera CMDA (1995) estableció los *Principios de Williamsburg*. Dichos principios buscan desarrollar los enunciados del Acuerdo de Santiago,[167] los cuales señalan que las prácticas democráticas sólidas son los pilares efectivos de nuestra seguridad mutua. Ellos reconocen el papel fundamental que cumplen las fuerzas militares y de seguridad en la preservación y protección de la integridad territorial de los Estados soberanos, y también de sus valores democráticos. Asimismo, reiteran la relación de respeto que existe entre las fuerzas militares y las autoridades civiles electas; promueven también la transparencia en materias de defensa y un mayor diálogo entre las autoridades civiles y militares.

Desde su creación, se ha avanzado en el debate sobre las modalidades que se podrían usar para organizar la Conferencia como forma de potenciar su efectividad y eficiencia, y permitirle cumplir con los objetivos fundamentales señalados en los Principios de Williamsburg.

---

167 Los Principios de Williamsburg pueden ser encontrados en: http://www.cdmamericas.org/PublicPages/williamsburg_principles_esp.aspx

La Conferencia se realiza cada dos años en un Estado miembro que se ofrezca para tal evento. El anfitrión asume la responsabilidad de financiar la organización, facilitar apoyo administrativo a través de una secretaría ejecutiva y desarrollar el programa temático para someterlo a deliberación de los Estados miembros.

Dicha forma de trabajo ha originado una serie de dificultades que atentan contra una óptima eficiencia administrativa y continuidad organizacional. Más aun, si bien las conferencias anteriores han sido bien organizadas, la carga financiera y administrativa que implica organizar el evento podría impedir que los Estados más pequeños participen en la organización.

La CMDA tiene la particularidad de ser el único foro ministerial hemisférico que no cuenta con el adecuado apoyo de una entidad institucional permanente. Es necesario alcanzar un acuerdo más estable para mantener la memoria institucional de la CMDA.

En la Declaración Final de la CMDA realizada el año 2006 en Managua, Nicaragua, sobre el tema de la existencia de una secretaría permanente para la CMDA, los Estados miembros resolvieron "continuar realizando las consultas con miras a lograr la existencia de una memoria institucional para la Conferencia de Ministros de Defensa de las Américas". El Artículo 28 de las regulaciones de la CMDA establece una base para modificar los acuerdos existentes que apunta a aumentar y fortalecer la capacidad institucional de la Conferencia. El país anfitrión saliente "designará por lo menos a dos miembros del personal de la Secretaría Ejecutiva durante el primer año para que asista al nuevo país anfitrión en la organización y operación de la Secretaría Pro Témpore, como forma de facilitar la organización, continuidad y operación de la misma. Esta asesoría se realizará a petición del país anfitrión entrante y será de mutuo acuerdo con el país anfitrión saliente".

Se deben considerar varios puntos críticos al abordar el tema de la existencia de una secretaría permanente que ayude a preservar a la memoria institucional de la Conferencia: 1) los enormes costos asociados a la organización y el financiamiento de la conferencia podrían impedir que algunos miembros se ofrezcan a organizarla; 2) la sede y modalidad de financiamiento de una secretaría permanente son temas políticamente difíciles de abordar; la propuesta sugerida en la VII CMDA de establecer la secretaría permanente en el seno de la JID fue recibida con desconfianza; 3) la falta de continuidad y memoria institucional obstaculiza la relación de la CMDA con las otras organizaciones y entidades del Sistema Interamericano de Defensa. Los esfuerzos de la Conferencia tendientes a cumplir su misión se fortalecerían si esta fuese capaz de acceder a la amplia gama de soportes existentes en el hemisferio, y daría mayores frutos si contara con una estructura institucional plenamente operativa.

Por razones políticas, los Estados miembros clave han logrado acuerdos bilaterales que les permiten desarrollar sus intereses en materia de seguridad. La verdadera prueba está en diseñar una infraestructura organizacional que inspire la confianza suficiente sobre la utilidad que prestará a la Conferencia. Ello permitiría que los Estados miembros se motiven en lograr un acuerdo multilateral para fortalecer y cumplir con el mandato de la CMDA.

Sin embargo, los países anfitriones enfrentan el atemorizador desafío de organizar una conferencia sin tener un modelo organizacional que les sirva de referencia y de una herramienta de planificación, administrativa y de gestión.

La doble función de organizar la Conferencia y desarrollar el programa temático representa un desafío para los Estados más pequeños. La falta de continuidad entre las conferencias acentúa el problema y juega en contra del hecho de que los Estados más pequeños asuman tal responsabilidad.

El desafío radica en asegurar que exista una administración adecuada, abordando al mismo tiempo las preocupaciones válidas de los Estados miembros sobre la revisión de los costos administrativos o la mitigación de las sensibilidades políticas de los Estados respecto de la sede de la secretaría y la forma de financiamiento.

Es necesario adoptar una decisión sobre la eficiencia de los actuales acuerdos institucionales, así como también sobre la escala o profundidad de los cambios y opciones que permitan optimizar la gestión institucional, organizacional y administrativa de la Conferencia. La naturaleza y escala del acuerdo institucional u organizacional que permita el desarrollo de la Conferencia tendrá un impacto en la opción adoptada para lograr tal objetivo.

Reconociendo lo anterior, la OEA propone el establecimiento de una secretaría permanente de la Conferencia en el seno de la Secretaría de Seguridad Multidimensional en la Secretaría General de la Organización. Esta sería una opción eficaz que permitiría lograr el objetivo de la CMDA.

La Organización de los Estados Americanos es la principal organización política del hemisferio. Su misión es custodiar los elevados ideales del interamericanismo y actuar como depositaria de los importantes instrumentos jurídicos del hemisferio que permiten lograr la resolución pacífica de las controversias. La Organización ha demostrado permanentemente su capacidad para actuar como actor indispensable del Sistema Interamericano de Defensa.

También existe mucho espacio de colaboración con la Organización en la entrega de importante soporte técnico y asistencia a la CMDA. Como respuesta a las numerosas declaraciones de los Estados miembros de la OEA sobre la naturaleza multidimensional de la seguridad y sobre la necesidad de enfrentarla como tal, la Secretaría General creó la Secretaría de Seguridad Multidimensional. Su función es ser la base institucional que coordina, integra y articula las múltiples manifestaciones de la amenaza que implican los fenómenos de seguridad en el hemisferio.

Bajo un mandato de la CMDA, la Secretaría General de la OEA, a través del Departamento de Defensa y Seguridad Hemisférica -de la Secretaría de Seguridad Multidimensional-, podría actuar como secretaría técnica de la Conferencia de Ministros de Defensa de las Américas. La Secretaría de Seguridad Multidimensional podría entregar servicios de secretaría a la Conferencia, incluido el apoyo organizacional y administrativo al país anfitrión, así como también asistencia en el desarrollo del programa temático. La secretaría podría servir como depositaria de la memoria institucional de la Conferencia y, en dicha calidad, podría implementar o monitorear la implementación de sus mandatos.

10. A manera de conclusión

Retomando lo descrito en este trabajo, se puede concluir que se ha asumido un gran reto en el hemisferio al adoptar un enfoque multidimensional de la seguridad. Esto es muestra de un reconocimiento unívoco de los Estados de las Américas de que existen nuevas amenazas y desafíos que requieren de un orden y un sistema de defensa y seguridad adecuados para enfrentarlas, que incluya el necesario abordaje y la adecuación contemporánea de las definiciones de las amenazas tradicionales y su manejo político.

Aunque ya podemos contar con nuevos instrumentos acordes con este enfoque de seguridad multidimensional que han sido diseñados a partir de él -como es la propia Declaración de Seguridad de las Américas (2003)-, aún continuamos enfrentándonos con la necesidad de "actualizar" algunos órganos, mecanismos e instancias del sistema interamericano, como son el TIAR y la Junta Interamericana de Defensa.

Para ello, es menester considerar seriamente la posibilidad de potenciar e institucionalizar el Departamento de Defensa y Seguridad Hemisférica creado dentro de la Secretaría General de la OEA, como el cuarto pilar conceptual que junto con la CICAD, el CICTE y el DSP conforman la Secretaría de Seguridad multidimensional. Eso, por otra parte, conllevaría también poder operativizar o hace "aterrizar" a la DSA (2003) y los mecanismos legales que pretenden enfrentar las amenazas y los desafíos a la seguridad de nuestro hemisferio acordes a los tiempos que corren y vivimos.

Referencias bibliográficas

Buzan, B., Wæver, O. & de Wilde, J. (1998). *Security: A new framework for analysis*. Boulder: Lynne Rienner.

Convención Interamericana Contra la Fabricación y el Tráfico Ilícito de Armas de Fuego, Municiones, Explosiones y Otros Materiales Relacionados (CIFTA), recurso en línea: http://www.oas.org/juridico/spanish/tratados/a-63.html

Declaración Sobre Seguridad en las Américas (DSA), recurso en línea: http://www.oas.org/documents/spa/declaracionsecurity_102803.asp

Los Principios de Williamsburg, recurso en línea: http://www.cdmamericas.org/PublicPages/williamsburg_principles_esp.aspx

OEA/Ser.G CP/RES. 829 (1342/02), Noviembre 2002

Potter, William C., "A new agenda for disarmament and non-proliferation education", *Disarmament Forum*. No. 3, 2001.

Sepúlveda y S. Alda (eds) (2008), *La Administración de la Defensa en América Latina*, vol III, Estudios comparados, Madrid, IUGM, pp. 423-446.

Tratado Interamericano de Asistencia Reciproca, recurso en línea: http://www.oas.org/juridico/spanish/tratados/b-29.html.

Tareas de Seguridad y Defensa en el siglo XXI

Juan Emilio Cheyre[168]

Introducción[169]

El siglo que ya iniciamos se caracteriza, entre otros aspectos, por la globalización. Un sistema internacional en que participan una multiplicidad de actores, más allá de los Estados-nación, cuyas vinculaciones consisten en un complejo entramado de relaciones recíprocas en diversos niveles. Este es el escenario que describe el modelo de la interdependencia compleja.[170]

A este entorno internacional multipolar, debe añadirse una nueva característica: la incertidumbre. Ambas realidades inciden en los asuntos de tipo político, económico y social. Sin embargo, uno de los ámbitos que se ha visto más influenciado por este nuevo contexto es el de los temas de seguridad y defensa.

En efecto, estos temas tradicionalmente se circunscribían a ámbitos muy específicos. El concepto de seguridad, más amplio y que incluye a la defensa, se relacionaba con el conflicto. Este fenómeno se entendía que correspondía a enfrentamientos armados, interestatales o intraestatales, a los cuales respondían las Fuerzas Armadas (FF.AA.) y

---

168 Director Fundador del Centro de Estudios Internacionales de la Pontificia Universidad Católica de Chile.

169 Este ensayo contó con la colaboración de Mariana Perry Fauré, Licenciada en Historia por la UC, Magíster del Instituto de Estudios Internacionales de la Universidad de Chile. Analista del Centro de Estudios Internacionales de la UC.

170 Al respecto, ver: Keohane, Robert N. y E. Joseph (1998), *Realism and Complex Interdependence*, en Viotti, Paul y Kauppi, Mark, *International Relations Theory. Realism, Pluralism, Globalism, and beyond*, Nueva York, Macmillan Publishing Company.

otros agentes estatales encargados de la administración de la fuerza en la búsqueda de la paz. Sin embargo, en la actualidad, en el ya citado escenario de interdependencia e incertidumbre, los fenómenos que afectan la seguridad son de un espectro muchísimo más extenso y con dimensiones de carácter diverso a las tradicionalmente conocidas.

En síntesis, el siglo XXI se inició con una ampliación de la agenda de los asuntos que le incumben a la defensa y seguridad ante el cambio de escenario y la aparición de nuevos fenómenos que afectan la seguridad de las personas, de las organizaciones e incluso del Estado, y por lo tanto, las demandas que se les hacen a los encargados de satisfacer esta necesidad social.

Estas nuevas demandas (donde, a vía de ejemplo, se incluyen los requerimientos para enfrentar el crimen organizado, el narcoterrorismo, los movimientos separatistas u otros que promuevan y usen la violencia) han exigido a las organizaciones internacionales y a los Estados conceptualizar los asuntos que son propios de las FF.AA. y organizaciones policiales, que en lo principal constituyen las instituciones que asumen los roles de brindar seguridad y defensa.

Este artículo buscará identificar los ámbitos que incumben a la defensa en el siglo XXI. Nuestro análisis se basará principalmente en la realidad de América Latina, haciéndolo a partir de las actuales demandas de paz y seguridad.

Con tal objeto, inicialmente se hará una breve reseña sobre el rol tradicional de la seguridad y defensa. A continuación, se revisarán las tendencias emergentes que generan las nuevas demandas y cómo inciden en los modelos de defensa y en las tareas asignadas a las FF.AA. dentro de ellos. Finalmente, se especificarán los riesgos y las amenazas actuales que deben enfrentar estos modelos de defensa y las FF.AA., en particular. Para terminar y como una conclusión, se desarrollará una aproximación a lo que, en el contexto democrático, deberían ser las tareas de la defensa en el siglo XXI.

1. Rol tradicional de la seguridad y defensa

A partir del desarrollo teórico del modelo de la interdependencia compleja, se amplió el concepto tradicional de defensa, desde uno limitado a lo militar, a uno amplio que incorpora variables de la economía, la política, la sociología en una extensa estructura que construyen los Estados para accionar en la arena internacional.

Así, la defensa no constituye un fenómeno exclusivamente militar, y menos aun los asuntos de seguridad. Sin embargo, el objetivo del quehacer tanto de la defensa como de la seguridad era el enfrentamiento en conflictos, donde normalmente estaba incorporado el concepto de violencia y, como tal, el uso de las armas con fines coercitivos que tenía como efecto causar bajas de los adversarios o enemigos.

El concepto de seguridad ha evolucionado, y así, a fines de los años 1980 y principios de los 1990, los Estados dejaron de ser actores unilaterales en este ámbito. Al respecto, se concuerda con la visión que establece que "los Estados están perdiendo su capacidad tradicional para cuidar sin apoyo la seguridad y el bienestar de sus ciudadanos" (Gelbert 1997). Ello no implica que los Estados dejaron de jugar un rol central en estos asuntos, sin embargo, la tendencia es a que en estas temáticas, ya desde esa época se tejiera una amplia red de acuerdos, algunos que vinculaban a los Estados entre sí y otros que no solo se circunscribían a ellos.[171]

Es así como podemos establecer que las funciones en el ámbito de la defensa han vivido una transformación que

---

[171] Al respecto, en esa tendencia se inscriben los acuerdos de carácter multilateral en los temas de seguridad, donde a nivel regional destacan los entramados de relaciones de seguridad a nivel de la OEA y también diversas expresiones; la más reciente es el Consejo Sudamericano de Defensa.

incorpora diferentes áreas y abre espacios, desde aquellas tareas que se asumían en forma tradicional hacia otras nuevas, como las que provienen de mandatos de organismos internacionales (como operaciones de paz), y actividades que adquieren una nueva dimensión, como la diplomacia militar, dentro del concepto de la diplomacia pública,[172] que permite a las FF.AA. colaborar en la generación de espacios de confianza.

En el presente artículo, se concuerda con la tendencia reseñada que amplía la nómina de los actores que responden del quehacer tanto de la seguridad como de la defensa. Sin embargo, en el desarrollo posterior de este trabajo se buscará encontrar el límite de esta nueva definición, tanto en relación con quienes participan en ella como con el alcance de su actividad, ya que existen visiones donde se incorporan algunas tareas que a nuestro juicio desnaturalizan la función de la defensa. Estimamos que la identificación del nuevo entorno y de las nuevas demandas que se le presentan a la seguridad y defensa nos servirá para delimitar aquellas que son propias en el marco de un Estado democrático, lo cual constituye el objetivo central del presente trabajo.

Desde ya, podemos establecer que la visión clásica, ya reseñada, corresponde a la defensa entendida como la actividad que busca brindar seguridad a los Estados y a los ciudadanos ante una amplia gama de amenazas vinculadas con conflictos. Estos se originan en situaciones antagónicas que enfrentan a dos partes, y el empleo de la

---

172 La diplomacia pública, a diferencia de la diplomacia tradicional, involucra a un grupo mucho más extenso de personas en ambos lados y un set de intereses más amplio que supera los intereses del gobierno de turno. La diplomacia pública se basa en la premisa de que la imagen y la reputación de un país son bienes públicos que pueden crear tanto ambientes óptimos o adversos para las transacciones individuales (Leonard 2002).

fuerza constituye una de sus características. En esa visión, el rol fundamental de las FF.AA. se inscribe en un conjunto de interacciones de carácter político, social, económico, entre otras.

Sin embargo, existen tendencias en el mundo y en América Latina en las que se ha ido más allá de la mirada antes descrita. Esta visión se expresa concretamente, por ejemplo, en el acuerdo de la totalidad de los países integrantes de la OEA que dio vida al concepto de *seguridad multidimensional.*[173]

Aunque la declaración no especifica la forma como se combatirán los flagelos que afectan a la seguridad ni cuál fue el criterio para determinarlos, ella ha llevado a una amplia libertad a la hora de interpretarla. Las amenazas van desde la pobreza hasta la guerra, y una tendencia, a nivel de algunos gobiernos de América Latina, ha sido considerar que deben ser enfrentadas por las FF.AA. Ello,

---

173 "Declaración sobre seguridad en las Américas". Aprobada en la tercera sesión plenaria, celebrada el 28 de octubre de 2003. OEA/Ser.K/XXXVIII CES/dec. 1/03 rev. 1.

"La seguridad de los Estados del hemisferio se ve afectada, en diferentes formas, por amenazas tradicionales y por las siguientes nuevas amenazas, preocupaciones y otros desafíos de naturaleza diversa:

- el terrorismo, la delincuencia organizada transnacional, el problema mundial de las drogas, la corrupción, el lavado de activos, el tráfico ilícito de armas y las conexiones entre ellos;
- la pobreza extrema y la exclusión social de amplios sectores de la población, que también afectan la estabilidad y la democracia. La pobreza extrema erosiona la cohesión social y vulnera la seguridad de los Estados;
- los desastres naturales y los de origen humano, el VIH/SIDA y otras enfermedades, otros riesgos a la salud y el deterioro del medio ambiente;
- la trata de personas;
- los ataques a la seguridad cibernética;
- la posibilidad de que surja un daño en el caso de un accidente o incidente durante el transporte marítimo de materiales potencialmente peligrosos, incluidos el petróleo, material radioactivo y desechos tóxicos; y
- la posibilidad del acceso, posesión y uso de armas de destrucción en masa y sus medios vectores por terroristas".

por ejemplo, ha llevado a que la lucha contra el crimen y la droga recaiga en las fuerzas militares en un país como México. En el desarrollo del presente capítulo, se volverá a desarrollar este punto. Sin embargo, se ha querido dejar constancia del peligro de una conceptualización tan amplia cuyas definiciones de las amenazas sea entendidas como sinónimo de tareas de la defensa, y como tal, responsabilidad de las FF.AA.

2. Nuevo entorno y demandas a la seguridad y defensa

La sociedad del siglo XXI se desarrolla en un nuevo entorno marcado por realidades sociológicas, políticas, económicas y de interacciones en el interior de los Estados y entre ellos que generan tensiones diferentes a las tradicionales.

En general, a nivel mundial se ha establecido de acuerdo a un reciente informe del Foro Económico Mundial[174] que los cinco mayores riesgos se vinculan a temas de carácter político, social y geopolítico. Entre ellos, el primer lugar lo ocupa la disparidad de ingreso; lo siguen los desequilibrios fiscales crónicos, las emisiones de gases con efecto invernadero, los ataques cibernéticos y las crisis de suministro de agua. Los centros de gravedad a enfrentar corresponden a la variable geopolítica de fracaso de la gobernanza global, como asimismo, las de crecimiento insostenible de la población. Adicionalmente, el mismo informe identifica a Estados cuya fragilidad se ha acrecentado. Se trata de países que fueron ricos, pero donde hoy la ley no vale, al ser sobrepasada o tener imperfecciones que

---

174 Disponible en línea: http://www3.weforum.org/docs/WEF_GlobalRisks_Report_2012.pdf.

generan levantamientos cuando el Estado deja de cumplir obligaciones sociales y fiscales.

La reseña efectuada sobre las conclusiones a las que llega una entidad tan representativa en relación con las amenazas y los riesgos nos permite establecer lo que ya adelantábamos, en el sentido de que la guerra y los conflictos no se encuentran en el primer nivel y tampoco entre los principales factores que generan inestabilidad.

Ampliando la mirada y basándose en diferentes estudios, puede establecerse que en general las siguientes temáticas constituyen focos de tensión actualmente en el mundo:

- Inequidad
- Pobreza
- Crimen
- Narcoterrorismo
- Recursos naturales

3. Una visión en América Latina del nuevo entorno y sus demandas

La descripción general ya efectuada nos permite circunscribir el análisis del nuevo entorno y sus demandas a América Latina y, específicamente, a aquellos requerimientos que en la región tienden a vincularse con las amenazas que se busca enfrentar con medios que de forma tradicional estaban circunscritos a funciones del ámbito de la defensa y seguridad. Entre ellos, destacan los siguientes.

3.1. Crimen

En la región de América Latina, hoy en día no existen conflictos mayores calificados como guerras. Sin embargo, la tasa de criminalidad y el índice de homicidios son muy altos si se los compara con los de otras regiones del mundo. En el cuadro 1, es posible observar en un estudio circunscrito a países de América Central y el Caribe que en todos ellos la tendencia generalizada entre los años 2001 y 2006 es al aumento de la tasa de homicidios por 10.000 habitantes.

Cuadro 1
Taza de homicidio por 100.000 habitantes, por año y país 2001-2006

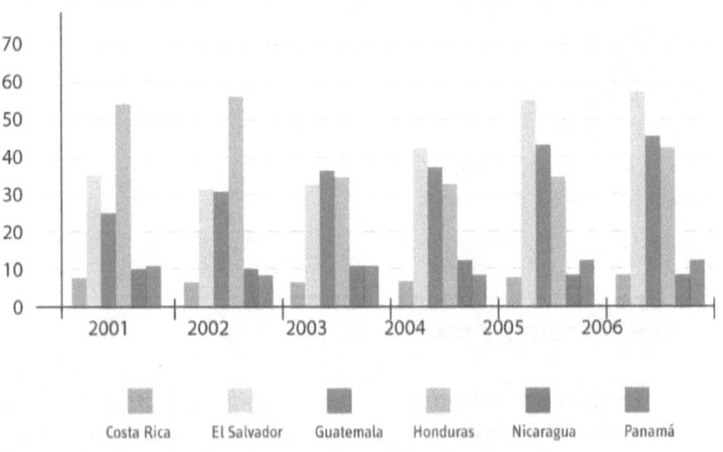

Fuente: ANUARIO 2010 Seguridad Regional en Am.Latina y el Caribe

En el cuadro 2, se detalla el efecto como costo económico total del crimen y la violencia como porcentaje del PIB en Guatemala, El Salvador, Honduras, Nicaragua y Costa Rica.

Cuadro 2
Costos económicos totales del crimen y la violencia como porcentaje del PIB

Tipo de Costo	Guatemala	El Salvador	Honduras	Nicaragua	Costa Rica
			Millones de US$		
Costos en materia de salud	**1281**	**1144**	**360**	**241**	**325**
Atención médica	69	82	24	44	10
Pérdida de producción	521	430	114	35	113
Daño emocional	691	632	222	162	202
Costos institucionales	**305**	**285**	**239**	**87**	**221**
Seguridad pública	212	160	145	51	85
Administración de justicia	93	125	95	36	137
Costos de seguridad privada	**459**	**329**	**176**	**124**	**150**
Hogares	135	72	44	31	38
Negocios	324	257	132	93	113
Costos de materiales (transferencias)	**245**	**253**	**110**	**78**	**94**
TOTAL	**2291**	**2010**	**885**	**529**	**791**
			Como porcentaje del PIB		
Costos en material de salud	**4,3%**	**6,1%**	**3,9%**	**4,5%**	**1,5%**
Atención médica	0,2%	0,4%	0,3%	0,8%	0,0%
Pérdida de producción	1,8%	2,3%	1,2%	0,7%	0,5%
Daño emocional	2,3%	3,4%	2,4%	3,1%	0,9%
Costos institucionales	**1,0%**	**1,5%**	**2,6%**	**1,6%**	**1,0%**
Seguridad pública	0,7%	0,9%	1,6%	1,0%	0,4%
Administra ción de justicia	0,3%	0,7%	1,0%	0,7%	0,6%
Costos de seguridad privada	**1,5%**	**1,8%**	**1,9%**	**2,3%**	**0,7%**
Hogares	0,5%	0,4%	0,5%	0,6%	0,2%
Negocios	1,1%	1,4%	1,4%	1,8%	0,5%
Costos de materiales (transferencias)	**0,8%**	**1,4%**	**1,2%**	**1,5%**	**0,4%**
TOTAL	**7,7%**	**10,8%**	**9,6%**	**10,0%**	**3,6%**

Fuente: *Acevedo (2008)*
Nota: *Panamá no se incluyó en el análisis original*

Los antecedentes señalados nos permiten establecer que el crimen y la violencia constituyen una demanda que debe ser enfrentada por el Estado. Tradicionalmente, son las fuerzas policiales las que deberían asumir una tarea como la descrita. Sin embargo, en estos y otros países, la tendencia generalizada es a reforzar a las policías con empleo de FF.AA., habida consideración de la complejidad y los medios que han adquirido los grupos criminales y violentistas. Entre esas organizaciones, destacan las denominadas Maras, cuya organización, equipamiento y forma de actuar superan a las policías en la mayoría de los Estados que sufren este flagelo.

Cuadro 3
Relación entre miembros de Maras y policías

B Proliferation of emerging threats and a growing feeling of insecurity
RELATIONSHIP BETWEEN GANG MEMBERS AND POLICEMEN

Country	Mara members	Policemen	Ratio
EL SALVADOR	10.500	16.500	6 : 01
GUATEMALA	14.000	19.000	7 : 01
HONDURAS	36.000	5.000	7,2 : 1

Source: *Economist Intelligence Unit in UNAM's "La Jornada"*

ceiUC

Noises that affect security 2

3.2. Droga

Uno de los fenómenos criminales que constituyen una de las grandes amenazas a la seguridad en América Latina corresponde a la actividad vinculada con la droga. En general, el incremento en su producción y tráfico ha llevado a que países como Colombia, México y aquellos de América Central y el Caribe se encuentren combatiéndola con medios e instrumentos de todo tipo, constituyendo una tendencia generalizada el empleo de las FF.AA. orientado al control de este flagelo. Más allá de la concordancia en el sentido de que esta es una tarea de la defensa propia del siglo XXI, es posible afirmar que en nuestra región, numerosos gobiernos democráticos así lo han considerado.

En el cuadro 4, se establecen la producción potencial de cocaína y el área cultivada con coca en Colombia, Bolivia y Perú, lo que demuestra su magnitud, detallando el número de familias involucradas en su cultivo desde el año 2006 al 2008, lo que indica la ramificación y los efectos en la sociedad de un fenómeno de esta naturaleza.

Cuadro 4
Producción potencial de cocaína y área cultivada con coca en Colombia, Bolivia y Perú

	Producción potencial de cocaina						Área Cultivada (hectareas)						Número de familias involucradas en el cultivo	
	Unodc			ONDCP	USDOJ		Unodc			ONDCP	USDOJ			
País	2006	2007	2008	2006	2006	2007	2006	2007	2008	2006	2006	2006	2007	2008
Colombia	610	600	430	718	550	535	78.000	99.000	81.000	157.200	157.200	167.000	80.000	59.328
Bolivia	94	104	13	135	115	120	27.500	28.900	30.000	25.800	25.800	29.500	N/A	N/A
Perú	280	290	302	288	265	210	51.400	53.700	56.100	37.000	42.000	36.000	N/A	N/A
Total	984	994	945	1.141	930	865	156.900	181.600	167.000	220.000	225.000	232.500	N/A	N/A

Fuente: ANUARIO 2010 Seguridad Regional en Am. Latina y el Caribe

En el cuadro 5, se detalla la superficie de cultivo de hoja de coca entre los años 1997 y 2010 en Bolivia, Perú y Colombia, donde en el total se observa una disminución dado el éxito que ha tenido Colombia en dicho proceso, pero donde también es posible resaltar el aumento del cultivo en Perú y Bolivia, lo que refleja una demanda proveniente de países desarrollados que se mantiene alta.

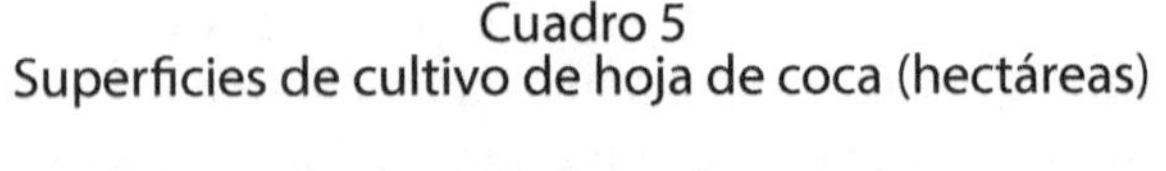

Cuadro 5
Superficies de cultivo de hoja de coca (hectáreas)

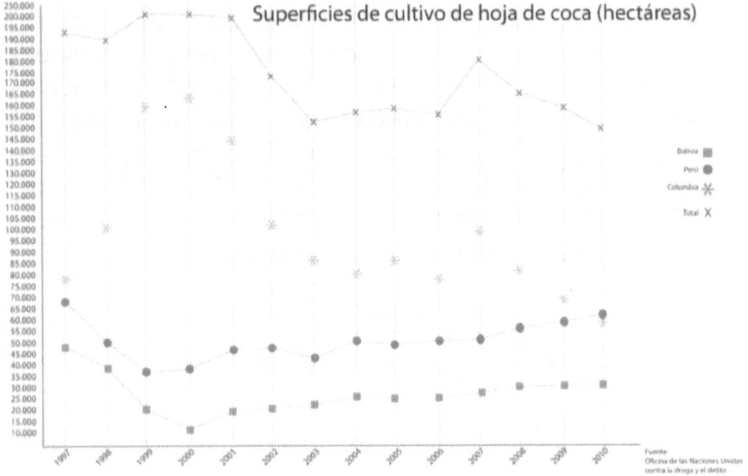

3.3. Pobreza

Uno de los flagelos que América Latina no ha podido vencer se vincula con la pobreza, y esta se encuentra resaltada como una de las amenazas consideradas en el concepto de seguridad multidimensional ya citada, como una de las decisiones más relevantes de la OEA.

Múltiples han sido las iniciativas que se han desarrollado en la región para enfrentar este problema social.[175] Sin embargo, como es posible observar en el cuadro 6, la evolución de los índices de indigentes y pobres no indigentes desde 1980 a 2010 sigue siendo importante y no se prevé una pronta solución.

---

175 Al respecto, revisar World Bank Report, "Globalization, Growth and Poverty: Building an Inclusive World Economy". Disponible en línea: http://web.worldbank.org/WBSITE/EXTERNAL/EXTDEC/EXTRESEARCH/EXTPRRS/0,,contentMDK:22310205~pagePK:478097~piPK:477636~theSitePK:477633~isCURL:Y,00.html

Cuadro 6

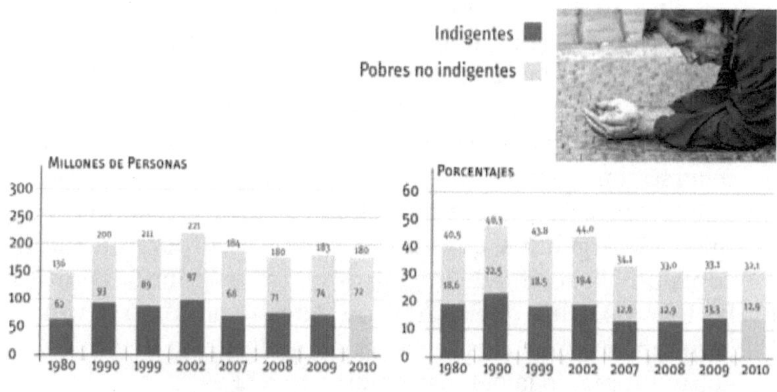

Fuente: Panorama Social Am. Latina 2010

Sin duda, la forma de enfrentar el fenómeno de la pobreza se encuentra muy lejana de las tareas propias de la defensa, sin embargo, en algunos países se plantea la acción de las FF.AA. en actividades propias orientadas a dinamizar el desarrollo. Más allá de calificar lo pertinente de medidas de esta naturaleza, cabe resaltar que en modelos políticos como los que actualmente rigen en Venezuela, Cuba, Nicaragua y, en menor medida, en Bolivia, incorporan a las FF.AA. como actores que apoyan explícitamente a los gobernantes de esos países.

Por lo expuesto en relación con esta materia, es importante reafirmar el carácter apolítico de las FF.AA. y la necesidad de que no intervengan en los asuntos propios del ejercicio del poder de un determinado gobierno. De allí la necesidad de tipificar adecuadamente las demandas que se hagan a las FF.AA. y a la defensa en su apoyo para combatir estas dos amenazas que sin duda atentan contra la seguridad de los países.

3.4. Recursos naturales

En el ya citado informe del Foro Económico Mundial, se mencionaba el agua como una de las variables que incidirá en los riesgos y las amenazas a la seguridad. A nivel mundial y regional, existe una creciente preocupación respecto de lo prioritario que resulta para los Estados asegurar sus recursos energéticos, minerales, forestales e hídricos. Ese tipo de mirada la sustentan en la región especialmente Brasil y la Argentina, que hace ya años la incorporaron a su conceptualización y definición de las tareas prioritarias de las FF.AA. Dichas decisiones son muestra de cómo se van generando consensos respecto de incluir esta demanda como propia de la defensa en el siglo XXI.

En los cuadros 7 y 8, se grafican las reservas de gas natural y petróleo en el mundo, destacando la situación en la región, que aparece como una zona con importantes recursos, lo cual fortalece el convencimiento de incorporar este tema entre los requerimientos a la defensa y la FF.AA. en los Estados de América Latina y el Caribe.

Cuadro 7
Distribución de reservas de Gas
Natural en 1990, 2000 y 2010

GAS NATURAL

Distribution of proved reserves in 1990, 2000 and 2010 (Percentage)

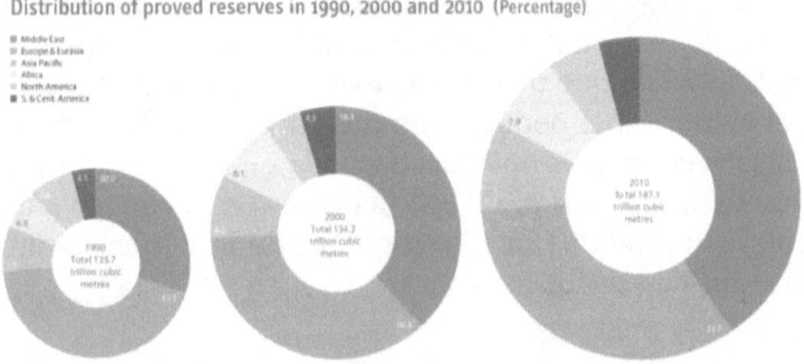

Fuente: BP Statistical Review of World Energy, June 2011

Cuadro 8
Distribución de reserva de Petróleo en 1990, 2000 y 2010

PETRÓLEO

Distribution of proved reserves in 1990, 2000 and 2010 (Percentage)

Middle East
S. & Cent. America
Europe & Eurasia
Africa
North America
Asia Pacific

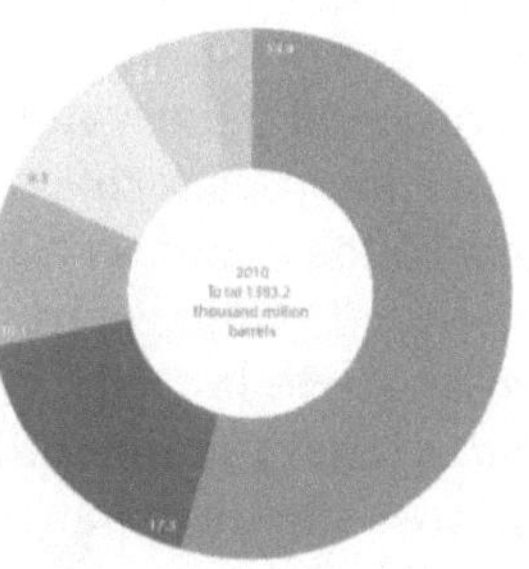

Fuente: BP Statistical Review of World Energy, June 2011

3.5. Operaciones de paz

Las operaciones de paz (OPAZ) tienen su origen en las atribuciones de las Naciones Unidas (ONU), que a través del Consejo de Seguridad, les permiten adoptar medidas colectivas para mantener la paz y la seguridad internacionales. Este ha sido el objetivo central de la ONU desde su nacimiento, sin embargo, la expresión "operación de paz" propiamente no se encuentra en el texto de la carta de esa organización.

El marco regulatorio donde las OPAZ se gestan, desarrollan y actúan es posible encontrarlo en los capítulos VI, VII y VIII de la Carta de la ONU. El capítulo VI se relaciona con las soluciones pacíficas de las controversias; el VII se refiere a la acción en caso de amenazas a la paz, quebrantamiento de la paz o actos de agresión; y el VIII está vinculado con los acuerdos regionales donde se deja expresa constancia de que la ONU no se opone a ellos. La evolución del concepto y su aplicación se han desplegado en estrecho vínculo con el desarrollo del sistema internacional y la valoración de la política multilateral como estrategia para enfrentar problemas que sobrepasen la capacidad de los Estados y comprometan principios que atenten contra la estabilidad y la paz mundiales.

Es posible establecer que existen distintas percepciones de la necesidad y conveniencia de asumir la interdependencia y dar valor a los organismos internacionales entre los países de América Latina. Asimismo, existen marcados matices en relación con el grado de involucramiento de cada Estado en el apoyo a las resoluciones que emanan de la ONU, especialmente si ellas están vinculadas con el empleo de fuerzas militares en acciones de imposición de la paz.

En el cuadro 9, es posible observar la tendencia de incremento en el número de personas que los diferentes países ponen a disposición para cumplir los requerimientos de la ONU para las OPAZ. Una proyección de estos datos muestra que esta demanda constituirá una constante en las tareas que se solicite asuman los Estados en el ámbito de la defensa, para ser cumplidas por sus FF.AA., a la cual los países de la región es difícil que se sustraigan.

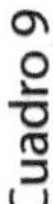

Cuadro 9

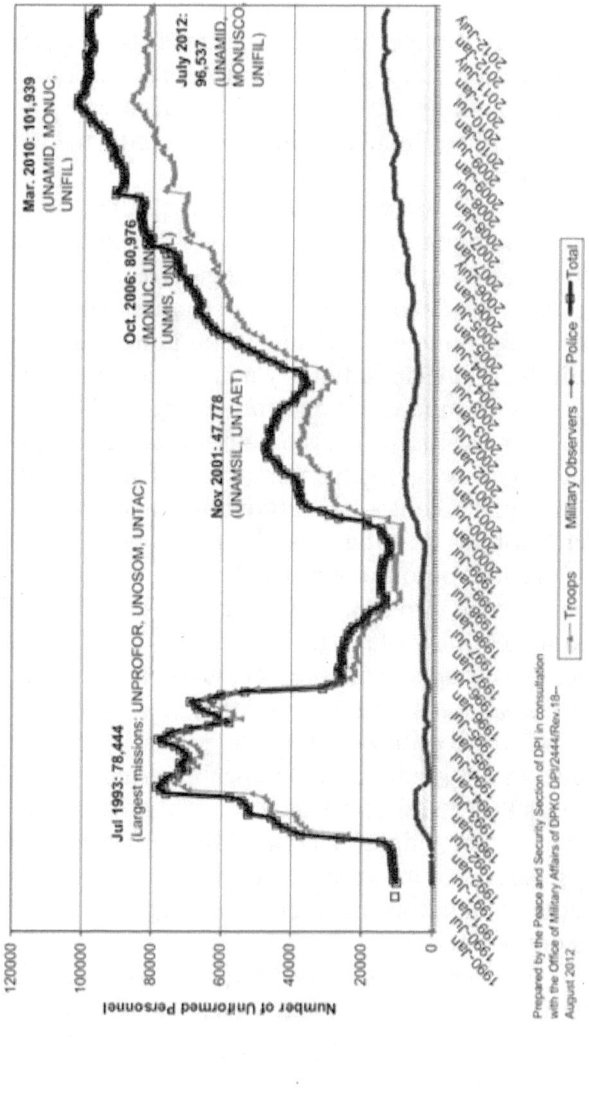
Number of Uniformed Personnel
0
20000
40000
60000
80000
100000
120000
Jul 1993: 78,444
(Largest missions: UNPROFOR, UNOSOM, UNTAC)
Nov 2001: 47,778
(UNAMSIL, UNTAET)
Oct. 2006: 80,976
(MONUC, UNIFIL, UNMIS, UNIFIL)
Mar. 2010: 101,939
(UNAMID, MONUC, UNIFIL)
July 2012: 96,537
(UNAMID, MONUSCO, UNIFIL)
Troops
Military Observers
Police
Total
Prepared by the Peace and Security Section of DPI in consultation
with the Office of Military Affairs of DPKO DPI/2444/Rev.18–
August 2012

4. Subconclusión en relación con el entorno y sus demandas

El análisis efectuado pone en evidencia que la defensa, a nivel mundial y regional, se enmarca en un entorno caracterizado por fenómenos que tipifican riesgos y amenazas que ya no se vinculan solo con los conflictos violentos y las guerras.

Nuevas amenazas, que van desde la pobreza, pasan por los recursos naturales y en lo más visible se vinculan con la creciente complejidad de la droga, que a su vez es uno de los factores del aumento de la criminalidad, constituyen los riesgos que los Estados deben enfrentar a la hora de brindar a sus ciudadanos y a las sociedades un entorno que les permita vivir en forma segura.

Por otra parte, el sistema internacional y en especial los acuerdos de organismos como la OEA o la ONU generan requerimientos para enfrentar situaciones más allá de las fronteras de cada país. El caso de las OPAZ es el más destacado, pero no el único. También, el apoyo a catástrofes como terremotos, inundaciones u otros fenómenos naturales que azotan a las poblaciones constituye espacios donde la cooperación internacional con fuerzas de defensa puede ser necesaria y de utilidad.

En otro orden de materias y en relación con la protección del medio ambiente, cabe resaltar el despliegue de las FF. AA. de Brasil en la zona de la Amazonía, donde se ha visualizado la necesidad de preservación de factores externos o internos que hagan peligrar su soberanía y también la biodiversidad de un espacio de especial valor geopolítico.

También debe considerarse que en algunos países de la región, sin validar esta posición, sino reconociendo su realidad, las FF.AA. siguen siendo convocadas ante los quiebres institucionales y el rompimiento de la paz social. Sirva como ejemplo la participación que les dieron la Suprema Corte y el Parlamento a las FF.AA. para intervenir en la crisis política de Honduras, donde, por esa acción, los medios militares fueron instrumentalizados para derrocar al presidente en ejercicio Manuel Zelaya y suplantarlo por el senador Roberto Micheletti. Por otra parte, cabe destacar la difusa pero también explícita participación de las FF.AA. en los proyectos políticos e iniciativas que apoyan el desarrollo en gobiernos como el de Venezuela.

Por todo lo expuesto, es posible establecer que en América Latina y el Caribe estos nuevos requerimientos, que otros medios del Estado no han sido capaces de satisfacer y que han sido reconocidos por la Declaración sobre Seguridad en las Américas, hoy son asignados a las FF.AA. De allí que muchas de estas demandas, productos de flagelos de distintos tipos que amenazan la seguridad, hoy constituyan tareas que están siendo cumplidas de hecho por las FF.AA en muchos países de la región. La circunstancia descrita, sin duda, es anormal, y de allí surge la necesidad de identificar un límite para establecer el ámbito de cuáles de esas amenazas competen al ámbito de la defensa y deben ser asumidas por las FF.AA.

5. Riesgos y amenazas en el siglo XXI en América Latina y el Caribe

5.1. Las nuevas demandas para la defensa en la región

A fin de hacer una proposición con respecto a los límites que permiten identificar las nuevas amenazas del ámbito de la defensa, a continuación se agruparán las nuevas demandas según las causales más relevantes que generan desafíos a la seguridad en la región, sin pronunciarse aún acerca de cuáles competen a la defensa y buscando identificar la distinta naturaleza de cada una de ellas. Basándonos en esos criterios, las nuevas demandas en el amplio aspecto de la seguridad son las siguientes:

1) Las que son producto de la situación de inseguridad que afecta a la sociedad y que lleva al Estado y a los gobiernos a emplear la fuerza en forma coercitiva después de que se percibe que las policías y la legalidad han sido sobrepasadas:

- El crimen.
- El terrorismo y el narcoterrorismo.
- La violencia de grupos armados que adhieren a movimientos separatistas o que presentan reivindicaciones de distinta naturaleza.
- La delincuencia que alcanza niveles en que supera a las policías.
- Los ataques de seguridad cibernética.
- El tráfico ilícito de armas.
- La vulneración de fronteras por grupos de personas que buscan migrar sin documentación vulnerando los controles fronterizos.
- Incidentes que afectan a los transportes marítimos.

2) Las que son producto de la necesidad que tiene el Estado de cumplir compromisos o requerimientos del Sistema Internacional de Defensa, u otras, producto de situaciones producidas por fenómenos de la naturaleza en el interior del país donde los medios y las organizaciones civiles sean insuficientes:

- Operaciones de paz.
- Apoyo nacional o internacional ante catástrofes naturales como terremotos, inundaciones, tsunamis u otros.

- Control del tráfico de armas de destrucción masiva y cumplimiento de las normas internacionales con respecto a la materia.
- Defensa de los recursos naturales del país y preservación del medio ambiente de factores que lo degraden o afecten a niveles de importancia.
- Lavado de activos.
- Corrupción.

3) Las que son producto de la percepción de los gobiernos en cuanto al requerimiento de apoyo de las FF.AA. para participar como actores en el quehacer político orientado a solucionar problemas estructurales que afectan al desarrollo de los países y al bienestar de sus ciudadanos:

- Pobreza.
- Inequidad.
- VIH-Sida.
- Crisis institucionales y políticas.
- Crisis económicas.
- Exclusión social.
- Trata de personas.

4) Las que son producto de amenazas a la soberanía e integridad de los Estados:

- Crisis externas causadas por antagonismos con otros Estados.
- Guerra.

Sin duda, pueden existir otras demandas, sin embargo, se han incluido las más relevantes de acuerdo a su significación y gravedad. Adicionalmente, todas ellas están consideradas en el concepto de seguridad multidimensional definido por la OEA. No obstante, esta resolución no explicita que estas amenazas deban ser enfrentadas por las instituciones de defensa, y menos que ellas constituyan misiones para las FF.AA.

Sin embargo, el análisis efectuado ha llevado a que muchas de las demandas antes citadas hayan sido incorporadas en algunos países como tareas que los gobiernos legítimamente electos han asignado a las FF.AA. Al respecto, no existe un comportamiento uniforme ni tampoco una delimitación del ámbito de aquello que sería propio en un contexto democrático en relación con las tareas que en estos nuevos escenarios correspondería incluir como aquellas amenazas que el sector de la defensa debería asumir.

Además, todas las demandas mencionadas han sido incorporadas a las tareas que los gobiernos legítimamente electos han estimado que las FF.AA. pueden atender.

5.2. Análisis de posibles conceptos orientadores para dirimir entre las demandas propias o impropias para el sector de Defensa

Desde nuestra visión, estimamos que constituye una responsabilidad de cada gobierno y que son las instituciones democráticas de cada Estado a quienes les corresponde calificar si una determinada demanda deberá generar una misión a ser atendida por los órganos de Defensa y, principalmente, por las FF.AA.

Independientemente de lo anterior, se estima que la función de defensa, la naturaleza propia de las FF.AA. y el concepto del quehacer que a cada institución del Estado corresponde en el contexto democrático entregan ciertos criterios que contribuyen a dirimir lo propio y lo impropio en relación con este tema.

Un supuesto básico se asocia con el origen de la demanda que se formula al sector de Defensa. El análisis de las situaciones planteadas lleva a establecer que, en lo general, obedecen a que el problema que se desea enfrentar ha adquirido tal nivel que fue capaz de sobrepasar la institucionalidad vigente y a los órganos encargados de materializar el control de la amenaza. El caso más visible lo constituye la droga en México o el crimen en América Central y el Caribe. También aquellas situaciones de catástrofes como el terremoto de febrero de 2010, que en Chile obligó a decretar el estado de excepción para controlar el orden público en la zona afectada y poder apoyar a la población civil e iniciar la reconstrucción.

Con respecto a lo anterior, creemos que existe una diferencia entre el caso en que un gobierno considera el empleo de competencias disponibles y vacantes desarrolladas en el marco de la misión y los objetivos propios del sector de Defensa, como es el caso del despliegue territorial de tropas, y el uso legítimo de la fuerza para resguardar la seguridad y la paz, como es el ejemplo de lo ocurrido en Chile durante el terremoto. Por otro lado, están las situaciones en las que un país debe usar a sus Fuerzas Armadas en tareas que correspondían a otras instituciones existentes, pero que no han sido capaces de resolver algún requerimiento social y se encuentran superadas por los hechos.

En estos casos, sin duda, se confunden las instituciones de la defensa con las policiales. Se cae en el riesgo de desnaturalizar la función de defensa, debido a que los organismos militares no están preparados para cumplir con tareas que les son ajenas, ni cuentan con un ordenamiento legal que les permita cumplir con ellas. Esto nos lleva a afirmar que deberá hacerse una debida ponderación respecto de qué funciones pueden asumir las instituciones de defensa, de acuerdo a sus misiones y capacidades. Por ejemplo, aprovechándolas en tareas de inteligencia u otras que respalden el quehacer policial, evitando asumir con plenitud tareas que no corresponden a la naturaleza de las FF.AA.

Otro criterio que nos parece fundamental es si la demanda es propia del ámbito de la Defensa y FF.AA. Al respecto, las operaciones de paz, el control de armas de destrucción masiva, el enfrentamiento de crisis en el ámbito militar y, por cierto, la guerra son ejemplos de ello.

Adicionalmente, el enfrentamiento de desastres naturales y el control de armas de destrucción masiva constituyen demandas donde el sector de Defensa puede interactuar con otros sectores para colaborar con el escalón político cuando lo requieran. Por su parte, una acción permanente de Defensa en los ámbitos de control de los espacios aéreos y marítimos, el tráfico ilícito de armas y la inteligencia contra el terrorismo constituyen demandas que no desnaturalizan el quehacer de estas instituciones.

Siguiendo con los criterios, creemos que hay tareas y demandas que son absolutamente impropias para la Defensa. Nos referimos a las de naturaleza política, como intervenir en crisis institucionales o tener a cargo actividades económicas o de carácter social, independientemente de que puedan tener un fundamento de apoyo a sectores marginados. En tal sentido, involucrar a la Defensa y especialmente a las FF.AA. en este tipo de misiones, además de ser contrario a sus tareas y quehacer, las coloca en el ámbito de la política contingente con grave riesgo de desnaturalizar su función y deslegitimarse ante la sociedad, que espera de ellas una dedicación que afirme la seguridad y defensa de la nación, lo que exige prescindencia en temáticas de otra naturaleza y contenido.

En el cuadro 10, se explicitan las diferentes demandas que se han analizado y se identifica el sector que a nuestro juicio debería asumirlas. Sin duda, todas ellas constituyen amenazas a la seguridad. Sin embargo, algunas tienen un carácter tan específico que permite establecer un sector definido que debería encargarse de ellas. En otras, es posible identificar que si bien corresponden a demandas que mayoritariamente competen a un sector determinado y muy concreto, también existen campos complementarios. A nuestro juicio, son tareas que deben ser atendidas por la institución y área que responde a ello (en lo político, policial o social), pero con un apoyo subsidiario de otro sector. De allí que el gráfico las presente compartiendo un espacio.

Cuadro 10

6. Conclusiones

Se ha buscado conceptualizar la función de defensa. Al respecto, se precisó la visión clásica, donde solo correspondía a la Defensa encargarse de los conflictos que suponían guerras y empleo de fuerzas militares. Ello varió en la década de 1980, ampliándose a temas propios de los conflictos modernos. Este sector recibió demandas que tuvo que abordar en el contexto de la guerra fría y como producto de un mundo en el cual las interacciones de distintos entes llevaron a las FF.AA. a no ser las únicas responsables de la Defensa, y a este sector, a enfrentar amenazas no tradicionales.

Se advirtió acerca de la tendencia de organismos y académicos a definir amenazas de variado tipo como desestabilizantes de la seguridad. Incluso se hizo mención a casos como el de la OEA, cuyos Estados miembros acuñaron el concepto de seguridad multidimensional agrupando amenazas que van desde la pobreza hasta la guerra. Independientemente de ello, se dejó constancia de que lo anterior no implicaba que, en el seno de la OEA o en el espíritu de la resolución, se incluyera a las amenazas a la seguridad dentro de los términos de la seguridad multidimensional como un tema de Defensa, y menos que se propiciara el empleo de las FF.AA. para enfrentarlas.

Esa tendencia genera nuevas demandas a la seguridad y abre la discusión respecto de a cuáles de ellas conviene enfrentar como tareas de la Defensa. En muchos casos, más allá de los cuestionamientos al respecto, los Estados decidieron emplear a las FF.AA. para controlar situaciones que generan problemas a la seguridad a nivel del país o de los ciudadanos. En tal sentido, se hizo un recuento de los problemas de mayor gravedad en la región, donde sin duda se encuentran la droga, el crimen y el control de áreas con recursos naturales. Asimismo, se puso énfasis en que el sistema internacional vigente presenta demandas de cooperación en Defensa más allá de las fronteras propias del Estado, en operaciones de paz o en el apoyo a catástrofes.

La hipótesis que busca plantear este trabajo establece que las demandas a la Defensa generan un problema si ellas exceden los ámbitos de competencia propias de esa función. Lo anterior es independiente de la urgencia que a veces requiere un determinado gobierno para combatir un flagelo que no ha podido resolverse al haber sido sobrepasadas las instituciones encargadas de hacerlo.

A fin de proponer una delimitación de las nuevas demandas que corresponderían a la Defensa, se procedió a establecer una lista de amenazas y a continuación se propuso un conjunto de conceptos que a nuestro juicio permitirían tipificarlas como propias para ser incorporadas a las tareas de la Defensa. En lo fundamental, se estima que no corresponden al ámbito de la Defensa aquellas amenazas que tienen una connotación política o policial.

Son tareas propias de la Defensa aquellas que se vinculan con el resguardo de la soberanía en cualquiera de sus formas, como asimismo el empleo de fuerzas militares dada la naturaleza de las misiones, como es el caso de las operaciones de paz.

En síntesis, se propone un límite a fin de precaverse de no desnaturalizar a la Defensa como una función que implica la administración de la violencia en forma racional para resolver problemas ante adversarios o enemigos, y no ante población civil, aunque ella use medios violentos como son las bandas criminales o vinculadas al narcoterrorismo.

En el cuadro que resume las nuevas amenazas, se propuso de acuerdo a los conceptos formulados cuáles competen a la Defensa, y se estableció en cada caso el sector que se estima debería enfrentarlas en los casos políticos, policiales o político-sociales. Al respecto, la naturaleza de algunas nos llevó a proponer que existen determinadas situaciones donde amerita una tarea compartida que en cada caso se estableció.

Con todo, el presente trabajo asume y concuerda que las demandas de la Defensa en el siglo XXI exigen incorporar nuevas amenazas. Sin embargo, creemos que los Estados y, en lo principal, los gobiernos deberían precaverse de entregar a la Defensa y más específicamente a las FF.AA. tareas que no les son propias. La sola escalada de situaciones violentas de naturaleza policial o demandas sociales que no pueden ser satisfechas exclusivamente con medidas políticas no amerita que sean consideradas como tareas que competen a la Defensa.

En tal sentido, una ampliación sin límites de su esfera de acción, así como la incorporación de amenazas que competen a otros sectores, hacen de la función de Defensa una función compleja e indeterminada.

El empleo impropio de las FF.AA. u otras instituciones o procedimientos del sector podrían causar efectos no deseados, que lejos de controlar las situaciones, pueden llevar a que ellas se compliquen, en vez de que se solucionen. Adicionalmente, asignar tareas que no incumben a su naturaleza evita visualizar el problema real que genera inseguridad, como asimismo dificulta identificar los errores y finalmente puede llevar a que las instituciones policiales, el poder político y el orden jurídico sean sobrepasados a un nivel tal que se ponga en riesgo la misma existencia del Estado.

Finalmente, puede establecerse que las demandas para el sector de Defensa en el siglo XXI son: enfrentar las crisis internacionales y las guerras; preservar los territorios donde existan recursos naturales; y apoyar al Estado cuando este decida disponer de sus medios en operaciones de paz y en el control de disposiciones que regulan las armas de destrucción masiva u otros ingenios de esa naturaleza.

También nos parece lógico considerar como tarea de la Defensa a nivel nacional o internacional el empleo de medios militares, en coordinación con medidas políticas para cooperar en la solución de problemas y el mantenimiento del orden ante situaciones provocadas por catástrofes de la naturaleza.

Una tarea que también cae en el ámbito de la Defensa está constituida por el apoyo que en forma indirecta y durante el tiempo que sea indispensable coadyuve a las fuerzas policiales en tareas orientadas a un actuar que combata el crimen, la droga, el terrorismo, el tráfico ilícito de armas y personas, como asimismo el control de los espacios aéreos y marítimos para evitar que sean vulnerados.

Todas las tareas propias de la Defensa, con las limitaciones que se han propuesto, se estima que deben tener directa concordancia con la legislación de cada país y con pleno respeto al ordenamiento democrático. Desde esa perspectiva, nuestra visión asume como impropias para el ámbito de la Defensa aquellas tareas o cometidos que desnaturalizan la función de las FF.AA. o politizan su actuar, como asimismo todas aquellas que no se encuentren en el ordenamiento legal que rige en un Estado democrático.

Referencias bibliográficas

Gerlbert, H. (1997), *Soveregnty Through Interdependence*, Londres, Kluwer Law International.

Leonard, M. (2002), *Public Diplomacy*, The Foreign Policy Center, pp. 1-101.

SECCIÓN V. ACTORES RELEVANTES EN POLÍTICA EXTERIOR HEMISFÉRICA

Actores relevantes en la política exterior hemisférica: espacio y rol de los Estados Unidos

David Scott Palmer[176]

Introducción

Aparte quizá del efecto de los desastres naturales que azotan a distintas partes de la región con demasiada frecuencia, es difícil encontrar, por lo menos desde los primeros años del siglo XX, un actor externo con más impacto que los Estados Unidos en casi todos los países de América Latina y el Caribe. Tanto las políticas públicas como las privadas han desempeñado un papel significativo, y a veces decisivo, en distintas partes de la región en distintos momentos, sea por el comercio, la inversión, la asistencia económica y militar o la intervención oficial directa o indirecta. En el curso de la primera década del siglo XXI, sin embargo, se pueden notar unos ajustes importantes en el contexto regional que están comenzando a cambiar la dinámica histórica de predominio norteamericano en las relaciones internacionales regionales hacia una que es más diversificada, más pluralista, más subregional y más autónoma.

Uno de los cambios de mayor significancia en la región es la generalización de la democracia basada en el sufragio universal entre los últimos años de la década de 1970 y los primeros de la década de 1990. Ocurrió en plena crisis económica para la mayoría de los países y produjo una decisión por parte de casi todos estos nuevos gobiernos elegidos de llevar a cabo los cambios estructurales que reintroducirían

---

176 Profesor de Relaciones Internacionales, Universidad de Boston, EE.UU.

economías de mercado y de libre empresa abandonadas en el curso de la Gran Depresión de los años 1930.

Esta combinación de democracia plena y economía de mercado asentó las bases en la década de 1990 para los avances económicos dramáticos de la primera década del siglo XXI, orientados fundamentalmente hacia una combinación de inversiones privadas importantes y la exportación de materias primas, y estimulados también por actores externos como China y su salida como una potencia económica en los últimos quince años.

Tanto los avances políticos como los económicos han estimulado una progresiva diversificación de las relaciones regionales e internacionales por parte de muchos de los países de América del Sur, sobre todo, mientras México y América Central siguen dentro del marco del predominio norteamericano. Últimamente, se ha visto en América del Sur una proliferación de entidades regionales y subregionales que no incluyen a los Estados Unidos, junto con importantes expansiones en las relaciones comerciales y de inversiones con otras naciones, sobre todo en la cuenca del Pacífico.

Pero al contrario de las políticas nacionalistas seguidas en los años 1960 y 1970, que redujeron el papel desempeñado por los Estados Unidos tanto en el sector privado como en lo oficial, ahora la diversificación del comercio exterior, de inversiones y de acuerdos estratégicos ocurre en el contexto de una expansión general que beneficia a todos los participantes, incluyendo al grande del norte. En términos analíticos, se ha visto un cambio de un juego regional percibido como uno de suma cero en el período anterior a uno que parece ser de suma positiva en el curso de los últimos años.

Si bien hay un componente nacionalista y regionalista contrario, derivado de una combinación de crises económicas y políticas en algunos países como Venezuela, Bolivia,

Ecuador y Nicaragua, que ha generado una ideología de "socialismo del siglo XXI", hasta ahora es una orientación minoritaria en la región. Sin embargo, sus iniciativas, lideradas por Venezuela y su jefe de Estado Hugo Chávez, han servido como refuerzo a las tendencias paralelas de otros países latinoamericanos de diversificación y regionalización económica y política.

1. El contexto histórico reciente de la política exterior de los Estados Unidos

En los últimos veinticinco años, se han visto dos acontecimientos dramáticos y no esperados que produjeron virajes importantes en la política exterior norteamericana: el fin de la guerra fría entre 1989 y 1991, y el ataque a las Torres Gemelas de Nueva York el 11 de septiembre de 2001. Estos dos eventos produjeron una serie de cambios significativos posteriores a nivel mundial de parte del gobierno estadounidense en las políticas empleadas para responderlos, pero con relación a América Latina, los ajustes que se produjeron fueron mucho mayores como consecuencia del primero que del segundo, y además, la mayor parte de ellos se han mantenido hasta la fecha.

Para esta región, lo que comenzó con la caída del Muro de Berlín en octubre de 1989 y culminó con el colapso de la Unión Soviética a fines de 1991 produjo un reajuste significativo y duradero en las políticas exteriores norteamericanas. En términos generales, hubo una reorientación fundamental de una óptica norteamericana oficial para casi todas sus iniciativas en América Latina y el Caribe, basada en consideraciones de seguridad, o este-oeste, derivada de la guerra fría, hacia una orientada a formular respuestas a los retos políticos y económicos en la región, o norte-sur. Por primera vez en más de cuarenta años, los Estados Unidos comenzaban a formular una política exterior hacia sus vecinos del sur que respondía a sus problemas en sus propios términos y no por consideraciones globales enfocadas mayormente hacia la lucha contra el comunismo y la Unión Soviética.

2. Elementos coyunturales favorables

Más allá del fin de la guerra fría, elementos coyunturales en el sur favorecían la reorientación fundamental que se produjo en la política regional norteamericana en estos años. Como se ha notado, en primer lugar, América Latina estaba pasando por una transición política hacia la generalización de la democracia, la llamada "tercera ola", jamás vista en su historia, que abría nuevas oportunidades de cooperación de parte de sus líderes elegidos en sus esfuerzos de hacer permanentes las nuevas modalidades e instituciones democráticas en formación. Segundo, con contadas excepciones, en este período los países latinoamericanos también estaban pasando lo que se llamó después la "década perdida" (1982-1992), su peor y más extendida crisis económica desde los años 1930.

Como resultado de esta combinación, casi todos los nuevos líderes elegidos con amplio apoyo popular concluyeron que el modelo de la industrialización por sustitución de importaciones, si bien había impulsado el crecimiento económico durante décadas, ya había llegado a su fin, y era hora de encontrar otro que les podría ayudar a resolver las dificultades que se derivaron. Así que estaban dispuestos a aceptar el llamado "Consenso de Washington", un acuerdo informal entre representantes de instituciones financieras internacionales, sus propios gobiernos y otros -como el Club de París y la banca privada- que se basaba en la implementación de economías de mercado como solución de la profunda y extendida crisis económica que confrontaban.

A pesar de estos elementos coyunturales favorables, no se podía anticipar cuáles podrían ser los ajustes en la política exterior estadounidense hacia la región para responderlos. El viraje significativo que salió del norte en esos momentos tenía mucho que ver con la elección del presidente George H. W. Bush (1989-1993), un representante del grupo liberal e internacionalista del Partido Republicano, y quizás el jefe de Estado norteamericano con mayor experiencia internacional previa en su historia, incluyendo embajador en China y en las Naciones Unidas, y director de la Agencia Central de Inteligencia (CIA).

Bajo su liderazgo, Estados Unidos respondió a los cambios que se estaban produciendo en América Latina y en el mundo con una reorientación significativa en su política exterior en varios rubros. Representó un punto de partida hacia nuevos niveles de acercamiento y de cooperación con sus vecinos dentro de muy poco tiempo, y la prueba de su efectividad se ve en su continuidad durante varios gobiernos.

3. Iniciativas nuevas hacia América Latina en la política exterior estadounidense

Uno de los más importantes es el Plan Brady (1989), que introdujo la negociación entre los bancos y los gobiernos, país por país, para cambiar los términos y buscar una reducción significativa en la deuda exterior, que había contribuido a la crisis económica regional y que seguía sofocando la capacidad económica en casi toda la región. En el curso de la próxima década y más, unos doce gobiernos latinoamericanos llegaron a acuerdos bajo el Plan, liberándose como conjunto de más de cien mil millones de dólares de su deuda y racionalizándose los pagos del saldo que les quedaban.

Contribuyó a la recuperación económica regional que comenzó en 1992-1993, y sus efectos positivos de mediano y largo plazo se notaron en el auge económico extendido a partir de 2002-2003. Hasta ahora, el valor de los Bonos Brady en el mercado internacional es una medida de la confianza de los inversionistas en estas economías latinoamericanas.

Otra iniciativa significativa del gobierno de Bush padre que ha tenido efectos posteriores importantes comenzó en 1990, con la respuesta positiva al pedido del Presidente de México, Carlos Salinas de Gotari, de incluir a su país en un tratado de libre comercio de Norteamérica con los Estados Unidos y Canadá (NAFTA). Avanzaron las negociaciones en el curso de cuatro años con los gobiernos de Bush y de William Clinton (1993-2001), logrando su finalización y ratificación en 1994 para entrar en vigencia en 1995. Durante los años posteriores, el comercio entre México y los Estados Unidos se ha multiplicado más de cuatro veces, y la inversión directa norteamericana ha aumentado por casi 900%.

Por factores internos mayormente políticos en los Estados Unidos durante el segundo gobierno de Clinton, no fue posible avanzar en la propuesta de Bush padre de formar una Área de Libre Comercio de las Américas (ALCA) a pesar del apoyo de casi la totalidad de los gobiernos de América Latina en esos años. Cuando la situación interna estadounidense se volvió más favorable para ello, el acuerdo regional que había ya no existía, y fue necesario buscar tratados de libre comercio (TLC) con países individuales o subregiones todavía dispuestos. Entre 2003 y 2011, se negociaron y ratificaron TLC con Chile, Perú, América Central y la República Dominicana, Colombia y Panamá.

El gobierno de Bush padre también puso énfasis en acuerdos multilaterales, incluyendo la Iniciativa Andina (1991), para tratar en forma subregional el problema de la producción y tráfico de drogas en Bolivia, Perú, Ecuador y Colombia, con un aporte de USD 1.2 mil millones, y la Resolución de Santiago (1991), también conocida como la Resolución 1080 de la Organización de Estados Americanos (OEA) y extendida en el año 2001 en Lima como la Carta Democrática. Esta decisión conjunta representó un acuerdo histórico, porque fue la primera vez que todos los países de América Latina y el Caribe, con excepción de Cuba, acordaron permitir medidas colectivas para responder a amenazas internas a cualquiera de sus democracias.

Aunque no lograron una solución satisfactoria bajo la Resolución 1080 al golpe militar que sacó al gobierno elegido de Jean-Bertrand Aristide en Haití (1991), o bajo la Carta Democrática a la salida irregular del presidente Manuel Zelaya en Honduras (2009), tuvieron éxito en el Perú frente al autogolpe de Alberto Fujimori (1992), en Guatemala después de otro autogolpe de Jorge Serrano (1993), y en Paraguay frente a la presión militar contra el presidente Carlos Wasmosy (1994). A pesar de sus limitaciones, sobre todo en casos de amenazas a la democracia no tan claras, el principio de la acción colectiva bajo la Carta Democrática sigue vigente y aceptado por casi todos los países de América Latina y el Caribe.

Otro ejemplo del apoyo del gobierno de Bush padre a las iniciativas multilaterales tiene que ver con los conflictos en América Central y los esfuerzos por resolverlos. A diferencia del gobierno norteamericano anterior, que había buscado soluciones militares a ellos, sus representantes comenzaban a apoyar tanto al Plan Arias para la paz en la subregión como las misiones de paz de las Naciones Unidas en Nicaragua, El Salvador y Guatemala.

El papel directo de los múltiples actores nacionales e instituciones internacionales fue mucho mayor que el de los Estados Unidos, en parte por su rol anterior tan significativo, que había provocado mucha controversia, y en parte por el mayor énfasis que Bush padre ponía en el multilateralismo. Las soluciones que resultaron, desde las elecciones en Nicaragua en 1990 a los acuerdos de paz en El Salvador (1992) y Guatemala (1996), no han resuelto todos los problemas, pero sí representan decisiones negociadas por las partes y no impuestas desde afuera, y por eso es mucho más probable que perduren.

El viraje significativo que se hizo en la política exterior norteamericana hacia América Latina y el Caribe a fines de la década de 1980 y en los primeros años 1990 se ha quedado hasta la fecha en sus elementos principales, no obstante el gobierno de turno. Bajo el mandato del presidente Clinton, se apoyaron las iniciativas anteriores, desde el Plan Brady hasta la continuación en la expansión de apoyo económico y militar en campañas contra las drogas, culminando en el Plan Colombia (2000).

También se empleó mucho capital político para terminar con la negociación del tratado de NAFTA que había iniciado el presidente Bush y conseguir su ratificación, que le costó la mayoría al Partido Demócrata en el Congreso en las siguientes elecciones. Y en apoyo a la Resolución 1080 de la OEA, cuando no funcionó en Haití, el gobierno de Clinton empleó muchos esfuerzos durante casi dos años para conseguir el retorno del presidente elegido Aristide, finalmente lográndolo con una fuerza militar mandada a Haití en 1994 bajo la autorización de las Naciones Unidas.

En lo que puede ser la iniciativa propia más importante de su gobierno, pero que también incorpora la orientación multilateral de Bush padre, armó una reunión de los jefes de Estado de todas las democracias del hemisferio occidental en Miami en 1993. Se ha repetido esta primera Cumbre de las Américas cada tres o cuatro años en distintos países de la región, con la más reciente en Trinidad y Tobago en 2009. Si bien es una reunión y no una institución, y no salen políticas concretas de ella, ofrece una oportunidad regular para que todos los presidentes o primeros ministros del continente se conozcan y un foro que incluye a los Estados Unidos en un contexto hemisférico contemporáneo de proliferación de varios otros que no lo hacen.

4. El 11 de septiembre y sus efectos

Después de la controvertida elección de George W. Bush (2001-2009) como presidente, su nuevo gobierno dio señales iniciales de un nuevo enfoque hacia América Latina que privilegiaría las relaciones con México y el flamante gobierno de presidente Vicente Fox (2000-2006), comenzando con negociaciones bilaterales sobre cómo forjar una nueva política hacia la inmigración, ya que se estimaba que hasta el 75% de los doce millones de migrantes no documentados en los Estados Unidos en esos momentos eran mexicanos.

Como un primer paso en esta iniciativa, Bush hijo invitó a su homólogo mexicano a Washington en una visita de Estado en los primeros días de septiembre de 2001, donde avanzaron bastante. Pero todo se abandonó solo pocos días después con el ataque de Al Queda a las Torres Gemelas. En los años siguientes, quizá la baja más notable en la política norteamericana que resultó de este acontecimiento tan trágico, con efectos en los países latinoamericanos, fue una nueva ley de inmigración.

Lo que sorprende es el efecto limitado en América Latina y el Caribe del dramático viraje en la política exterior de los Estados Unidos hacia otras partes del mundo, producido por su reacción a los eventos del 11 de septiembre.

Como en todas partes, hubo una reacción inicial en la región de solidaridad por la tragedia y apoyo junto con las Naciones Unidas (ONU) a la intervención militar en Afganistán, donde se encontraban los autores principales del ataque. Pero cuando se insistió en atacar a Irak también en 2003, a pesar de no recibir el aval del Consejo de Seguridad de la ONU, incluyendo los votos en contra de los representantes de los dos miembros temporales latinoamericanos, México y Chile, la opinión pública regional cambió de simpatía a oposición.

Habrían influido también los eventos previos en Venezuela en 2002, cuando representantes del gobierno de Bush hijo parecían apoyar el intento de golpe contra el presidente Hugo Chávez. Fracasó el golpe, pero dejó la imagen del retorno a una política norteamericana unilateral e intervencionista hacia la región. Se reforzó esta percepción por las múltiples restricciones que introdujo el gobierno estadounidense en la frontera con México como parte de la reacción al ataque, pero que parecían perjudicar más a los ciudadanos de los países del sur.

Con el tiempo, la percepción negativa del presidente Bush hijo se generalizó entre los públicos de América Latina, pero con excepción de las restricciones fronterizas, más por oposición a lo que percibían como su aventurismo en el Medio Oriente que a las líneas concretas de su política exterior hacia la región. En ella, con unas excepciones menores -como medidas contra Cuba e insistencia en protección judicial de personal militar norteamericano en sus países-, más prevalecía el continuismo que el cambio. Los niveles de asistencia económica y militar aumentaron moderadamente durante sus gobiernos, con la mayor parte siempre destinada como en años anteriores a programas contra las drogas, y cantidades menores para reducir la pobreza o fortalecer las instituciones democráticas.

Se notó la continuidad más que nada en la política económica, donde el ritmo del comercio y la inversión seguían aumentando, facilitados por la renovación del acuerdo entre el Ejecutivo y el Congreso, en el cual, tratados largos y complejos como son los TLC se someterían a un voto del Poder Legislativo, afirmativo o negativo, sin entrar en los pormenores de ello. Con el acuerdo nuevamente vigente, el gobierno de Bush hijo pudo conseguir la ratificación de TLC con Chile (2004), América Central y la República Dominicana (2005), y Perú (2008). Además, tanto el comercio como la inversión privada seguían aumentando, en parte por la expansión económica sostenida que estaba ocurriendo en la región durante los primeros años de este siglo.

5. Nuevo gobierno, nuevas esperanzas

Con la elección de Barack Obama a la presidencia norteamericana en 2008, surgieron las expectativas de cambios importantes, tanto en la política doméstica como en su política exterior. Pero en la práctica, no se han podido concretar estas expectativas como se esperaban hasta la fecha, en parte por ser tan altas y no muy realistas, dada la gravedad de la crisis económica nacional y la inesperada oposición feroz del Partido Republicano a casi todas las iniciativas de su gobierno, entre otros factores.

Con lo que tiene que ver con su política hacia América Latina, sin embargo, se han logrado avances, aunque mayormente simbólicos, comenzando con la imagen positiva del nuevo presidente entre los públicos de todos los países de la región. Cuando todavía era presidente electo, Obama se reunió con su contraparte mexicana Calderón, y su primer invitado para una visita de Estado fue el presidente Lula da Silva de Brasil. También hubo visitas repetidas de altos oficiales norteamericanos, incluyendo a la secretaria de Estado Hillary Clinton. El presidente Obama comenzó con la reunión de la Cumbre de las Américas en Trinidad en los primeros meses de su gobierno. Entre otros ajustes iniciales, se formularon posturas más pragmáticas hacia Hugo Chávez y otros jefes de Estado de la llamada nueva izquierda en Bolivia y Ecuador.

Entre los cambios más de fondo, posibilitado por ser competencia del Ejecutivo y no del Legislativo, se inició una política más pragmática hacia Cuba, que incluía la reiniciación de visitas más frecuentes de la comunidad cubana en los Estados Unidos, la eliminación de las restricciones en las remesas que se podían mandar a sus habitantes, y el restablecimiento de programas e intercambios académicos a la isla. (No se podía contemplar el fin del embargo económico, porque requiere la aprobación del Congreso.)

Otro es la extensión por dos años del acto de preferencia comercial andina que beneficia a los pequeños manufactureros de Bolivia, Perú, Ecuador y Colombia para dar alternativas legales a la producción y tráfico de drogas. Y también, después de varias demoras por presiones internas, especialmente de sindicatos y organizaciones de derechos humanos, se ratificaron los TLC con Colombia y Panamá que se habían negociado durante el gobierno anterior.

Si no fuera por la oposición de la banca republicana en el Congreso, quizá se podría haber avanzado en otras áreas de prioridad, como una nueva política de inmigración o el cierre de la base naval de Guantánamo, cambios que el candidato Obama había prometido en su campaña política de 2008.

Desgraciadamente, durante su gobierno también se han producido varios problemas y controversias. La respuesta equívoca al cambio irregular del presidente Manuel Zelaya en Honduras en junio de 2009 es quizás el ejemplo más dramático. Después de dar su apoyo total a la aplicación de sanciones bajo la Carta Democrática en la reunión de emergencia de la OEA, terminó unos meses después aceptando la destitución de un jefe de Estado elegido en elecciones. Fue una sorpresa ingrata para todos los otros miembros de la OEA, que provocó una indignación generalizada de su parte.

Una segunda controversia se precipitó por el acuerdo con Colombia, también en 2009, sobre acceso a varias bases aéreas y navales por las fuerzas militares norteamericanas para reemplazar a la base de Manta, Ecuador, en la campaña contra las drogas, después de la decisión del gobierno ecuatoriano de no renovar su acuerdo. Debido a la falta de consulta previa con los vecinos, sobre todo con Brasil, junto con la preparación de un documento inicial mal redactado y no bien explicado que sentó las bases del acuerdo, se creó la percepción entre los vecinos de Colombia de que los Estados Unidos podrían estar entrando en una nueva etapa de expansión militar regional.

Otro ejemplo de las dificultades que ha tenido el gobierno de Obama de montar una política que en la práctica responda a las exigencias tanto nacionales como regionales está relacionado con la inmigración. A pesar de haberse comprometido a preparar una nueva ley de inmigración que ofrezca una solución a la presencia en los Estados Unidos de hasta once millones de individuos no documentados o ilegales, el gobierno no ha podido cumplir. Debido en parte al vacío que se ha dejado, varios estados del país han armado sus propias respuestas al problema, que tienden a ser muy discriminatorias hacia la población hispánica, más allá de su estatus legal.

Más controvertida que la falta de avance en una nueva ley de inmigración, sobre todo por sus efectos negativos en varios países latinoamericanos, es la expansión dramática de la expulsión forzada de los Estados Unidos de migrantes no documentados, llegando a unos 300.000, mayormente de origen hispánico, en cada uno de los últimos dos años. Debido a que se da prioridad al retorno a sus hogares originales de los individuos con antecedentes criminales, se están creando consecuencias sumamente negativas para los gobiernos de sus países de origen, sobre todo en aumentos asombrosos de actividad criminal. Los países más afectados son los centroamericanos, donde las fuerzas policiales no son capaces de frenar la inseguridad ciudadana generalizada que resulta de ello.

Un problema relacionado se encuentra en la producción y el tráfico de drogas y en la violencia que los acompaña, que refuerza tanto la inseguridad ciudadana como las limitaciones de las fuerzas del orden de combatirlos en los países afectados. Aunque es un reto en varias partes de América Latina y el Caribe, donde más se siente últimamente es en México, Guatemala y otras naciones centroamericanas, por encontrarse más cerca de los Estados Unidos, donde se genera la mayor parte de la demanda para las drogas ilegales. Hasta ahora, el gobierno de Obama no ha formulado una política nueva coherente para reducir la demanda interna, que enfocaría mucho más en la prevención y la rehabilitación y menos en la encarcelación de los usuarios, que tendría el efecto con el tiempo de desincentivar la producción y el tráfico y reducir la violencia y la corrupción que los acompañan.

Otro elemento desalentador estrechamente relacionado con la violencia en los países vecinos, sobre todo en México, es la exportación ilegal de armas de toda clase desde los Estados Unidos. La combinación de leyes nacionales y estatales que permitan la posesión y venta de armas en el país del norte, junto con la presencia de más de dos mil establecimientos de vendedores particulares dentro de veinte kilómetros de la frontera con México, han estimulado este tráfico y son un factor principal en el aumento asombroso de muertos de ciudadanos mexicanos durante los últimos cinco años. Se ha comprobado que casi el 90% de las armas recuperadas en los asesinatos provienen de los vendedores norteamericanos.

Las explicaciones sobre las limitaciones hasta la fecha de la política exterior del gobierno de Obama hacia América Latina son varias, comenzando por los retos heredados en otras partes del mundo, más varios eventos significativos allí contra los cuales ha tenido que reaccionar, y que juntos restan capacidad de prestar atención a la región. Sin embargo, algunas de las más importantes tienen que ver más que nada con factores de índole doméstico. La primera prioridad al entrar el nuevo gobierno fue la necesidad de responder a la peor recesión económica nacional desde la década de los años 1930. Pero a pesar de sus mejores esfuerzos, la recuperación económica norteamericana ha avanzado a un ritmo mucho menor de lo que esperaban, que pone severas limitaciones en los recursos disponibles oficiales.

Empeorando la situación, está la paralización casi total en la labor legislativa del Congreso en estos años, producida por un nivel de polarización partidaria entre republicanos y demócratas que no tiene precedentes históricos en la política nacional moderna. Un ejemplo de esto que afecta la conducción de la política hacia América Latina fue impulsado por un puñal de congresistas republicanos que imposibilitó la formación del equipo para asuntos latinoamericanos del nuevo gobierno por casi un año. Además, la preocupación de la nueva administración con una nueva Ley de Salud en su primer año, aunque exitosa, gastó el capital político que el presidente Obama tenía al asumir el poder, y restó su capacidad de avanzar en otras áreas prioritarias. Y ahora que se ha entrado en un año electoral, va a ser aun más difícil iniciar actividades que puedan responder a los retos que siguen en el hemisferio.

6. Conclusiones

A pesar de las dificultades del actual gobierno norteamericano en montar una política exterior coherente hacia América Latina que responda en forma efectiva tanto a los eventos en la región como a las prioridades anunciadas, es importante señalar que la reorientación significativa en ella que se produjo entre 1989 y 1994 sigue vigente. Las bases sentadas en estos años, como se ha notado, han contribuido en varias formas a apoyar los avances económicos y políticos que han hecho la mayoría de los países latinoamericanos en las últimas dos décadas.

En el contexto del claro aumento en la capacidad gubernamental, como producto de regímenes democráticos estables y de economías en pleno crecimiento, se ha creado en muchos países un círculo virtuoso de mayor comercio e inversión, mayor empleo, mayores ingresos fiscales, reformas institucionales, nuevos programas dirigidos a los sectores marginales, y una reducción importante en la pobreza. Si bien es cierto que siguen retos importantes en ellos, desde procesos electorales imperfectos y problemas de gobernabilidad, como corrupción y falta de respuestas efectivas a la criminalidad, los avances en los últimos años son importantes y positivos.

Los Estados Unidos han desempeñado un papel generalmente positivo en estos avances a través de varios elementos de la política exterior regional. Pero otra consecuencia del progreso notado en América Latina es una mayor capacidad de varios de sus gobiernos, sobre todo en América del Sur, de buscar nuevas oportunidades para la diversificación de sus relaciones económicas con otros países y de encontrar mecanismos regionales o subregionales para fortalecer su capacidad política. Con excepción del grupo de países liderado por Venezuela, que basa sus iniciativas en elementos más ideológicos y antinorteamericanos, la mayoría todavía percibe ventajas en mantener buenas relaciones con los Estados Unidos, al mismo tiempo que siguen políticas de diversificación.

Tanto para ellos como para los Estados Unidos, estas políticas no implican el ocaso del país del norte, sino el fortalecimiento neto en la capacidad independiente latinoamericana por los aportes de todos, incluyendo tanto los países dentro de la región como los de afuera, que también traen beneficios mutuos a todos los participantes. Aunque el futuro no está claro y hay excepciones, como siempre, la dinámica general sugiere la progresiva expansión y consolidación de los avances económicos y políticos logrados en la región, con la participación constructiva de los Estados Unidos.

Referencias bibliográficas

Hakim, Peter (1992), "The United States and Latin America: Good Neighbors Again?" *Current History*, núm. 91, vol. 562, febrero de 1992, pp. 49-53.

Inter-American Dialogue (2009), *A Second Chance: U.S. Policy in the Americas*, Washington DC, Inter-American Dialogue, marzo de 2009.

Leogrande, William M. (2007), "A Poverty of Imagination: George W. Bush's Policy in Latin America", *Journal of Latin American Studies*, núm. 39, pp. 355-385.

Lowenthal, Abraham F. (2009), "The Obama Administration: A Promising Start", *The Washington Quarterly*, núm. 32, vol. 3, julio de 2009.

Lowenthal, Abraham F.; Theodore J. Piccone y Lawrence Whitehead (eds.) (2009), *The Obama Administration and the Americas: Agenda for Change*, Washington DC, Brookings Institution Press.

Palmer, David Scott (2006), *U.S. Relations with Latin America during the Clinton Years*, Gainesville, University Press of Florida.

Shifter, Michael (2010), "Obama and Latin America: New Beginnings, Old Frictions", *Current History*, núm. 109, vol. 724, febrero de 2010, pp. 67-73.

Shifter, Michael y Daniel Joyce (2009), "No Longer Washington's Backyard", *Current History*, núm. 108, vol. 715, febrero de 2009, pp. 31-37.

Smith, Peter (2008), *Talons of the Eagle: Latin America, the United States, and the World*, 3rd Edition, Nueva York, Oxford University Press.

Weeks, Gregory (2008), *U.S. and Latin American Relations*, Nueva York, Pearson Longman.

Weisbrot, Mark (2011), "Commentary: Obama's Latin American Policy: Continuity without Change", *Latin American Perspectives*, núm. 178, vol. 38, t. 4, julio de 2011, pp. 63-72.

Youngers, Coletta A. (2011), "The Obama Administration's Drug Policy on Autopilot", *IDPC Briefing Paper*, Londres, International Drug Policy Consortium, abril de 2011.

Espacio y rol de Canadá en las relaciones internacionales con América Latina en el siglo XXI[177]

Hal Klepak[178]

1. Antecedentes de las relaciones actuales entre Canadá y América Latina

El rol de Canadá en América Latina a inicios del siglo XXI es tan poco usual y escaso que es preciso retroceder un poco en el tiempo y analizar cuál ha sido su rol histórico en la región latinoamericana y su evolución. Este acercamiento histórico permitirá conocer cuál es el rol actual y hasta qué punto existe espacio para cambios en el contexto actual. Canadá, formado por diversas ex colonias británicas y conocido anteriormente como Norteamérica Británica, ha tenido relaciones con sus vecinos del sur incluso más allá de las entonces llamadas Trece Colonias. Pero no hace mucho tiempo, esas relaciones eran limitadas y se restringían únicamente al comercio.

Durante la mayor parte del período de *La Nouvelle France* -el *ancien régime* duró desde 1608 hasta la conquista británica de la Nueva Francia en 1759-, la relación de la colonia con la América española y portuguesa se hizo más estrecha con el *Pacte de Famille* que existía entre la monarquía de los Borbones en Francia y con sus parientes en España. El comercio entre los dos imperios en América

---

177 Este artículo es una traducción de la versión original en inglés titulada "Canada's Space and Role in the International Relations of Early 21st Century Latin America", traducido por Isabel Álvarez Echandi.

178 Profesor de Historia y Estudios Estratégicos del *Royal Military College* de Canadá.

se llevó a cabo muy lentamente y estuvo dominado por solo unos pocos productos, como la melaza, el ron y el bacalao (en su mayoría, se utilizaban como alimento para los esclavos). Sin embargo, la pequeña población blanca colonial de Santo Domingo en algunas ocasiones necesitó de algo más que estos productos provenientes de la colonia del norte. Las tropas militares franco-canadienses fueron en más de una ocasión puestas al servicio del gobierno de esa colonia de esclavos negros en el Caribe, para poder defenderse de las ambiciones de las demás potencias. El serio intento franco-español de derrocar a los ingleses en América del Norte conllevó el despliegue de un gran número de soldados franco-canadienses a Cuba en 1706, una isla de la que nunca saldrían, de hecho, debido a la muerte de su comandante canadiense, Sieur Le Moyne d'Iberville, en cuyo inmenso prestigio e iniciativa dependió toda esa incursión a la isla caribeña.[179]

Esta relación poco desarrollada iba a cambiar bajo el dominio británico, pero no de manera dramática. El dominio británico de los mares permitió la fácil comunicación en todo momento con la isla al oeste de Londres, la India y territorios del continente, pero la relación con España fue casi siempre pobre, hasta la ocupación de la península ibérica por Napoleón en 1808. Solo entonces la conexión anglo-británica se convirtió en una intensa actividad comercial con el resto de América y una firme conexión política y militar con Europa.

El fin del dominio español en toda América, con la excepción de Cuba y Puerto Rico, fue testigo durante los próximos tres años de cómo la simpatía británica se

---

179 El autor brinda una visión más completa de esta conexión militar colonial en su trabajo "Not Even Fools Rushed in: the Canadian Military Experience in Latin America and the Caribbean", en Bernd Horn (ed.), *Forging a Nation: Perspectives on the Canadian Military Experience*, St Catharine's, Ontario, Vanwell, 2002, pp. 335-351.

encontraba, en gran medida, con los rebeldes. Esto, junto a la Pax Británica de casi un siglo de duración -que se dio después del final de las guerras napoleónicas en 1815-, aseguró que con la membrecía de Canadá al Imperio Británico y la relación especial de América Latina con Londres, daría lugar a un vínculo mucho más significativo e importante que en el pasado. De hecho, en la segunda mitad del siglo XIX, Canadá, como parte del Imperio, se convirtió en un actor importante para la inversión en la región, especialmente en los ferrocarriles y servicios públicos.[180]

Cuando Canadá asumió el control total de su propia defensa y política exterior entre los años 1926 y 1931, y a pesar del intento de muchos años para mantener la unidad imperial en estos campos (en la actualidad, al estilo de la *Commonwealth*), Ottawa estaba lista, primero, para reaccionar ante los desastres que habían dejado los primeros años de la Segunda Guerra Mundial, y segundo, para lanzarse a la búsqueda de nuevos mercados, ya que gran parte de Asia, África y Europa habían caído en manos del Eje. Durante el conflicto, las relaciones diplomáticas se abrieron a la mayoría de los países de América Latina y las relaciones de índole económico-comercial se establecieron con la Argentina, Brasil, Cuba, México y Perú. En diversos casos, esto fue a petición británica, ya que las relaciones diplomáticas y comerciales del Reino Unido estaban siendo inundadas en el momento por negocios que estaban específicamente relacionados con Canadá y no con Gran Bretaña. Esto se debió a que el comercio de Canadá creció a pasos agigantados con la región latinoamericana.[181] Lamentablemente, solo ha sido en tiempo

---

180 Christopher Armstrong y H. V. Nelles (1988), *Southern Exposure: Canadian Promoters in Latin America and the Caribbean*, Toronto, University of Toronto Press,

181 Consultar la colección de ensayos sobre este y otros temas relacionados en James Ogelsby (1976), *Gringos from the Far North: Essays on the History*

de guerra que el comercio entre Canadá y América Latina ha crecido más allá de un poco menos del 3% del total de Canadá, indicador que se mantuvo constante hasta finales de la década de 1980.

Las grandes reservas de Canadá sobre la incorporación al sistema interamericano -junto con la clara intención de los Estados Unidos de mantener a Europa fuera de los asuntos interamericanos- se sustentaban esencialmente sobre la visión de Ottawa acerca de que Europa y especialmente el Reino Unido actuaban como contrapesos vitales para la dominación de Estados Unidos en el hemisferio, y por lo tanto, los países europeos debían mantenerse en esos asuntos como una cuestión de supervivencia. Así, Canadá, desde 1889 hasta 1989, casi durante un siglo, se mantuvo al margen del sistema interamericano. Esto se reflejó en que se mantuvo distante de la Unión Panamericana hasta el 1947 y de la Organización de Estados Americanos.[182]

Si bien el comercio con la región siguió siendo importante, no era esencial para la prosperidad de Canadá, y desde hace muchas décadas, las relaciones bilaterales con otros países fueron privilegiadas sobre lo que parecía ser un sistema multilateral completamente bajo el dominio de Washington. Si bien la preferencia marcada de Canadá por el multilateralismo en el resto del mundo era una característica de la política exterior canadiense, en Estados Unidos sucedió lo contrario. Con la llegada de la guerra fría a América Latina a través del golpe de Estado en Guatemala, de 1954, y la Revolución Cubana, unos años después, y con el período de dictaduras militares de derecha apoyadas por Estados Unidos y las llamadas "guerras

---

of Canadian-Latin American Relations 1866-1968, Toronto, University of Toronto Press.

182 Sobre este tema, consultar: Peter McKenna (1994), *Canada and the OAS*, Ottawa, Carleton University Press.

sucias" en Canadá, ningún gobierno estuvo dispuesto a avanzar en la incorporación al sistema interamericano. Mientras que el primer ministro John Diefenbaker (1957-1963) y Pierre Trudeau (1968-1984) jugaron con la idea de estrechar relaciones más cercanas con el sistema e incluso de unirse a la Organización de Estados Americanos, sin embargo, ninguno lo hizo de frente a una opinión pública que si bien no era hostil a las ideas, sí estaba lejos de ser partidaria de la idea.[183]

2. El quiebre

Fue hasta octubre de 1989 que se tomó la decisión histórica de aumentar el protagonismo de América Latina en la política exterior de Ottawa y unirse a la OEA. Hubo diversas razones que explican el porqué de la toma de estas decisiones que son de gran utilidad para conocer las tendencias de futuro. El hecho es que los europeos estaban avanzando a grandes pasos hacia la unión económica, y hubo varias iniciativas en América Latina que buscaron esa unión económica, e incluso estuvo presente en algunos países de Asia y África. En un contexto mundial marcado por estas iniciativas de unión, Canadá -por un lado, cada vez más necesitado de un hogar en la *Commonwealth* o en la Francofonía que le permitiera jugar un papel central como nación, y por el otro, cada vez más excluido del dinamismo de integración europeo- se encontró próximo a convertirse en la *faute de mieux* de América del Norte. Y teniendo en cuenta las asimetrías inevitables de la existencia de América

---

[183] Sobre este tema, consultar: Brian Stevenson (2000), *Canada, Latin America and the New Internationalism, 1968-1990*, Vancouver, University of British Columbia Press.

del Norte, esto probablemente significó el fin de Canadá como una nación independiente en el largo plazo.

Cuando el libre comercio se estableció con los Estados Unidos en 1988, Canadá inició la búsqueda de otras opciones en un contexto donde ellas eran muy reducidas. La decisión de establecer este libre comercio con el vecino del sur fue inmensamente impopular en Canadá, sin embargo, la posibilidad de que en vez de Estados Unidos fuera Europa -idea que había sido tratada por el primer ministro Trudeau- era de poco interés para Europa, incluso para el Reino Unido y Francia. La *Commonwealth* y la Francofonía no eran entidades políticas y económicas que pudieran actuar por mucho tiempo más como un hogar para Canadá. Al respecto, si acercarse a lo "americano" parecía inevitable en un mundo que se fragmentaba en bloques y donde la solidaridad tradicional europea con Canadá parecía estar llegando a su fin, resultaba entonces muy conveniente acercarse a los Estados Unidos, porque también representaba convertirse en un actor importante en el hemisferio occidental. En las celebraciones del Centenario de la Democracia en Costa Rica, en el mes de octubre de 1989, el primer ministro Brian Mulroney dejó en claro que Canadá deseaba hacer su "casa" en América. Esto tuvo resonancia real, aunque para la mayoría de los canadienses, el alcance de las dificultades de su nuevo contexto o la naturaleza de un vínculo más estrecho con el resto América estaban lejos de alcanzarse plenamente.

Al mismo tiempo, se debe decir que América Latina se encontraba lejos de estar económicamente atrasada, inestable políticamente y bajo dictaduras, como se consideraba en Canadá que estaba la región en el pasado. A finales de 1980, América Latina había comenzado a disfrutar de gobiernos democráticos, sin embargo, de manera aún incipiente en la mayoría de los países. Lo peor de la crisis de la deuda de la década de 1980 había terminado, y la dominación de Estados Unidos, aunque siempre presente, no era en los mismos niveles que antes. Las disputas con alguna probabilidad de conducir a un conflicto abierto se fueron resolviendo, tal como ocurrió con la rivalidad argentino-brasileña, los elementos hostiles de la relación entre la Argentina y Chile, y América Central. Por último, los conflictos internos en los países centroamericanos, en Perú y hasta cierto punto en Colombia habían encontrado su fin.

Fue en este contexto relativamente favorable que en enero de 1990 Canadá se unió a la OEA, a pesar de que no firmó el Pacto de Río por tener reservas explícitas con los capítulos V y VI de la Carta (referentes a los compromisos de seguridad colectiva). Por lo tanto, Canadá decidió no unirse a los elementos del sistema interamericano de seguridad (la Junta Interamericana de Defensa, la Comisión Interamericana de la Escuela de Defensa, las Conferencias de Comandantes de Ejércitos Americanos, Fuerzas Armadas y aéreas, la serie de conjuntos interamericanos de ejercicios militares, y demás). Al mismo tiempo que aumentó su número de embajadas en la región, dio un paso aun más significativo al decidir centrarse, como interés público canadiense, en las guerras que ocurrían en el momento en América Central. Esto sin duda representó una decisión de gran envergadura, ya que nunca antes Canadá se había interesado en asuntos o conflictos en América Latina, ni siquiera en la Revolución cubana, en la que Canadá siempre ha tenido una política original y atrevida de aceptación.[184]

A partir de 1990, Canadá estableció una serie de misiones comerciales con la región, abrió nuevos consulados,

---

184 Al respecto, ver: John Kirk ((1967), *The Other Good Neighbor Policy: Canadian-Cuban Relations*, Gainesville, University Press of Florida. Por supuesto que ha habido un gran interés en Cuba, como resultado de la crisis de los misiles de1962, que en realidad era más de la Unión Soviética que de la isla caribeña, de la que Canadá conocía muy poco o casi nada.

se llevaron a cabo programas de visitas ministeriales, se consolidó una política activa en la OEA que buscaba desarrollar un conjunto de políticas multilaterales en distintos ámbitos, y además, tomó los primeros pasos para dar la bienvenida, primero a México y luego a otros posibles socios al Acuerdo de Libre Comercio entre Canadá y Estados Unidos, que se convertiría finalmente en el NAFTA. El comercio de Canadá con la región se disparó, debido en gran parte al resultado de la conexión de México con la región del norte. En otras partes, continuaba siendo la inversión y no el comercio lo que más importaba, y Canadá no mantuvo secreto su necesidad (y deseo) de ser parte de un hemisferio pacífico, próspero y democrático que le diera la posibilidad de convencer a una opinión pública escéptica en el interior de su país de que de alguna manera ahora formaba parte de América.

Desde entonces, las políticas no han variado realmente en el sentido de que estos tres pilares -aunque a veces anunciados como algo novedoso cuando nuevos gobiernos llegan al poder- se han mantenido sin cambios desde hace ya dos décadas. Cuando Canadá intentó en los primeros dieciocho meses a partir de su adhesión a la OEA imaginar qué podría mantenerlo alejado de los temas como defensa y ejército, pronto descubrió que sin seguridad era impensable que la región lograra ser democrática o próspera. De igual manera, no podría ser una región pacífica si no se trataban los asuntos de seguridad con atención y cuidado.

Desde 1991, Canadá ha dejado atrás ese enfoque y hoy en día acepta que la seguridad y la defensa estén directamente involucradas en todos los objetivos que tiene para el hemisferio. Y para su sorpresa, Canadá también encontró que tenía ventajas comparativas en este campo, ya que contaba con Fuerzas Armadas de gran prestigio y una muy bien preparada policía nacional en la Policía Real Montada del Canadá. Esto usualmente daba lugar a conflictos con los países latinoamericanos que trabajan en el campo de la seguridad y la defensa, ya que estos países veían a Canadá como una especie de poder regional capaz de darles apoyo en defensa y seguridad, sin embargo, ni las Fuerzas Armadas ni la policía del país del norte podrían imaginar dar ese tipo de apoyo. La problemática de las expectativas ha evadido los esfuerzos canadienses por encontrar una relación cómoda con gran parte de la región, ya que desde que la relación de Ottawa cambió con los latinoamericanos, quienes generalmente consideran a Canadá un jugador de gran potencial en la región con estatus de país poderoso y, a su vez, las autoridades canadienses esperan calmar cualquier potencial suposición de que así sea, dada la población relativamente pequeña del país y los compromisos grandes en otros lugares.

3. El presente

Canadá ha tenido ya más de dos décadas como una "nación americana" y, sin duda, todavía continúa definiendo cuál es su camino en el hemisferio y su lugar en las relaciones interamericanas. La inmigración procedente de América Latina, mientras que continúa siendo fuerte, se encamina de manera negativa, como las experiencias de migración en Asia, África y Europa, hacia algo que parecía poco probable que sucediera para finales de la década de 1980.[185] El comercio es sin duda mucho mayor con la región que en el pasado, pero esto es en gran parte resultado del vínculo con México; incluso hoy en día continúa el comercio

---

185 La inmigración desde América Latina se encontraba en términos generales en el 11% del intervalo total en los primeros cinco años del nuevo siglo. Al respecto, ver: "Re-engagement". Disponible en línea: www.dfait-maeci.gc.ca (consulta: 17 de julio de 2007).

representando un nivel menor al 3% y se empequeñece cuando se compara con los Estados Unidos, Europa o Asia. El turismo, por el contrario, ha crecido a pasos agigantados con México y Cuba; cada uno de estos dos países recibe alrededor de un millón de canadienses que buscan alejarse del invierno y pasar sus vacaciones en las playas y otros centros turísticos. Más de un siglo después de que la tendencia iniciara, Canadá continúa siendo un jugador importante en el área de la inversión, especialmente en la minería, en los servicios públicos, la banca, los seguros, las computadoras, y una gran variedad de nuevos campos. De hecho, la inversión canadiense en América Latina es mayor que el mismo fenómeno en Asia, incluyendo a los llamados "tigres asiáticos". Y vale la pena mencionar que los latinoamericanos visitan Canadá en grandes cantidades como estudiantes, turistas, empresarios e inversionistas, y no únicamente como inmigrantes.

Canadá ha jugado un papel activo en el apoyo a la democracia, los derechos humanos, las relaciones cívico-militares, la gobernanza, la infraestructura, los asuntos de minorías (como las poblaciones indígenas), la cooperación científica y tecnológica, la creación de capacidades en muchos sectores clave, y en especial, en el tema de la reducción de la pobreza, entre muchas otras áreas de acción nacional. También ha tenido mucho interés en generar propuestas para un sistema interamericano de seguridad que logre reemplazar el viejo sistema, en esencia fallido, que existe desde 1942 y especialmente desde 1960. La incorporación de Cuba a la "familia" del sistema interamericano y a pesar de que dicha iniciativa no parece que se logre alcanzar pronto y de manera fácil, también forma parte del programa canadiense de asistencia para la región.

En la actualidad, existen embajadas (aunque algunas de ellas sean "miniembajadas") en casi todas las capitales de América del Sur y en la mayoría de los países de América

Central, así como en Cuba, República Dominicana y Haití. Se han logrado consolidar programas generales de asistencia con casi toda la región, incluyendo Cuba y los países pertenecientes al ALBA. Existen incluso programas de asistencia para la defensa en la mayor parte de la región, incluyendo también varios países del ALBA. Por otro lado, el turismo se centra en México y Cuba, aunque existen importantes cantidades de canadienses en países como República Dominicana, Brasil, Perú y países de América Central, especialmente en Costa Rica. Alrededor de cuatro millones de canadienses por año visitan América Latina para las vacaciones, y esta cifra ha aumentado constantemente en los últimos años. Del mismo modo, más de ochenta universidades canadienses tienen programas conjuntos con sus contrapartes en América Latina; los equipos deportivos canadienses utilizan los servicios y las instalaciones de la región latinoamericana para las sesiones de entrenamiento durante el invierno. Además, muchos miles de canadienses se han retirado a los países latinoamericanos, especialmente a Costa Rica y México. Los elementos de las relaciones persona a persona se han mantenido en los últimos años y no muestran signos de desaceleración, a pesar de existir restricciones como la reciente imposición de requisitos de visado hasta ahora desconocidas para los ciudadanos mexicanos que visitan Canadá. Esta conexión parece ser la parte más sólida del crecimiento de la relación de Canadá con América Latina en general.

4. Obstáculos por superar

Es probable que todavía sea cierto que el principal obstáculo para que se consolide una relación más estrecha entre Canadá y América Latina sea el crecimiento relativamente lento del comercio como porcentaje del comercio nacional en general. A pesar de que se ha implementado todo tipo de estímulo por parte del gobierno, las cifras de comercio continúan bajas, aproximadamente entre el 2 y el 3%. Aunque esta cifra por un lado puede resultar muy baja, por el otro lado es bastante grande para ser un destino comercial fuera de Estados Unidos, y en términos absolutos, es también significativa: más de USD 22 mil millones se negociaron de forma bilateral en el año 2008.

Al mismo tiempo, Canadá no ha sido capaz de decidir cuáles son las prioridades en sus compromisos internacionales, incluso en períodos de "vacas flacas" en casa. La *Commonwealth*, la Francofonía, la OTAN y otras organizaciones internacionales y vínculos son intocables en Canadá, y continuarán recibiendo la mayor parte de la atención del público y del Estado, aunque haya una mejora visible en la atención que se le da a la región. Canadá ha sido considerado con frecuencia, aunque no siempre con intenciones amistosas, la "gran carpintería", como resultado de su enfoque decididamente multilateralista en las relaciones internacionales y por su política exterior y su predilección por las instituciones. Lo anterior se explica muy bien en la siguiente frase: apenas se forme una organización internacional, cualesquiera que sean sus objetivos, Canadá formará parte de ella". De algo sí se puede estar seguro, y es que nadie, ningún país, puede decir que Canadá es un "gran desertor". Desde el momento en que decide pertenecer a una institución u organismo internacional, muy rara vez se aparta, más ni siquiera considera salirse. Los recursos para una política latinoamericana siempre se han encontrado más en la retórica de la política que en las asignaciones presupuestarias reales. Esto se entiende hasta cierto punto, ya que un país del tamaño de Canadá y con los recursos que posee no puede estar en todas partes haciendo todo.

Sin embargo, todos estos factores se esfuman cuando se considera el problema de fondo que ha estado en el centro del debate sobre una relación más estrecha con la región. Los observadores canadienses han tendido a referirse a la relación como inevitablemente trilateral, y casi nunca sin una significativa presencia estadounidense. Los canadienses solían referirse a la pertenencia a la OEA o a PAU como *shuttlecock*, propio de un partido de bádminton entre los Estados Unidos y América Latina. Ottawa, de acuerdo con este punto de vista, siempre decepciona a todos y es constantemente golpeado por ambas partes del juego. Por un lado, su corazón estaría con América Latina, pero por otro, "cabeza" estaría con los Estados Unidos, por lo menos en el sentido de que este último país juega un papel clave en la vida económica y comercial de Canadá. Los vínculos históricos y emocionales de Canadá con Europa, con la monarquía, con la manera británica de hacer las cosas -especialmente en el gobierno-, y en menor medida con Francia son elementos importantes de la vida canadiense. Pero no representan un papel clave o primordial para el país.

Desde el año 2001, este contexto se ha profundizado de manera preocupante. La posición absolutamente ensimismada de Estados Unidos, que parece asustarse en muchos niveles y debido a diversas razones, ha repercutido en la política exterior canadiense, y en ocasiones, en elementos de la política interna del país, hechos que sin duda eran impensables que ocurrieran antes de ese año. Canadá cuenta con un verdadero deseo de ayudar a los Estados Unidos, sin embargo, ese deseo no logra convertirse en realidad en el momento en que choca con los requisitos que se le imponen a los Estados pequeños cerca del gigante (Canadá, pero también México y las Bahamas, e incluso Cuba) a la hora de tener en consideración sus puntos de vista sobre casi cualquier tema imaginable de la toma de decisiones nacionales.

El margen de maniobra de cualquier gobierno en este contexto sería pequeño. La situación actual de Canadá se complicó aun más cuando en el año 2011 se eligió con mayoría en el Parlamento a un grupo que se caracteriza por apoyar abiertamente las decisiones que toma el gobierno de Estados Unidos. A pesar de que encuesta tras encuesta mostraba que las políticas muy pro Estados Unidos eran impopulares entre el público, la historia de Canadá es una historia de un público que no votó de acuerdo con sus puntos de vista sobre cuestiones de política exterior. Por el momento, el país es muy próspero; aun si se le compara con alguno de sus principales socios económicos y mientras el gobierno continúe siendo visto como el gran propulsor de esa prosperidad, habrá poca tolerancia a la idea de reemplazar el gobierno por alguien que podría no ser capaz de conseguir lo mismo.

Esto significa que el *push* y *pull* de la política es para estrechar los vínculos con el vecino del sur. En América Latina, esto ha significado un deseo por complacer a Washington –que a menudo ha chocado con las opiniones canadienses más tradicionales de moderación en las relaciones exteriores– con la construcción de puentes en lugar de alentar la confrontación con la prevalencia de diferentes puntos de vista en las distintas capitales de los países. Por ejemplo, si bien la política de Canadá hacia los miembros del ALBA es infinitamente más comprensiva en muchos aspectos de lo que es la de los Estados Unidos, todavía hay muchas declaraciones públicas de los ministros sobre cómo manejar a estos países.

La posición de Ottawa sobre Cuba –que usualmente ha chocado con la posición de Washington sobre temas como el embargo y bloqueo– ahora refleja una mayor comprensión de la posición de los Estados Unidos. Mientras que los gobiernos democráticos y de centro-izquierda latinoamericanos son recibidos por Canadá, ya no son vistos como "la respuesta" que una vez fueron para el futuro de los países de la región.[186] Canadá se rige por un grupo de políticos que sabe muy poco de América Latina, y podría decirse que esa falta de interés por conocer más sobre esa región no es producto de las razones que uno pudiera esperar.

5. La Estrategia para América

Es en este contexto que la Estrategia para América se creó en el año 2007. Mientras que el gobierno liberal de Jean Chrétien ya había hablado de esa estrategia, fue en el nuevo gobierno conservador de Stephen Harper que recayó tal proyecto, que debió diseñar y poner en marcha. Por lo tanto, no es una iniciativa de este gobierno actual, pero no hay duda de que los conservadores lo llevaron a un nivel mucho más allá, al menos en cuanto a la retórica, que los liberales. Esto es tal vez sorprendente, ya que las políticas de los liberales en general estaban ciertamente mucho más en línea con las tendencias políticas en América Latina que las políticas promulgadas por el gobierno de Harper.

Teniendo en cuenta estos vínculos, no debería sorprender la facilidad con que se identifican las similitudes entre las prioridades de los dos gobiernos de la región. De hecho, aun si se retrocede hasta el año 1989, es difícil encontrar un cambio en las prioridades centrales. El país necesita que su casa o espacio americano continúe siendo próspero, democrático y pacífico, y ese contexto no debe aplicar solo para América Latina o América del Norte en

---

186 Se hace referencia a la idea general de los gobiernos anteriores de que los programas de reforma social y económica, propuestos por la mayoría de los países del ALBA, son preferibles e incluso beneficiosos para evitar resistencia y oposición violenta por parte de los grupos marginados de los países de la región.

Ottawa, sino también para los canadienses en general, para poder sentirse como en casa en el hemisferio.

La estrategia requiere un mayor compromiso en la región, con el fin de realizar estos objetivos positivos y con el fin de avanzar hacia ese "hogar" interamericano. Esto lo hace en un marco de solidez capitalista, donde la inversión y el comercio constituyen un primer plano en las prioridades elegidas, pero al menos en lo que al discurso público se refiere, a lo largo de un camino que rechaza tanto el "viejo capitalismo" como el "nuevo socialismo". Y como se ha señalado, esta "nueva" estrategia pretende utilizar a América Latina y a la participación de Canadá allí como una manera de ganar una mayor comprensión de parte de los Estados Unidos de que su vecino del norte era de hecho un socio útil y aliado, y que sus intereses por lo general se complementaban bien. Esta posición de Canadá se mantendrá y diferirá de la de sus aliados en América Latina, y tenderá más bien a acercarse aun más a la posición de Estados Unidos. Esto se puede observar en los actuales problemas bilaterales y multilaterales de amplio alcance, como lo son los temas del medio ambiente, el control de armamentos, los bloques comerciales, la inmigración, la famosa "responsabilidad de proteger" las iniciativas de propuestas de cambio de régimen, o bien las definiciones de lo que son la democracia y la legitimidad democrática, entre otros.

6. Espacio y rol de Canadá en el futuro

Existen pocas dudas con respecto al camino o bien al espacio de maniobra que tomará Canadá si se siguen teniendo las mismas prioridades en las políticas con respecto al pasado. Es fácil imaginar el rol de Canadá aprovechando el espacio que ofrece una sociedad social-demócrata y desempeñarse en el sistema multilateral tradicional como el "intermediario honesto", papel que ha hecho famoso a Canadá en las Naciones Unidas, la *Commonwealth*, la Francofonía, la OTAN, en el contexto de la guerra fría, en el control de armas e incluso en la OEA, y en tantos escenarios de conflictos regionales y multilaterales que han ocurrido durante los últimos dos tercios de siglo. El apoyo que ha brindado Canadá a través de la historia en temas como el control de armas, la solución pacífica de controversias, el manejo de cuestiones ideológicas, de jurisdicción y soberanía, lo ha hecho con paciencia y diplomacia, en lugar de utilizar la fuerza. Canadá ha velado por el buen mantenimiento de la paz internacional, la gestión de crisis, la creencia en el multilateralismo y el diálogo como las armas habituales de su política exterior, y seguramente estas herramientas habrían sido de gran utilidad en un hemisferio y en una América Latina dividida por disputas ideológicas, geográficas y tradicionales.

Sin embargo, la confianza en Canadá ha disminuido en América Latina. Esto ocurre en gran medida como resultado de cambios en las actitudes antes mencionadas, cuando Ottawa debe afrontar retos de índole diplomática. El actual gobierno ha declarado claramente que América Latina y el continente americano en su conjunto constituyen una prioridad de fuerza considerable. Sin embargo, al encontrarse con la realidad del momento, Canadá realizó un despliegue en Afganistán que sin duda redujo masivamente todos los recursos disponibles para convertir a la Estrategia de las Américas en un impulso realmente importante. Lo anterior, sumado a los cambios políticos en la propia América Latina, así como a las reacciones antes indicadas por parte de Canadá a los cambios en el contexto internacional y regional, ha hecho que la estrategia canadiense en la región fuera más lenta y no lograra consolidarse o afianzarse con éxito. También es cierto que los matices trilaterales de los objetivos de la estrategia han significado, en este nuevo contexto, que su potencial fue realmente limitado. Por último, hay que decir que no porque la situación en Haití -país prioritario en la política exterior de Canadá- se haya convertido en una situación crítica, esto signifique que los recursos y el interés de Canadá por el resto de América Latina hayan disminuido o hayan sido dejados de lado. Por el contrario, Ottawa tiene el interés de implementar recursos y ayuda en la región de América Latina.

A pesar de que Canadá puede haberse acercado más a sus vecinos inmediatos, todavía es distante de muchos de ellos. Su actitud hacia al ALBA es pocas veces abiertamente negativa, y su actitud hacia los programas de reforma social de varios de los países miembros del ALBA es usualmente positiva. Más bien Ottawa busca desempeñar un papel útil en la reducción de las tensiones ideológicas en el hemisferio. Su constante rechazo a la continua insistencia de Washington de aislar al gobierno de Cuba ha ganado merecido prestigio casi de forma generalizada en la región. El énfasis puesto por Canadá en la reducción de la pobreza, la construcción de capacidades, la buena gobernanza, la asistencia de la salud pública y la reforma social con sus programas de ayuda significa para los estándares de los Estados Unidos acciones desinteresadas que no están sujetas a motivos ideológicos. ¿Por cuánto tiempo esta situación favorable durará?

Muchos gobiernos de América Latina todavía consideran que Canadá es un socio fiable que entiende sus puntos de vista y los trata con respeto. Las relaciones son por lo general suaves y los conflictos que afectaron las relaciones en las décadas anteriores -tales como subsidios a la producción de aviones en Brasil, o la ayuda a Nicaragua con El Salvador y Honduras- se encuentran menos presentes en la actualidad. Aunque las empresas mineras canadienses todavía muestran un comportamiento que preocupa a muchos de los países mineros a nivel mundial, y el acceso a los mercados todavía pone en evidencia cierta frustración de América Latina, los obstáculos reales son sin duda ahora dos. Canadá es, al igual que los Estados Unidos, uno de los excluidos de los elementos más dinámicos de la cooperación subregional y la integración, a raíz del fracaso del Tratado de Libre Comercio de las Américas.

Sin embargo, la Estrategia de las Américas ha estado perseguida desde sus inicios por un enfoque *whole government*, por una verdadera falta de recursos (de mano de obra y financiamiento), y por la falta de claridad en cuanto a las prioridades e intenciones. Lo anterior ha dejado implícito el avance de las políticas en la estrategia, sin un motor de arranque.[187] Un informe interno del Ministerio de Relaciones Exteriores, preparado por el Inspector General en el año 2011, advirtió que la estrategia había "despertado esperanzas" en la región de manera inapropiada, que sufría de "poca coordinación entre departamentos", y concluyó que en general "la acción concreta se movía de manera muy lenta".[188]

7. Consideraciones finales

Es difícil en estas condiciones ser optimistas sobre el papel de Canadá en América Latina. Los recortes previstos en las asignaciones presupuestarias afectarán negativamente a los ministerios de Defensa y Asistencia en el Extranjero. La nueva prioridad de la región y la reducción del compromiso en Afganistán probablemente significan que América Latina

187 Al respecto, ver: Stephen Randall (2010), *Canada and the Americas: Human Rights, Development and Foreign Aid*, Toronto, Canadian International Council, 9 de agosto de 2010.

188 *Harper's Americas Strategy Falling Short*, Canadian Press, 17 de marzo de 2011.

sea sin dudas la menos afectada por estas reducciones en el financiamiento. La proyección de Canadá en la región como país fuerte en términos de financiamiento gubernamental no ocurrirá al menos en el corto plazo. Más bien parece que, como en las embajadas del pasado y los agregados de Defensa, se favorecerá la relación en lugar de mostrar iniciativas para desarrollar en un futuro.

Probablemente también es un continuo deseo ayudar a los Estados Unidos e incluir declaraciones públicas que reduzcan la capacidad de Ottawa de actuar para reducir las diferencias y estimular el desarrollo o incluso la democracia regional. Cuando esto se suma a los decididos intentos de excluir a los Estados Unidos de nuevas y más dinámicas instituciones subregionales, esa tendencia también afecta a Canadá, ya que es realmente difícil hacer tales cosas a los Estados Unidos sin hacérselo a Canadá (y a menudo, al Caribe, América Central y México).

Por el momento, parece que Canadá seguirá tratando de "*flog the dead horse*" de las instituciones hemisféricas y esperar, por lo tanto, a permanecer en la mesa durante el desarrollo del libre comercio y otras iniciativas bilaterales de la región. Las reacciones canadienses a UNASUR y el ALBA, junto con el contexto actual de lo que a menudo parece ser un excesivo apoyo a las iniciativas de Estados Unidos, parecen sentenciar el papel de Ottawa en América Latina al ámbito de las buenas intenciones.

No todo es sombrío en términos de crecimiento y afianzamiento de un vínculo. Sin duda, es entre persona y persona y en los campos de inversión que uno debe buscar dicho afianzamiento. Y allí, como se ve, existen diversos temas que permiten ser optimista. Si bien las consideraciones presupuestarias del año pasado acabaron con FOCAL –un centro de pensamiento no gubernamental llamado la Fundación Canadiense para las Américas–, se relaciona en gran parte con la necesidad de reducir dicha organización, dado que ese organismo se fundó a raíz de las decisiones tomadas en 1989 de fortalecer las relaciones entre Canadá y América Latina. En otras áreas, existe mucho interés por los cursos de español que abundan en todos los niveles de la educación pública y privada; también existe un marcado interés por programas de estudios latinoamericanos y por estudiar en Canadá. Como muchos otros países han encontrado, esto tiende a crear vínculos que duran muchos años y se profundizan con el pasar del tiempo.

También se ha visto que el turismo, a pesar de la recesión, todavía está en pleno auge e incluso ha crecido en América Latina, donde principalmente mexicanos y brasileños visitan Canadá. También han crecido las opciones de jubilación para los canadienses en la región, especialmente en países con un buen servicio médico, como Cuba y Costa Rica, para que los adultos mayores con problemas de salud pasen largos períodos de tiempo en el sur bajo el cuidado de los servicios de salud locales.

La inversión también está próxima a experimentar un buen crecimiento, y no solo en las áreas tradicionales de la minería y los servicios públicos. Por otro lado, a pesar de que el comercio ha aumentado, es probable que siga siendo un aumento lento. Sin embargo, esto no ha impedido que ocurran importantes mejoras en esta otra área económica vital.

Así, mientras que la Estrategia de las Américas puede ser víctima de falta de recursos y, quizá más importante, víctima de falta de nuevas ideas, es probable que Canadá se convierta en un jugador de cierta importancia en la región en los próximos años. La combinación de la relación entre persona y persona, el crecimiento de la inversión y la necesidad de encontrar un "hogar" o espacio para el país en alguna región del mundo pueden a largo plazo significar que el gobierno está obligado a hacer de sus palabras más una realidad que lo que lo que parece estar haciendo actualmente.

México y América Latina: un cortejo de seis años

Natalia Saltalamacchia[189]

Introducción

En el último lustro, la política exterior de México hacia América Latina experimentó una serie de cambios importantes. El gobierno de Felipe Calderón se propuso recuperar la vocación latinoamericana del país y desarrollar una política exterior de mayor entendimiento y convergencia con América Latina. De acuerdo con las preguntas formuladas por los editores de este volumen, el presente capítulo analiza la manera en la que México define su política exterior en el contexto latinoamericano desde el año 2006, e indaga sobre si dicho país privilegia una mirada regional, subregional o netamente bilateral. Asimismo, identifica los principales temas que el Estado mexicano promueve en la región.

Al respecto, se sostienen cuatro argumentos generales. Primero, el gobierno de Felipe Calderón ha apostado por recuperar o reconstruir políticamente la idea de *una* América Latina que se presenta ante el mundo como un solo espacio geopolítico en el que México puede apoyarse para su inserción global. Ve con preocupación la posibilidad de que América del Sur avance en un bloque sólido de integración excluyente del resto, por lo que alienta la idea de la coexistencia de entidades de concertación o integración subregionales dentro de un marco de referencia común que sería hoy en día la CELAC. Todo esto

189 Profesora-investigadora del Departamento Académico de Estudios Internacionales del Instituto Tecnológico Autónomo de México (ITAM).

ha implicado la reactivación del multilateralismo regional como un instrumento destacado de la política exterior mexicana hacia la zona: como en otras etapas históricas, México se ha involucrado en estos años en la creación de nuevos esquemas de asociación multilateral de cuño latinoamericano.

Segundo, el fortalecimiento de ciertas relaciones bilaterales también forma parte de la estrategia de reacercamiento a América Latina, no solo por su utilidad intrínseca, sino también porque un entramado de buenas relaciones bilaterales es una precondición para tener éxito en el plano multilateral. En este sentido, se ha buscado dotar de mayor institucionalidad a las relaciones bilaterales con países identificados formalmente como "estratégicos", y se ha intentado propiciar mayores coincidencias con Brasil. Sin embargo, ninguna relación bilateral con países latinoamericanos es estructural y sistemáticamente prioritaria para México, por lo que nada garantiza que en el futuro seguirá existiendo la voluntad política para alimentar las noveles "asociaciones estratégicas" zanjadas en estos años.

Tercero, frente a América Central la diplomacia mexicana privilegia desde hace tiempo un enfoque regional o de conjunto. El gobierno de Calderón ha establecido –como se ha hecho en el pasado– que esta es una zona prioritaria para el interés nacional. Ha buscado reorganizar la institucionalidad existente para aumentar su eficacia, pero no se percibe la presencia de un verdadero proyecto geopolítico de liderazgo de México en América Central.

Cuarto, en contraste con los años de Vicente Fox, el gobierno de Felipe Calderón reintrodujo el carácter *político* de la presencia de México en América Latina. Aunque se continúa impulsando una red de TLC con los países de la región, también se aprovechan las relaciones bilaterales y los mecanismos multilaterales (incluyendo a la OEA) para abordar los temas que son de mayor interés para

México en la región: la promoción de la democracia y los derechos humanos, la batalla contra el crimen organizado y la migración. En menor medida, la diplomacia mexicana se ha involucrado en la mediación de conflictos interestatales, como el diferendo entre Costa Rica y Nicaragua por el dragado del Río San Juan, o intraestatales, como la situación originada por el golpe de Estado en Honduras; en esta materia, sin embargo, ha quedado desplazado por otros actores regionales.

El capítulo se divide en tres partes. La primera alude a los objetivos que se propuso la diplomacia mexicana en su vertiente latinoamericana. La segunda sección explica las estrategias ejecutadas en el plano bilateral, subregional y regional. Finalmente, la tercera sección alude a los principales temas de la agenda impulsada por México en la región durante el período 2006-2012.

1. Objetivos

Durante el sexenio del presidente Vicente Fox (2000-2006), la región latinoamericana quedó en los hechos fuera de las prioridades de la política exterior de México y se cometieron una serie de errores que llevaron al aislamiento del país en el área.[190] El gobierno de Felipe Calderón señaló la intención de revitalizar la política exterior hacia América Latina, lo cual quedó plasmado en el Plan Nacional de Desarrollo presentado en mayo de 2007. Dicho documento reconocía algo que, en verdad, estaba muy claro para observadores y especialistas; a saber, que México se encontraba completamente desdibujado en la arena internacional y

190 Para un recuento de esa etapa, véase: Rafael Velázquez Flores, "Balance general de la política exterior de México: 2000-2006", en *Foro Internacional*, vol. 48, núm. 1-2, enero-junio de 2008, pp. 81-122.

que no ocupaba el lugar al cual podía aspirar de acuerdo con sus atributos y capacidades.[191] Se imponía pues un rediseño de la política exterior del país en muchas de sus vertientes, y una de ellas sería la política hacia América Latina y el Caribe. En la Cancillería existía la certeza de que el distanciamiento de México de la región latinoamericana alimentado en el sexenio previo había resultado costoso. De mantenerse tan mala relación con los países de la región, todo proyecto diplomático para impulsar la presencia de México en el entorno internacional se vería obstaculizado. Era necesario recuperar los espacios de interlocución y concertación con los países latinoamericanos, por lo que el Ejecutivo declaraba que "en virtud de la herencia histórica e identidad cultural mexicanas, y porque el país comparte retos y aspiraciones con América Latina y el Caribe", la región sería "prioritaria".[192]

La primera señal diplomática en esa dirección se registró de manera temprana. En octubre de 2006, el presidente electo Felipe Calderón Hinojosa eligió nueve países latinoamericanos para realizar su primera gira internacional: viajó a Guatemala, El Salvador, Honduras, Costa Rica, Colombia, Perú, Argentina, Brasil y Chile. A pesar de ello, existían motivos para dudar de un relanzamiento ambicioso de las relaciones con la región. Después de todo, el anterior gobierno panista también había recurrido en sus comienzos a la retórica de los lazos históricos y culturales compartidos para indicar que el acercamiento

---

191 "Actualmente, el lugar que México ocupa en la escena internacional no refleja su magnitud económica y comercial, la riqueza de sus recursos naturales, su privilegiada ubicación en el continente o su importancia demográfica y cultural. México puede y debe ocupar un espacio en la comunidad internacional, en los niveles regional y global, acorde con su importancia real y con su verdadero potencial y capacidades". Poder Ejecutivo Federal (1997), *Plan Nacional de Desarrollo 2007-2012*, México, p. 294.

192 Poder Ejecutivo Federal, *op. cit.*, p. 295.

con América Latina sería una prioridad. Asimismo, durante la campaña electoral de 2006 el PAN usó la figura de Hugo Chávez en una propaganda televisiva para criticar al candidato de la izquierda, Andrés Manuel López Obrador. No fue extraño entonces que después del cerrado triunfo de Felipe Calderón, Hugo Chávez se negara a reconocerlo e incluso sugiriese la existencia de un fraude electoral.[193] Finalmente, a casi dos meses de asumir la presidencia, Felipe Calderón participó en una sesión del foro de Davos llamada "América Latina amplía sus horizontes", en donde se enfrascó en una discusión con el presidente de Brasil al criticar los "prejuicios" contra el libre comercio que impidieron la concreción del ALCA, las expropiaciones ocurridas en Venezuela, Bolivia y la Argentina, así como las "dictaduras personales vitalicias".[194]

Visto en retrospectiva, sin embargo, el criterio de los diplomáticos profesionales pareció imponerse. La Secretaría de Relaciones Exteriores desarrolló una gradual y consistente política de reinserción regional y se debe admitir que la diplomacia presidencial contribuyó a ello dejando atrás la improvisación y los excesos retóricos. El objetivo general fue articulado al principio en términos cautos: México buscaría fortalecer una serie de lazos políticos y económicos que permitirían recobrar una posición de respeto y el reconocimiento de sus pares como un "actor central" de la región. Con tal propósito, México se proyectaría como un factor de equilibrio y como un país facilitador de consensos regionales en una zona marcada por la diversidad política y de modelos de desarrollo. Además, México se proponía asumir una responsabilidad particular en el impulso del desarrollo socioeconómico de América Central, área que

---

193 Como nos recuerda Rafael Velázquez Flores, *op. cit.*, p. 99.

194 Véase: Claudia Herrera, "Calderón alaba en Suiza al libre comercio y critica a expropiadores" en *La Jornada*, 27 de enero de 2007.

se identificó como de vital interés para el país. Hacia 2011, la diplomacia mexicana había recobrado la confianza suficiente como para expresar con toda claridad una intención de liderazgo regional en los temas de su interés.

2. Estrategias e instrumentos

2.1. Relaciones bilaterales

En primer lugar, se buscó restablecer relaciones funcionales con Cuba y Venezuela, un trabajo realizado con discreción durante los dos primeros años del sexenio. Dado que México tenía la intención de forjarse un nicho político como articulador de posiciones concertadas en la región latinoamericana, resultaba indispensable recobrar la capacidad de interlocución con todos los países, sin excepción. Se abandonó por ende la ruta de la confrontación ideológica, privilegiando pragmáticamente el diálogo por encima de las reconocidas diferencias con dichos países. El caso de Venezuela fue particularmente importante dado el activismo de la política exterior de aquel país y su liderazgo en ALBA, uno de los nuevos núcleos de asociación multilateral regional. Con la experiencia de los años previos, el gobierno de Calderón comprendió que las relaciones con la República Bolivariana no podían seguir una lógica estrictamente bilateral, puesto que tenían el potencial de repercutir en las relaciones con el resto de los componentes de aquel bloque y en el espacio sudamericano en general.

En segundo término, se pretendió fortalecer las relaciones bilaterales con ciertos Estados sudamericanos que -por su peso, situación geopolítica o afinidad con México- facilitarían la reinserción del país en la arena política latinoamericana. Para ello, se introdujo el concepto político de "asociación estratégica" que señalaría la intención de mantener intercambios más intensos y regulares con estos socios, así como identificar posiciones comunes en el ámbito regional y global. Dado su carácter legalmente vinculante y la institucionalidad que contemplan,[195] parecería que estos noveles acuerdos de asociación estratégica buscaron contrarrestar la debilidad y la discontinuidad que históricamente han caracterizado a las relaciones bilaterales de México con sus pares sudamericanos debido a la distancia. De tal manera que, al acuerdo negociado con Chile (2006), se sumaron aquellos firmados con la Argentina (2007) y Uruguay (2009) en el Cono Sur. Un acuerdo similar se concluyó con Costa Rica (2009), en lo que parece una excepción a la mirada regional que México destina a América Central, y se debe añadir que en este sexenio la relación con Colombia se llevó a un intenso diálogo de alto nivel.

Por su carácter de líder regional y su presencia global, la relación con Brasil ameritó especial atención. Brasilia es indispensable, por supuesto, para orquestar soluciones, evitar vetos y concertar posiciones en el ámbito latinoamericano. El gobierno de México se propuso eliminar el lenguaje y la percepción de rivalidad para pasar a un planteamiento de cooperación.[196] También en este caso se optó por desarrollar

---

195 Los acuerdos de asociación estratégica son tratados internacionales negociados por los Ejecutivos y aprobados por el Poder Legislativo de los países parte. Establecen una reunión cumbre de jefes de Estado cada dos años y una reunión del Consejo de Asociación, presidido por los ministros de Relaciones Exteriores, al menos una vez al año. El Consejo de Asociación, a su vez, incluye tres comisiones: de asuntos políticos, de asuntos económicos y comerciales y de cooperación.

196 Durante los años de Fox, se generó un fuerte antagonismo entre México y Brasil en torno al tema del ALCA, iniciativa apoyada por el primero y rechazada por el segundo; se manifestaron también diferencias por el visado obligatorio que México impuso a los brasileños y el activo apoyo que Brasilia otorgó a la candidatura chilena para la Secretaría General de la OEA en perjuicio de la candidatura del secretario de Relaciones Exteriores de México, Luis Ernesto Derbez.

mecanismos institucionales para incentivar la convergencia bilateral y garantizar la interacción regular entre los jefes de gobierno y las burocracias de ambos países. En el año 2007, se creó la Comisión Binacional México-Brasil, y hacia mediados de 2009 se empezó a considerar la firma de un Acuerdo Estratégico de Integración Económica.[197] Las negociaciones, actualmente en curso, se lanzaron oficialmente en noviembre de 2010. El acuerdo resultaría estratégico en cuanto a que va más allá de las provisiones relativas al libre comercio y porque se asume que la intensificación de las relaciones económicas ampliará las bases para el mutuo entendimiento político. Lo cierto es que el tono de la relación bilateral ha cambiado para bien en estos años: de enfatizar el conflicto relativo, se ha pasado a subrayar el acuerdo relativo, aunque ambas cosas coexistan. Por ejemplo, el gobierno de México valora -e incluso ha reconocido públicamente- lo que percibe como un "liderazgo responsable" de Brasil en América Latina;[198] por otro lado, ha tomado medidas -como el impulso a la Alianza del Pacífico- que podrían interpretarse como formas de equilibrio de poder frente al gigante sudamericano. Asimismo, la convergencia México-Brasil enfrenta límites derivados de sus distintas formas de inserción global y de su visión sobre el orden internacional. En contraste con el sexenio del presidente Fox, las mayores diferencias en este momento

---

197 Según se expresó en el comunicado conjunto de los presidentes Calderón y Da Silva emitido en ocasión de la visita de Estado del primero a Brasil en agosto de 2009. *Comunicado conjunto entre los presidentes de México Felipe Calderón y de Brasil Luis Inácio Lula da Silva,* 17 de agosto de 2009.

198 Por ejemplo, en 2010 el presidente Calderón declaró al diario El País: "Lula tiene un gran carisma y Brasil un gran liderazgo y nosotros no tenemos ningún empacho en reconocerlo. ¡Qué bueno que lo tengan! Hacen falta liderazgos responsables. Pero también México tiene su lugar y no tiene que disputárselo a nadie". Véase: "No tengo ningún empacho en reconocer el liderazgo de Lula", en *El País,* 14 de mayo de 2010.

no se encuentran en el plano bilateral o regional, sino en las posiciones en ciertos foros internacionales, entre las que destaca la reforma de Naciones Unidas y del Consejo de Seguridad.

2.2. Ámbito regional: mecanismos multilaterales

La recomposición de esta red de relaciones bilaterales alimentó las posibilidades de ejecutar una segunda línea estratégica para el reacercamiento con América Latina: el uso de los foros multilaterales regionales como estructuras que permitirían amplificar la voz de México y recuperar capacidad de influencia a nivel regional. Históricamente, México ha encontrado en el multilateralismo regional un instrumento en particular útil para lograr su inserción latinoamericana. Ubicado en el extremo norte de la región y continuamente atraído por las fuerzas económicas y sociales hacia la órbita estadounidense, el país debe trabajar con mayor ahínco que otros en la construcción *política* de su lugar en América Latina. Desde este punto de vista, los esquemas multilaterales son útiles, porque propician las interacciones frecuentes con los otros países latinoamericanos, así como la posibilidad de dialogar de manera colectiva con actores extrarregionales, ya sea organizaciones internacionales u otros grupos de Estados. Esto último le permite a México afirmarse como miembro de la región frente a los pares y frente al resto del mundo.

Por todo ello, no es extraño que en las etapas en las que México ha demostrado mayor interés en el escenario latinoamericano, la construcción o el impulso a mecanismos de concertación multilateral han sido una pieza importante de su política exterior.[199] Y, viceversa, en la

---

[199] Para una visión panorámica de la política multilateral de México en la región entre 1945 y 2006, véase: Natalia Saltalamacchia, "Las virtudes de jugar en equipo: el multilateralismo latinoamericano y hemisférico

medida en la que el gobierno de Fox desestimó la idea de América Latina como región y como referente identitario de México, también dejó languidecer la participación del país en los esquemas multilaterales de cuño latinoamericano. En esos años, México perdió voz, iniciativa y vio menguada su capacidad para hacer prosperar su visión en torno a los temas regionales.

Mientras esto ocurría, en América del Sur se registraba una tendencia de signo contrario: la expansión de una tercera ola de regionalismo que llevó, entre otras cosas, a la creación en 2004 de ALBA y de la Comunidad Sudamericana de Naciones, la cual en 2007 dio paso a UNASUR. La UNASUR y el ALBA deben ser entendidos como piezas importantes en los proyectos de liderazgo regional de Brasil y Venezuela.[200] Aunque con visiones y métodos diferentes, estos países coinciden en un mismo objetivo: la afirmación de su autonomía frente a Estados Unidos en un orden internacional fluido o en transición. Tanto UNASUR como ALBA encarnan, entre otras cosas, una política con pretensiones contrahegemónicas que pugna abiertamente por un orden multipolar. A raíz de este último elemento, creció la convicción de que los principales esfuerzos de cooperación y coordinación interestatal debían concretarse en el ámbito sudamericano, ya que de América Central (o quizá de Colombia) para arriba resultaba mucho más difícil sumarse a proyectos que disputasen la tradicional influencia estadounidense. El corolario es que la idea de "Sudamérica" comenzó a desplazar la antigua concepción de "Latinoamérica" como eje de la integración y la concertación regional.

---

en la política exterior de México", en *Pensamiento Propio*, Buenos Aires, núm. 33, enero-junio de 2011, pp. 65-93.

200 Andrés Serbin, "De despertares y anarquías", en *Foreign Affairs Latinoamérica*, México, vol. 10, núm. 3, 2010, pp. 6-11.

Desde el punto de vista de México, la consolidación de esta tendencia implicaba su exclusión de los núcleos fuertes de diálogo e interacción entre países latinoamericanos. Seguramente la Cancillería evaluó como un pasivo el hecho de que México se empezara a colocar como parte del "otro" o como actor extrarregional en sus relaciones con América del Sur. En todo caso, la prolífica actividad multilateral que desplegó la diplomacia mexicana en la región a partir de 2006 puede entenderse como una estrategia para contrarrestar esta posibilidad. Habida cuenta de que México solo puede aspirar a pertenecer a la UNASUR en el largo plazo[201] y no le interesa integrarse en el ALBA, el gobierno de México buscó primero reactivar antiguos esquemas latinoamericanos en donde su presencia ha sido tradicionalmente importante y después generar nuevas asociaciones.

En primer lugar, la diplomacia mexicana se esforzó por revitalizar el Grupo de Río, mecanismo de concertación regional exclusivamente latinoamericano del que fue artífice destacado dos décadas atrás. México se postuló para ocupar la Secretaría Pro-Témpore en el período 2008-2010.[202] Segundo, hacia finales de 2008 asumió el objetivo y la responsabilidad compartida de impulsar la

---

201 Además de su definición geográfica –que podría eventualmente pasarse por alto–, el tratado constitutivo de la UNASUR prevé un proceso largo y políticamente oneroso para la adhesión de nuevos miembros: "A partir del quinto año de la entrada en vigor del presente Tratado [...] el Consejo de Jefas y Jefes de Estado y de Gobierno podrá examinar solicitudes de adhesión como Estados Miembros por parte de Estados Asociados, que tengan este status por cuatro (4) años".

202 Para un recuento de las iniciativas impulsadas por México en la Secretaría Pro Témpore en esos años, véase: Salvador Beltrán del Río y José Antonio Zabalgoitia (2010), "El impulso de México a la nueva Comunidad de Estados Latinoamericanos y del Caribe", en Arturo Oropeza García (coord.), *Latinoamérica frente al espejo de su integración 1810-2010*, México, UNAM/SRE, pp. 109-120.

creación de la Comunidad de Estados Latinoamericanos y Caribeños (CELAC), cuyo lanzamiento se anunció en la Cumbre de Cancún celebrada en febrero de 2010.[203] La iniciativa de la CELAC fue recibida con escepticismo por observadores y especialistas mexicanos, sin embargo, entraña potenciales beneficios para México. El más obvio es que impulsando la CELAC, el Estado mexicano pretende influir en la delimitación geopolítica de la región. Frente al avance de otros esquemas subregionales de asociación multilateral basados en pilares sudamericanos, la CELAC tiene la virtud de revivir la idea de *una* América Latina, en la que México tiene cabida, habla como miembro y es un factor de peso indisputable. Dicha iniciativa recupera en beneficio de México, América Central y el Caribe latino la concepción de América Latina como núcleo identitario y plataforma geopolítica. Además, si prospera, la CELAC sería una nueva estructura de gobernanza regional mediante la cual México puede aspirar a incidir en el edificio político-ideológico de la región. De hecho, esta oportunidad se presentó desde la misma discusión de sus estatutos: en los trabajos preparatorios para la Cumbre de Caracas (2011), México insistió vehementemente en la inclusión de una cláusula democrática fuerte a pesar de la resistencia de algunos otros países como Venezuela.

En tercer lugar, el gobierno de México decidió integrar junto con Colombia, Perú y Chile un nuevo espacio geoeconómico, impulsado en buena medida por el BID, al cual

---

203 Para una explicación más detallada de la participación de México y sus motivos para impulsar la creación de la CELAC, véase: Natalia Saltalamacchia Ziccardi (2011), "México y América Latina: la vía multilateral", en Olga Pellicer y Guadalupe González (eds.), *Los retos internacionales de México: urgencia de una nueva mirada,* México, Siglo XXI editores, pp. 61-75.

se le dio el nombre de Alianza del Pacífico.[204] Dado que los cuatro países comparten un modelo económico orientado al libre mercado y las exportaciones, se proponen incentivar entre ellos una integración "profunda" que permita la libre circulación de bienes, servicios y personas. La intención manifiesta es sacar ventaja de su ubicación geográfica en la cuenca del Pacífico para aprovechar el dinamismo de las economías de Asia como mercados de exportación y como fuente de inversión extranjera. No obstante, es posible pensar que la diplomacia mexicana también ve en esta iniciativa la posibilidad de tener un pie más firme en América del Sur e impulsar en el terreno de las ideas económicas sus propias preferencias librecambistas; todo ello a despecho de la unidad sudamericana que preferirían el Brasil neodesarrollista y de vocación atlántica o el bloque ALBA fervientemente antineoliberal.

2.3. Ámbito subregional: América Central y el Proyecto Mesoamérica

Tradicionalmente, México ha desplegado frente a América Central una política exterior que, más allá del entramado de relaciones bilaterales existente con las siete naciones del área, enfatiza una perspectiva regional o de conjunto. Considerada como su zona natural de influencia, en ocasiones América Central ha sido contemplada como la base para un liderazgo regional o proyecto de potencia media mexicano. Esa pareció ser la intención del gobierno de Fox cuando en 2001 lanzó el ambicioso Plan Puebla Panamá (PPP) con el buen tino de identificar el desarrollo socioeconómico de América Central como un asunto de

---

204 Al respecto, véase el artículo del director del BID, Luis Alberto Moreno, titulado "Hacia una integración en la Cuenca del Pacífico", en *La Tercera*, Chile, 4 de mayo de 2011. La Alianza del Pacífico quedó establecida en la Declaración de Lima firmada en abril de 2011.

interés nacional de México y el mal tino -producto de la inexperiencia del PAN dicen algunos- de montar un elefante blanco que terminó en fracaso.[205] Aunque el PPP fue diseñado como una empresa conjunta de todos los países integrantes, México pagó mayormente los costos políticos del fiasco por ser el artífice y líder indiscutible del plan. El descrédito de la política exterior de México en América Central fue muy grande.

Frente a este escenario, el gobierno de Calderón se dispuso a reorganizar el amplio entramado institucional que ordena las relaciones de México con América Central para aumentar su eficacia y recuperar la credibilidad del país en la zona. En el campo económico, propuso la regionalización de los acuerdos comerciales ya existentes entre México y sus vecinos del istmo para dar pie al Tratado Único de Libre Comercio con Centroamérica (2011). Desde el punto de vista político, se retomó el Mecanismo de Diálogo y Concertación de Tuxtla dentro del cual, entre otras cosas, se rediseñó el PPP para dar paso al más modesto Proyecto Mesoamérica. Dicho esquema adoptó un enfoque más pragmático, dejando atrás las ocho grandes Iniciativas Mesoamericanas para prestar atención focalizada a proyectos mucho más específicos con programas de trabajo anuales y de cumplimiento verificable.[206] Como señal de su importancia, se creó en la Cancillería una dirección general destinada exclusivamente a su seguimiento y ejecución.

---

205 Manuel Ángel Castillo, Mónica Toussaint y Mario Vázquez Olivera (2011), "Centroamérica", en Mercedes de Vega (coord.), *Historia de las Relaciones Internacionales de México 1821-2010*, México, SRE, pp. 214-221.

206 Para entender la transición entre el PPP y el Proyecto Mesoamérica, véase: Gioconda Úbeda Rivera (2011), "El proyecto de integración y desarrollo de Mesoamérica", en Josette Altmann Borbón *et al.* (coords.), *América Latina y el Caribe, ¿integrados o marginados?*, Buenos Aires, Teseo / FLACSO, pp. 177-194.

Algunos observadores han querido ver en el conjunto del Mecanismo de Tuxtla y el Proyecto Mesoamérica un equivalente de lo que sería el ALBA para Venezuela y la UNASUR para Brasil en términos de liderazgo subregional. De ser esta la intención de la Cancillería mexicana, los resultados son muy limitados: la ascendencia político-diplomática de México en América Central se encuentra muy disminuida en comparación con el pasado y enfrenta la competencia de otros países que -como Colombia y Venezuela- intentan convertirse en factores de poder en la zona.[207] Ello se debe a varias razones. En primer lugar, los recursos económicos que el gobierno de México invierte en América Central son limitados, no son políticamente visibles y no están acompañados de una ofensiva diplomática de alto vuelo por la cual gran parte de la energía y los mejores recursos humanos y administrativos del servicio exterior mexicano se canalicen a dicha subregión. En segundo lugar, los problemas del narcotráfico y los abusos que sufren los migrantes centroamericanos en su paso por México hacia Estados Unidos han sido durante el último lustro motivo de importantes fricciones con los gobiernos de la región, especialmente de El Salvador, Honduras y Guatemala. Lo que sucede hoy en América Central es visto en México, más que nunca, desde la perspectiva de las agudas impli-

[207] Por ejemplo, México intentó sin mucho éxito influir en los acontecimientos de Honduras después del golpe de Estado que derrocó al presidente Manuel Zelaya. A pesar de sus gestiones, no logró que el gobierno de facto autorizase la salida de Zelaya hacia México y el avión enviado para tal efecto no logró aterrizar en Tegucigalpa (Zelaya finalmente se exilió en República Dominicana). México quedó después desplazado en la mediación colombo-venezolana que condujo al Acuerdo para la Reconciliación Nacional en Honduras suscrito entre Lobo y Zelaya en Cartagena de Indias, Colombia, en 2011. Sobre la mermada influencia de México en el istmo, véase la opinión de dos diplomáticos centroamericanos en: "México se 'olvida' de Centroamérica", en *El Universal*, 15 de agosto de 2011.

caciones que esos dos asuntos revisten para la sociedad mexicana en su vida cotidiana. Dado que la complejidad del escenario ha rebasado en muchos sentidos las capacidades del Estado mexicano, la diplomacia está dedicada a administrar lo urgente, lo cual parece no dejar espacio o energía para articular frente a América Central una visión geopolítica más amplia. Por último, la posición de México enfrenta las limitaciones que impone la relación con EUA, ya que desde 2001 los gobiernos mexicanos subordinan varios aspectos de su política exterior en la frontera sur a las necesidades o intereses de seguridad de Washington.

3. Temas

Existen al menos cuatro temas que el gobierno de México ha adoptado como prioritarios, tanto en sus relaciones bilaterales como en su participación en mecanismos regionales de concertación. Se trata de la promoción de la democracia y los derechos humanos; la promoción de la integración económica vía tratados de libre comercio; el combate al crimen organizado y el narcotráfico; la migración.

El gobierno de Calderón conservó el énfasis en la promoción de la democracia y los derechos humanos heredado del gobierno panista anterior. Sin embargo, modificó la manera de ejecutar dicha política. Se eliminó el tema en las relaciones bilaterales directas (notoriamente en el caso de Cuba) y se dirigieron los esfuerzos a fortalecer los instrumentos y mecanismos de protección de la democracia y los derechos humanos en el orden multilateral regional. El énfasis hoy es en la defensa internacional del orden democrático como una responsabilidad colectiva, lo cual de hecho es un curso de acción que entraña menores costos que las condenas públicas y la política de "aleccionamiento" a nivel bilateral.

En materia de derechos humanos, México mantuvo una política de colaboración con el sistema interamericano de derechos humanos, incluso si desde 2006 la Corte Interamericana de Derechos Humanos ha emitido seis fallos en los que encuentra responsabilidad del Estado mexicano por violaciones a los derechos humanos. La posición general ha sido aceptar las sentencias y trabajar en la dirección de su observancia, aunque se debe agregar que hasta ahora ninguna ha sido cumplida a cabalidad. Asimismo, México es uno de los pocos Estados del sistema interamericano que consistentemente realiza cada año donaciones económicas voluntarias para sufragar los costos operativos de la Comisión y de la Corte. Esta posición es notable si se toma en cuenta que en el curso de la lucha contra el narcotráfico, las violaciones de derechos humanos han incrementado y, con ello, el número de peticiones individuales que ciudadanos mexicanos están dirigiendo al sistema interamericano. El gobierno de México sabe que en el futuro próximo enfrentará nuevas sentencias condenatorias de la Corte, pero no muestra señales de querer debilitar al sistema.

México también ha prestado un apoyo decidido al fortalecimiento del régimen regional -de carácter interestatal- de protección de la democracia. En ocasión del décimo aniversario de la Carta Democrática Interamericana, realizó una serie de propuestas para fortalecer las capacidades de prevención de rupturas del orden democrático entre los países signatarios. Por otro lado, en 2010 se sumó con entusiasmo a la propuesta argentina de introducir una cláusula democrática en la Conferencia Iberoamericana y posteriormente pugnó con éxito para que el texto de dicha cláusula fuese la base para introducir un compromiso similar en los documentos fundacionales de la CELAC.

En el plano económico, la promoción del libre comercio sigue siendo la estrella polar de la política exterior mexicana en la región y en el mundo. Firme como está en la senda neoliberal, México presta menos atención que otros países latinoamericanos a los temas de la justicia social, la reducción de la pobreza y la desigualdad. El entierro del proyecto del ALCA en la Cumbre de Mar del Plata en el año 2005 le ahorró al gobierno de Calderón la necesidad de tomar postura en un asunto que enfrentaba los intereses de EUA con los de muchos países del área y, especialmente, con Brasil. Sin pretender elevar el tema de la liberalización comercial al ámbito de la discusión regional en donde no encontraría eco, el gobierno mexicano cambió de estrategia: se dedicó en el último lustro a tratar de expandir la ya nutrida red de TLC bilaterales y, como se apuntó arriba, lanzó -junto con Chile, Colombia y Perú- la llamada "Alianza del Pacífico".[208] En todo caso, desde México se mira con interés el fortalecimiento de los mercados internos de los países sudamericanos, no solo porque ha incidido en el aumento de los volúmenes de exportaciones hacia la zona, sino además porque se presentan como nichos de IED que las empresas mexicanas han aprovechado en los últimos cinco años. Esto ha sido a la postre un argumento más a favor de la política de reacercamiento a América Latina.

Tradicionalmente, México ha tenido una política de defensa y de seguridad nacional que responde sobre todo a estímulos internos. Hoy en día, sigue desconfiando de los arreglos de seguridad tradicionales a nivel hemisférico o regional, frente a los cuales mantiene una postura defensiva

---

208 Se firmó un tratado de libre comercio con Perú y el ya mencionado Tratado Único de Libre Comercio con América Central. Además, se firmó el Protocolo Modificatorio al Tratado de Libre Comercio con Colombia (necesario tras la salida de Venezuela del G-3) y se lanzó el proceso de negociaciones con Brasil arriba apuntado.

o aislacionista. La contribución mexicana a la agenda de la seguridad regional se finca en el concepto de "seguridad humana" y se concentra en las amenazas transnacionales, particularmente las redes del narcotráfico y el crimen organizado. Su preferencia es promover acuerdos políticos y la negociación de tratados que coordinen la cooperación estatal hemisférica en estos y otros asuntos específicos. En ese sentido, la OEA es una organización que sigue revistiendo utilidad para México y no en menor medida, porque EUA está incluido. En estos años, México ha presionado para que EUA ratifique la Convención Interamericana contra la fabricación y el tráfico ilícitos de armas de fuego, municiones, explosivos y otros materiales relacionados (CIFTA), y ha ocupado la Secretaría Pro-Témpore de la Convención para impulsar sus trabajos. También ha ratificado y promovido la Convención Interamericana sobre Transparencia en las Adquisiciones de Armas Convencionales (CITAAC). Como se apuntó antes, estos temas son particularmente relevantes en la agenda mexicana en América Central, donde se promueve que las políticas en materia de lucha contra el crimen organizado tiendan a la regionalización. México participó, por ejemplo, en la primera Conferencia Internacional de Apoyo a la Estrategia de Seguridad de Centroamérica como parte del "Grupo de Amigos" e impulsó la creación de un grupo de trabajo interinstitucional llamado Grupo de Atención y Seguimiento sobre Seguridad con Centroamérica (GASSCA).

Finalmente, durante este sexenio el tema de la migración en México sufrió un cambio cualitativo. Pasó de ser un asunto que México abordaba principalmente desde la perspectiva de un país expulsor y concentrando su baterías en la relación bilateral con EUA, a ser también un asunto de preocupación y tensiones con los países centroamericanos. La situación de vejación de los transmigrantes centroamericanos en México ha alcanzado niveles críticos. Ello es producto de las políticas de mayor control de los flujos migratorios provenientes de América Central (fincadas en una exigencia estadounidense) sumadas al efecto de las políticas de combate al narcotráfico que han empujado a dichas redes a la diversificación de sus actividades criminales. En todo caso, México tiene ahora un doble incentivo para insistir en la discusión de este tema en los foros regionales americanos y hemisféricos.

4. Conclusiones

A partir de 2006, la Secretaría de Relaciones Exteriores de México fue poco a poco desarrollando una estrategia diplomática de acercamiento con América Latina que, como se vio en estas páginas, incorporó las vertientes bilateral, regional y subregional. Aunque se ejecutó con el tono de sobriedad y cautela que caracterizó a toda la política exterior en este sexenio, acabó siendo más ambiciosa de lo que originalmente cabía esperar. Tomando en cuenta el número de visitas de Estado y de trabajo realizadas por el presidente y la canciller, así como las de sus contrapartes a México, los acuerdos e instrumentos jurídicos internacionales firmados, las entidades o mecanismos multilaterales generados y las candidaturas mexicanas ganadas en el continente americano (ya sea para ocupar cargos en organismos internacionales o para ser sede de eventos multilaterales), no queda duda de que la región recibió en los hechos una atención prioritaria.[209]

---

[209] Como queda claro en los anuales Informes de Ejecución del Plan Nacional de Desarrollo en su sección "Democracia efectiva y política exterior responsable". Por ejemplo, entre diciembre de 2006 y diciembre de 2011 el presidente Calderón realizó treinta y cinco viajes a países de América Latina y el Caribe, ya sea en el marco de las relaciones bilaterales o de

De hecho, la política hacia América Latina es uno de los principales legados del gobierno de Calderón en materia de política exterior, por lo que merece ser evaluada con todo detalle tomando en cuenta: 1) los logros específicos alcanzados en cada una de las áreas temáticas de interés y muy especialmente en la cooperación con América Central, en donde se encuentran encendidas todas las alarmas al finalizar el sexenio; 2) la manera en la que esta renovada proyección regional ha sido aprovechada para fortalecer la posición global de México; y 3) su grado de articulación con otras vertientes importantes de la política exterior como aquellas dirigidas a América del Norte, Asia y Naciones Unidas.

Mientras tanto, si se mide en términos de su objetivo más general -esto es, recuperar espacios de interlocución e influencia de México en la región-, se puede afirmar que esta vertiente de la política exterior del gobierno de Calderón ha sido tendencialmente exitosa. El esfuerzo realizado durante los últimos seis años ha servido efectivamente para mandar la señal de que México es un actor interesado y dispuesto a invertir esfuerzos diplomáticos en la escena de las relaciones internacionales de América Latina, por lo que no se le puede dejar de tomar en cuenta. Dado el peso relativo que reviste el país, eso significaría que en los cálculos de todos los actores la geopolítica regional volvería a ensanchar sus límites septentrionales hasta alcanzar el Río Bravo. Los mecanismos de concertación regional -como la CELAC y la Alianza del Pacífico- creados en estos años así lo señalarían. No obstante, tanto del lado centroamericano como sudamericano se perciben reservas fincadas seguramente en un problema de credibilidad de la diplomacia mexicana: desde los años 1990, la política latinoamericana

---

reuniones multilaterales (aunque curiosamente será el primer presidente mexicano en no visitar Cuba desde Gustavo Díaz Ordaz).

de México ha sufrido tantos altibajos y cambios de ruta que resulta difícil para socios y observadores prever la continuidad de la tendencia actual en el futuro. En ese sentido, sería deseable que el gobierno emanado de las elecciones presidenciales de 2012 mantenga el rumbo, capitalice los avances y se disponga a aprovechar todo el entramado institucional construido, el cual debería empezar a rendir frutos en los años por venir.

El Caribe frente a los cambios globales

Rubén Silié Valdez[210]

Cuando hablamos de la posición del Caribe frente a lo que el argot de las relaciones internacionales ha acuñado como los grandes cambios globales, es muy difícil recoger propuestas únicas, pues en esta zona del hemisferio predomina una situación de falta de cohesión entre los Estados que la integran.

Al hablar del Caribe, lo hacemos desde la perspectiva Gran Caribe, que no se reduce únicamente al rosario de islas ni a la visión fragmentada del colonialismo que establece diferenciaciones en función de la hegemonía de las antiguas metrópolis. En esta visión se reconocen todas las naciones que se encuentran unidas por las aguas del mar Caribe, que es la noción propia de la Asociación de Estados del Caribe (AEC), por cierto, la única entidad caribeña que integra a todos los países sin diferenciación, pues no responde a los particularismos metropolitanos del pasado colonial.

Parte de la estrategia de dominación colonial era el monopolio comercial sobre cada uno de los territorios, con lo cual se cultivó un gran distanciamiento entre las naciones caribeñas. Cada una de ellas, con el paso de los años, terminó relacionándose con la metrópoli de la que dependía y muy escasamente entre las naciones circundantes. De ahí el gran distanciamiento histórico que predominó entre cada uno de los grupos de países: los de habla inglesa, los de habla francesa, los de habla hispana y de habla holandesa. Distanciados entre sí, pero teniendo todos un vínculo directo con las capitales europeas de donde se manejaban los aspectos administrativos de las

---

[210] Embajador de la República Dominicana en la República de Haití.

dependencias coloniales. Incluso los medios de transporte se comunican directamente hacia cada metrópoli, pero nunca de forma directa entre los mismos caribeños, razón por la cual, para el drama de la zona, en ese sentido es que se trata de distancias cortas cubiertas con trayectos largos.

Al hablar de este grupo de islas y países continentales, estamos visualizando un conjunto humano distribuido en un territorio fragmentado y heterogéneo, pero unido por el mar Caribe. Físicamente cercano, pero distante en sus relaciones de vecindad. Se trata pues de una zona geográfica que si bien está unida por la naturaleza, la acción humana sobresale en ella por su diversidad y dispersión, a partir de lo cual, la tarea que nos corresponde es unir lo que está disperso.

Desde el punto de vista histórico, y a diferencia de otras zonas geográficas del hemisferio, el Gran Caribe no es algo que existe en sí mismo; es más bien una propuesta en construcción aprobada por todos los países que lo integran. De este conjunto, los insulares son los que soportaron por más tiempo la dominación colonial y, entre ellos, los hay que apenas tienen tres décadas de vida independiente. Aunque es preciso reconocer que entre todos ellos se encuentra muy arraigada la conciencia nacional independiente y crece la comprensión de que ya no dependen, como antes, de fuerzas externas y ajenas a la subregión.

Si bien esa ha sido la lógica de la historia del Caribe, y si en el pasado la práctica de la política colonialista en el Caribe fue el aislamiento entre sí y la mirada exclusiva hacia las antiguas metrópolis, hoy precisamos la búsqueda de fórmulas integracionistas que contribuyan a una mejor inserción en el mundo internacional, pues la globalización nos impone una agenda cuyo punto de partida es el acercamiento entre las naciones.

No obstante, la tarea de pensar el proceso de integración se ha ido produciendo en función de las afinidades entre los distintos grupos de países. Los de habla inglesa, incluyendo los ubicados en tierra firme (Guyana, Surinam y Belice), formaron el CARICOM, que agrupó quince países y se formó desde 1973. Aunque es preciso señalar que en este grupo se "han efectuado grandes aperturas recientes con la integración de Haití y la aceptación de la República Dominicana, como país observador. Además el CARICOM ha emprendido una política de acercamiento con Cuba desde 1993, para fines de cooperación".[211] Por su parte, los centroamericanos se agruparon en el SICA, desconociendo en gran medida la condición caribeña de una parte de su población. De manera que en este grupo, el sentido caribeño no contaba en el momento de su fundación. Recordemos que todavía en muchos de estos países aun denominan a la costa caribeña como costa atlántica. La República Dominicana fue aceptada en el SICA, en principio bajo la pauta de que de ese modo se establecía un vínculo entre América Central y el Caribe, pero en los hechos la participación de República Dominicana no ha cumplido ese rol, por lo que entendemos que los dominicanos llegaron a SICA más como latinoamericanos que como caribeños, es decir que los dominicanos entraron allí por el Pacífico y no desde el mar Caribe. Quedaron sin integrarse Cuba y Puerto Rico por razones de orden político e ideológico, desde dos perspectivas diferentes.

Paradójicamente, el tema de la integración de los países del Gran Caribe en un solo bloque surge en el debate desde finales de los años 1980, cuando las iniciativas del esquema de cooperación europeo, con el Acuerdo de Lomé IV y la creación del grupo ACP, lanzan hacia esta subregión la idea de agrupar dichos países en un proyecto de integración que facilite una estrategia regional de cooperación entre los europeos y la subregión. Se debe recordar que en esos

---

211 Manigat, Sabine (2010).

años ya surgían las primeras propuestas de integración hemisférica impulsadas por los Estados Unidos, con la propuesta del ALCA.

Es en ese contexto que se desarrolla la idea de crear la Asociación de Estados del Caribe, cuya constitución data del año 1994, con la participación no solo de los países insulares (incluyendo Cuba, Haití y República Dominicana), sino también de los continentales, como México, Venezuela, Colombia y toda América Central. Esta Asociación de 26 países surge como un espacio para la cooperación y la concertación, que si bien no se propone como un esquema de integración, se le imprimió una fuerte vocación integracionista, pensando en que las características afines de los países que la componen podrían en un momento determinado apoyar una fórmula de integración regional.

Si bien podemos decir que desde la AEC se ha logrado un gran acercamiento entre los países y que estos han aprendido a relacionarse entre sí, abandonando en parte el distanciamiento que históricamente habían mantenido, esos avances no han sido tan efectivos como para lograr que ese grupo de naciones establezca criterios propios y compartidos para asumir los temas de la agenda subregional que ellos mismos se han dado.

En el interior de la AEC se valora mucho la utilidad de esta herramienta integracionista en la lucha por reducir los niveles de vulnerabilidad de los países del Caribe, lo cual está demostrado que solo unidos es posible lograrlo. Igualmente sucede con el fortalecimiento de los vínculos internos entre los países para facilitar el acceso y el mejor manejo de la cooperación internacional o regional, sea interna o externa. Pero no se logra avanzar en proyectos que refuercen en la práctica esas convicciones.

La AEC, tras dieciocho años de existencia, no ha logrado conformar un cuerpo propio de ideas ni un conjunto de acciones que le permitan actuar en el contexto internacional con la debida coherencia que reclaman los intereses de los veintiocho países y territorios que la integran. Sus ideas fundacionales no han podido crecer y se podría decir que inexplicablemente han operado con más potencia las fuerzas centrífugas que las fuerzas centrípetas.

Es lamentable que con esta Asociación, la única donde coinciden en verdad todos los países que tienen costas caribeñas, incluyendo Cuba y los territorios franceses en la zona, que como asociados participan activamente desde su especial condición, no se haya podido conformar una verdadera identidad subregional que les permita a los pueblos que la integran actuar como un gran bloque hemisférico.

Es necesario señalar que entre estos países existe un fuerte vacío identitario, pues por ejemplo en el caso de los países centroamericanos, México, Colombia y Venezuela, el ser caribeño no es la principal estampa cultural, por lo cual la aceptación oficial de la caribeñidad no ha permeado lo suficiente las conciencias de sus pobladores como para sentirse plenamente caribeños. Pero incluso, aun estando en la AEC, no es el espacio que esos países privilegian para fijar posición frente a los grandes temas de la agenda internacional.

Por ejemplo, la migración es uno de los temas más relevantes de la zona del Caribe. En primer lugar, porque es una zona compuesta por oleadas migratorias que se fueron instalando en diferentes momentos históricos en todos los territorios, como también por ser una de las áreas que contribuye más fuertemente con la inmigración hacia los países del Norte, incluso cuenta con un activa corriente de migración intrarregional. Sin embargo, en ningún momento los países del Caribe han fijado una posición de conjunto en las sociedades receptoras donde se encuentran los inmigrantes caribeños fuera de la zona o dentro de ella.

La migración en la mayoría de los países caribeños está contribuyendo a un proceso de transnacionalización cada vez más creciente. Sin embargo, en términos políticos todavía es un tabú hablar de soberanías compartidas. El impacto de las diásporas sobre los países emisores de migrantes es fundamental, siendo uno de los principales factores de cambio en una cierta estandarización de la cultura.

En las dos últimas elecciones para escoger al Secretario General de la OEA, se ha visto a los miembros de la CARICOM hacer valer sus quince votos (en este caso no se ha incluido a Haití) negociando posiciones en beneficio de su bloque subregional, a pesar de que no se ha visto a ese grupo jugar un rol importante en la definición estratégica de la organización, por lo que podemos decir que su capacidad de incidencia es de alcance limitado.

Entre las razones que dificultan el fortalecimiento de una voz única para los países de la cuenca del Caribe, y sin pretender profundizar en los detalles, podríamos señalar las siguientes:

A) La herencia histórica del exclusivismo colonial que impuso el distanciamiento entre sus colonias.
B) Las grandes asimetrías que existen entre las economías de los países que conforman la AEC.
C) La existencia de los diferentes bloques de países que funcionan en el interior de la AEC, cuyos disímiles intereses dificultan establecer la debida coordinación en el alcance de los objetivos más generales de la zona.
D) En el llamado grupo de los tres -Colombia, Venezuela y México-, aparte de que la preocupación está centrada en Estados Unidos y América del Sur, se manejan estrategias integracionistas que no siempre gozan de la aceptación de la mayoría de los miembros de la AEC. Esos tres países manejan una política de cooperación unilateral hacia los demás países de la zona, con lo cual no se facilita la construcción de una política de cooperación conjunta. Para el manejo de temas relacionados con la situación internacional, los tres prefieren

negociar bilateralmente con sus pares caribeños antes que en el marco de la entidad que los agrupa.

E) Si bien el grupo CARICOM es el más caribeño de todos, debido a que sus rasgos históricos, culturales y geográficos así lo definen, no cuenta con la fuerza económica y política para convertirse en un polo que ejerza una influencia decisiva sobre el resto de los países de la AEC.

Esta particular situación de ese conjunto de países le impide afrontar como una sola voz la participación en el debate sobre los llamados grandes cambios mundiales, el cual se produce de manera dispersa, por países separados entre sí o por subgrupos de países de los que integran la zona.

Tomando en cuenta únicamente a los países insulares, podríamos decir que el tamaño de sus poblaciones y de sus economías les dificulta incidir de manera decisiva en el curso de las actividades económicas de la zona. La mayoría de ellos se siente atada a la cooperación internacional como mecanismo imprescindible de apoyo al desarrollo. Además, por el predominio del bilateralismo se les hace imposible unificar posiciones que tomadas en conjunto pudieran incidir de forma importante en los organismos internacionales.

Esa gran dispersión de los caribeños contribuye a que si bien no son invisibles en el espectro hemisférico, muy difícilmente son reconocidos como un actor esencial en la definición del curso que deben seguir las relaciones internacionales.

Referencias bibliográficas

Manigat, Sabine (2010), "Construyendo el Gran Caribe", *Revista Procesos Sociales,* núm. 2, FLACSO Panamá, pp. 22-23.

SECCIÓN VI. UNA MIRADA GLOBAL AL HEMISFERIO

Visión desde América Latina sobre la crisis y los cambios en el sistema internacional

Luis Maira[212]

Agradezco a la Secretaría General de FLACSO la invitación para realizar la exposición de cierre de este Seminario en que se han efectuado tantas reflexiones valiosas sobre la situación actual del sistema internacional, tanto en relación con sus actores principales como con las nuevas tendencias y procesos característicos de la posguerra fría.

Mi propósito es efectuar tres series de reflexiones, a partir de las cuales pretendo analizar los principales cambios que se registran en el último tiempo. La primera trata sobre las modificaciones en la situación en América Latina; la segunda, sobre las transformaciones que experimenta Estados Unidos; y la tercera, sobre el impacto específico de la crisis iniciada en setiembre de 2008 y sus efectos en el funcionamiento del orden global.

1. ¿Qué es hoy América Latina?

América Latina nos resulta hoy más que nunca una noción compleja y al mismo tiempo cambiante constituida, por un lado, por elementos permanentes y estables, y por el otro, por rasgos que se van ajustando con el curso del tiempo.

---

212 Investigador y consultor del CIDE.

1.1. Los elementos permanentes y estables que caracterizan a América Latina

Dentro de los elementos permanentes, está todo lo que hace a las raíces y a la historia común que tienen estos veinte países, de los cuales dieciocho son resultado de la colonización española; uno, Brasil -un país continente-, que es la secuela de la colonización portuguesa; y el otro, Haití -el más pobre de la región-, que es proyección de la colonización francesa, la más frágil de las presencias europeas a partir de fines del siglo XV.

Estos veinte países que conforman América Latina comparten en lo esencial una historia común, a pesar de que cada país posee su propia visión de lo que fue la experiencia colonial y de que son distintos los procesos de emancipación y de construcción del Estado-nación. Pero todos se asemejan en ciertos hitos y momentos que se repiten en sus historias.

Un segundo elemento común y permanente es el imaginario y la cultura de estos países. Ellos poseen una trayectoria histórica semejante, un lenguaje y una religión en común, pero además tienen elementos propios de su cultura, de su visión del mundo, de la historia y del quehacer político del Estado y la sociedad que son relativamente homogéneos, dando lugar a experiencias que se transmiten de unos a otros, proceso que es más fuerte entre los Estados más cercanos.

1.2. Los elementos cambiantes en América Latina

Pero a su vez, América Latina muestra como región una dinámica cambiante determinada por elementos que presentan una constante modificación y que se dan esencialmente en planos muy importantes: la determinación de los proyectos políticos, de los modelos económicos y de su forma de inserción internacional.

Para poder evidenciar esta característica cambiante de la región latinoamericana, se pueden examinar algunos momentos clave de nuestra historia reciente Así, si nos concentramos en el cambio de los últimos cincuenta años, podemos tomar primero el momento del triunfo de la Revolución cubana, específicamente el período que va desde el año 1959 (cuando Batista huye de Cuba) a 1962, luego del fin de la crisis de los misiles en que Cuba, que era una amenaza autónoma, pasó a ser un asunto que formaba parte de un acuerdo mayor entre los Estados Unidos y la Unión Soviética en el contexto de la guerra fría. Esta resultó ser la primera gran conmoción de los Estados Unidos en la región latinoamericana, cuando Washington descubrió que a pocos kilómetros de su territorio, la Cuba de Fidel Castro había logrado establecer, y luego consolidar, un proyecto de sociedad aliado de la URSS y del campo comunista.

En respuesta, Estados Unidos, con el presidente John Kennedy, propuso una serie de medidas que buscaban ante todo evitar que proliferaran más experiencias de este tipo en nuestra región. El Programa de la Alianza para el Progreso impulsó una serie de medidas de transformación gradual: propuestas de reformas agrarias, reformas tributarias y reformas educativas, que recogían una retórica que hasta ese momento no había estado presente en la visión de los gobiernos norteamericanos y menos en el gobierno republicano compartido por el general Dwight Eisenhower y Richard Nixon, su vicepresidente , bajo el cual los líderes del Movimiento 26 de Julio habían tomado el poder en la Habana. A partir de ese momento, se buscó en América Latina generar un esquema que modificara la realidad de todos los países latinoamericanos, en un proceso común de modernización y reformas que incluyó tanto a los más prósperos, como la Argentina y Uruguay, como a los más pobres en cuanto al nivel de vida, Nicaragua y Haití. Ahí encontramos, entonces, una primera percepción de la región como un área homogénea en la cual se podía aplicar una misma fórmula en los distintos países.

Veinte años después, se produjo una segunda amenaza: la crisis en América Central, la otra gran conmoción vivida por Estados Unidos durante la guerra fría. Esta vez, el gobierno de Washington buscó como respuesta impulsar una guerra civil subregional, en los años finales de la administración Carter y en los dos períodos de la administración Reagan. Así se planteó en Nicaragua el desalojo de los sandinistas del poder que habían conquistado en julio de 1979, interviniendo directamente en apoyo de aquellos sectores más pronorteamericanos. Luego participó abiertamente en el conflicto civil de El Salvador para impedir el triunfo del Frente Farabundo Martí y también el de la Unión Revolucionaria Nacional de Guatemala. Ahora hallamos otra visión de nuestra región y otro enfoque sobre su homogeneidad. Para ese entonces, América Latina era vista como la suma de seis actores, cuatro subregiones (que habían remplazado en territorios homologables más pequeños la anterior visión de un espacio único continental) y dos *emerging powers* o *middle status powers*, Brasil y México.

Esa lógica de las subregiones fue aplicada en plenitud, y así, América Central fue encapsulada y sus cinco países más Panamá pasaron a ser parte de una política focalizada y sistemática donde tuvo un papel muy importante el Consejo de Seguridad Nacional que determinó los lineamientos centrales que luego aplicó el Departamento de Estado. En esta estrategia, Honduras pasó a ser una especie de portaviones terrestre de la ofensiva de Washington desde donde se articuló el esfuerzo logístico para combatir a los sandinistas y al FMLN. Esta política norteamericana internacionalizó un conflicto armado en una subregión específica. También, y por primera vez, empezaron a tener un papel activo en un conflicto interamericano los países europeos, sobre todo aquellos gobernados por partidos social-demócratas.

Es trascendente destacar en esta época la importancia de la publicación de la correspondencia entre Willy Brandt, Olof Palme y Bruno Kreisky. En ese diálogo, ellos decían dos cosas:

1. La Internacional Socialista no puede ser más una experiencia asociativa solamente europea, se tienen que llevar las ideas de desarrollo y cambios democráticos a otras partes del mundo.
2. El espacio más importante y apropiado para extender estas ideas en el mundo es América Latina, donde muchos países en esos momentos se hallaban asolados por dictaduras militares que comenzaban a entrar en crisis.

En suma, la crisis de América Central -de los años 1980- muestra una segmentación muy distinta y contrapuesta a la que había prevalecido apenas veinte años antes al estallar la Revolución Cubana.

Finalmente, la posguerra fría marca una tercera conceptualización de América Latina, a la que vamos a dar énfasis para reflexionar acerca del cambio en el sistema internacional y el papel que América Latina tiene en él. En este contexto, se afianzará la idea de que ahora no hay una ni varias, sino dos Américas latinas: una América Latina del Norte y una América Latina del Sur, separadas a la altura del canal de Panamá. Esta nueva noción de la región comienza a germinar justo con el cambio del sistema global a partir del fin de la Unión Soviética, pero se termina de afianzar en 2001, luego de los atentados terroristas de Al Qaeda y de las amenazas que proyecta el fundamentalismo islámico para el gobierno y la sociedad norteamericana.

A partir de ese momento, Estados Unidos revisa y cambia la lógica de su política exterior y formula una nueva estrategia de seguridad nacional que es publicada justo un año después de los atentados, en setiembre de 2002. Esta doctrina introdujo diversos nuevos componentes: una lucha global y sin cuartel contra el terrorismo; la existencia de intervenciones militares preventivas; pero posiblemente lo más importante fue una nueva lectura y segmentación de las diversas regiones y los espacios mundiales ordenados ahora según el riesgo que implicaban.

La lectura que el gobierno norteamericano hace a la luz de la lucha contra el terrorismo y de los riesgos que planteaban las distintas regiones del mundo para la seguridad de los Estados Unidos -y especialmente para determinar algo más concreto- incluye las posibilidades de que se pudiera operar desde ellas un apoyo a nuevas acciones militares y actos terroristas que pudieran efectuarse dentro del territorio de Estados Unidos.

Y es muy interesante este ejercicio respecto a América Latina. Aquí existe un área que es crucial como un perímetro geopolítico para los Estados Unidos, y es la que forma la América Latina del Norte: México, los países centroamericanos y del Caribe. Entretanto, los Estados ubicados más al sur se caracterizan por no tener un papel tan influyente y no ser una zona crítica en la percepción neoconservadora de los expertos que trabajaron junto al presidente Bush hijo y su equipo de crisis. Por lo tanto, la América Latina del Sur ha quedado desconectada de los circuitos principales de la lucha contra el terrorismo, mientras la América Latina del Norte ha pasado a estar estrictamente vinculada a este esfuerzo norteamericano.

Esta idea de dos Américas Latina era también -aunque por otras razones- sustentada por Brasil, que siempre ha creído que los países de América del Sur son más homogéneos y pueden emprender procesos de cooperación e integración capaces de darles una autonomía mayor que al conjunto de los veinte países latinoamericanos. Lo concreto es que se afirma esta noción de una América Latina dual, por un lado, desde Washington, y por el otro, desde Brasilia.

Para entender mejor esta distinción, interesa destacar cuáles son las agendas de trabajo y también los elementos que diferencian a estas dos Américas Latinas, la del sur de la del norte.

1.3. Los países de América Latina del norte

El grupo de países de la América Latina del Norte se encuentra esencialmente asociado en la reflexión geopolítica norteamericana al territorio estadounidense en términos de su seguridad. Según documentos del Departamento de Estado, la mayor preocupación que Estados Unidos tiene en este nuevo escenario internacional son sus fronteras con México, no solo su frontera norte, sino también aquella frontera porosa del sur en el río Suchiate, donde limita México con Guatemala. Luego del ataque a las Torres Gemelas y al Pentágono, Estados Unidos asumió, por primera vez en su historia (con la sola excepción de la guerra con Gran Bretaña y la destrucción de Washington en 1814), la necesidad de asumir una lucha en su propio territorio, algo que en las dos guerras mundiales, en Corea y en Vietnam había librado en territorios ajenos al suyo. Este nuevo enfoque valorizó los territorios próximos y llevó a enfrentar a las llamadas maras centroamericanas, la migración masiva al territorio estadounidense de trabajadores indocumentados y a los peligrosos grupos criminales organizados de México como los carteles del narcotráfico.

Por lo tanto, para los Estados Unidos se convirtió en una prioridad "sellar" la frontera y así detener las masivas migraciones de estos países situados al sur de su territorio del mismo modo que a los que buscaban llegar, por vía marítima, desde las Antillas mayores del Caribe.

Otra característica de esta América Latina del Norte es la existencia de un sueño americano, de la búsqueda del acceso a territorio de la Unión, sueño que no está presente en los países del sur del continente, quizá con la sola excepción de ciertas poblaciones ecuatorianas que también se desplazan a Norteamérica y a España en forma masiva.

El tema de las positivas migratorias y de las remesas ha pasado a ser el número uno en la agenda de los países de la América Latina del Norte con Washington. Las remesas, a su vez, se han convertido en un colchón amortiguador del conflicto social. Se han transformado en un subsidio social privado que ayuda a satisfacer necesidades de comida, ropa y traslado de parte de sus poblaciones más atrasadas.

Además, estos países poseen una mayor vinculación productiva industrial con los Estados Unidos, porque el mecanismo de las maquiladoras, que lleva a terminar los productos manufacturados en estos países, ensamblando partes y piezas provenientes de los Estados Unidos, origina un tipo de vinculación que no existe en la América ubicada más al sur. Asimismo, el comercio ha ido construyendo un cordón umbilical muy fuerte entre los Estados Unidos y la América Latina del Norte.

La llamada "integración silenciosa" entre México y los Estados Unidos, que se daba por las maquilas y por el aumento constante del comercio entre ambos países, en la década de 1990 ya representaba cerca del 75% de las exportaciones e importaciones mexicanas. Es importante destacar que los vínculos económicos, industriales y comerciales fueron creando una relación especial muy intensa y una mayor dependencia de México, América Central y el Caribe frente al gran mercado estadounidense.

1.4. Los países de América Latina del Sur

En esta región, a su vez, se pueden identificar en los años recientes dos ciclos políticos muy claros. Uno, de gobiernos conservadores, ultraliberales. Los gobiernos de América Latina fueron en la década de 1990 predominantemente neoliberales en los países del sur: Menem en la Argentina, Fujimori en Perú, Sánchez de Lozada en Bolivia, Collor de Melo en Brasil, entre otros. Los gobiernos de Colombia también fueron conservadores en cualquiera de las alternancias, mientras en Chile, con una coalición de centro-izquierda, la Concertación de Partidos por la Democracia aparecía como la alternativa, más a la izquierda en la política sudamericana de los años 1990.

En los inicios de la década siguiente, se produjo la crisis de estos modelos neoliberales. Muchos de estos gobiernos terminaron con indicadores económicos desastrosos y mayores niveles de pobreza que culminaron con la severa crisis en la Argentina. La segunda década fue así un período en que el péndulo latinoamericano se movió hacia la izquierda y la mayoría de los gobiernos sudamericanos pasaron a ser "progresistas". Lula en Brasil, Kirchner en la Argentina y el Frente Amplio en Uruguay conviven con los regímenes bolivarianos de Chávez en Venezuela, Evo Morales en Bolivia y Correa en Ecuador. Más tarde, esta nueva tendencia se refuerza con el gobierno del obispo Fernando Lugo en Paraguay y el régimen nacionalista de Ollanta Humala en Perú. Este período también coincide con una bonanza económica, que aprovecha el Brasil de Lula. Es un período de vacas gordas que implica un blindaje para estos países latinoamericanos del sur que los deja fuera del impacto que, tradicionalmente, ocasionaban las crisis originadas en los países centrales. También les permite una reducción de la pobreza y nuevos proyectos productivos y de infraestructura.

Otra característica importante es que en el sur de América Latina se buscó aprovechar la mayor autonomía internacional de que gozaban estos países, y se buscó también abrir paso a un proceso de integración que no tuvo lugar en la América Latina del Norte. La integración es un ideal a conseguir dentro del discurso del "progresismo", una propuesta que casi tiene un componente utópico, que viene del "sueño" de Bolívar y del proyecto de Mercado Común Latinoamericano elaborado por CEPAL en 1959.

Para ello, se creó la Comunidad Sudamericana de Naciones, en 2004, luego convertida en la UNASUR. En 2006, los doce jefes de Estado del área decidieron preparar un documento que buscó definir los elementos y tareas de la integración sudamericana.

1. Los doce países de América del Sur representan un continuo de 17.6 millones de km2, es decir, una enorme superficie territorial que es más de los tres cuartos del total de América Latina.
2. La cantidad de recursos energéticos en la región permite el autoabastecimiento energético por un plazo de 75 años.
3. Se cuenta con reservas de minerales estratégicos como el litio, el uranio y también con otros tradicionales como hierro, cobre y estaño, entre otros.
4. También hay abundantes reservas de agua dulce, el 40% del agua dulce del mundo está en América del Sur.
5. Hay espacios marítimos importantes con gran cantidad de recursos pesqueros.
6. Una enorme agrodiversidad que permitiría suplir la demanda creciente de alimentos de países como China y la India, que han sacado del nivel de ingresos básicos e incrementado en 700 millones de personas sus sectores medios. El alza sostenida y estable de los precios de los *commodities* ha planteado en estos países un gran debate sobre el alcance de la "reprimarización"

de sus economías que ha interrumpido la tendencia histórica al deterioro de sus términos de intercambio.

Este nuevo escenario explica el mayor optimismo existente en la parte sur del continente y la visión de haber superado la tradicional dependencia de Estados Unidos para empezar a jugar en un triángulo internacional más cómodo, formado por China e India, Estados Unidos y América del Sur. A diferencia de lo que ocurre en los países del norte, el ascenso de los países emergentes no ha representado una competencia para sus manufacturas de exportación, sino un mercado creciente que ha elevado el valor de los minerales y alimentos que exportan.

El impacto diferente del nuevo perfil del comercio internacional para ambas subregiones de América Latina es otro elemento que se debe tener en cuenta al analizar la región y su actual posición en el entorno global.

Este documento presentado a los jefes de Estado en la Cumbre de Cochabamba en diciembre de 2006 llegó a identificar las cuatro tareas principales que debe tener la integración:

1. Incrementar la conectividad. América del Sur es un espacio desestructurado que debe ser conectado con una red de siete corredores bioceánicos que liguen las cuentas del Atlántico y el Pacífico, lo que exige un vasto plan de caminos internacionales, puertos, aeropuertos, ferrocarriles e hidrovías.

2. La coordinación energética entre los doce países. Un ambicioso programa subcontinental de obras de infraestructura y la trasferencia, a precios justos de mercado, de los excedentes energéticos posibilitarían el adecuado aprovisionamiento energético que demandan, en las próximas décadas, las estrategias de desarrollo de los distintos países de la subregión.

3. La lucha contra la pobreza y la desigualdad. La perspectiva de superar estos dos segmentos de atraso es mucho mayor si se aplican proyectos sociales y productivos que incluyan espacios fronterizos de dos o más países, entre otras cosas, porque el aislamiento es una de las causas de la pobreza y porque las economías de escala mejoran con planes que consideren espacios subnacionales.

4. Insertarse en la sociedad del conocimiento y tener una cooperación efectiva en la innovación y creación en ciencia y tecnología poniendo a trabajar en forma coordinada a las comunidades científicas. La incorporación definitiva de América del Sur a la tercera revolución científico-técnica se hará más eficazmente en base a la cooperación que al conflicto y la competencia, y esto puede ayudar a hacer de esta la cuarta macrorregión económica del mundo de la posguerra fría.

Lo concreto es que en América Latina se plantea, en materia de integración, una doble condición en sus dos espacios territoriales principales, y en el sur se ha afianzado una fuerte convicción de que el referente territorial de la integración es América del Sur y no ya el conjunto de América Latina, por más que la mayoría de quienes plantean este diseño tienen una fuerte vinculación emotiva con la idea de América Latina y quieren seguir manteniéndola en todos los campos en que sea posible, por lo que exaltan, más allá del paralelismo de los esfuerzos productivos, la base de una historia y cultura comunes.

2. Los Estados Unidos

Estados Unidos posee como país una racionalidad consistente y única. Esto hace posible conocer desde las raíces de la sociedad norteamericana hasta la forma en que hoy funciona, una suma encadenada de procesos que corresponden siempre a una perspectiva dinámica y moderna del capitalismo avanzado. Hay que partir, por lo mismo, de la idea de que todo el avance de Estados Unidos es distinto al que muestran las opciones y racionalidades de América Latina.

La frontera que divide a Estados Unidos y México es así más que una simple delimitación territorial. Es la frontera entre dos mundos: el del desarrollo y el del subdesarrollo, el del castellano y el del inglés, el de la cultura anglosajona y el de la cultura latina, entre otros aspectos.

Si se retrocede en el tiempo, se puede observar que esto viene de muy antiguo. Las culturas originarias de América Latina, como la olmeca, la maya, la azteca o la incaica, entre otras, son admirables y están entre las más altas de la humanidad en su tiempo. Por su lado, en Estados Unidos había mucho menos población y culturas nativas más rudimentarias. Después hallamos un proceso en la colonia donde España tiene una administración colonial burocrática, estatal, dirigida por una cantidad de organismos, desde el Consejo de Indias a la Casa de Contratación de Sevilla. Todo acá estaba regulado por el monarca, mientras en Estados Unidos encontramos un proceso moderno y privado, claramente precapitalista. Los organismos que funcionaban como agencias de doblamiento y contratación contrataban ciudadanos libres que por cinco años se iban a trabajar, mediante un contrato de servidumbre, en tareas duras y humildes de tipo agrícola, pero a los cinco años recibían un pedazo de tierra y un capital básico para iniciar una explotación independiente. Entonces las colonias norteamericanas se convirtieron en un espacio de formación ciudadana, donde la sociedad civil era muy poderosa y donde se fue generando la base de lo que será luego una exitosa nación independiente. En cambio, entre nosotros se tuvo que inventar desde cero el proyecto para lograr la independencia de las colonias latinoamericanas y poner en marcha a los nuevos países.

Los colonos ingleses que atravesaron el Atlántico lo hicieron trayendo el capitalismo en sus huesos. Tenían consigo todos los elementos de la preparación de lo que fue la primera Revolución Industrial. Por lo tanto, lo que se llegó a consolidar en las trece colonias fue un reflejo de lo que había en la metrópolis inglesa, en el Viejo Continente. La independencia de estas colonias inglesas en 1776 es producto de un proceso en el cual se venía adiestrando a los colonos con mucha anterioridad. Estos ciudadanos tenían líderes con un dominio de lo que se le conocía como la "ciencia del gobierno". Presidentes como James Madison, Thomas Jefferson o John Adams eran personas educadas en la teoría liberal de la época y además tenían la idea de establecer una nación moderna, porque Estados Unidos fue la primera nación moderna en el mundo, favorecida por no tener las rémoras de un pasado feudal.

Mientras tanto, en América Latina existían luchadores militares admirables, pero que no poseían los conocimientos en esta ciencia del gobierno. Por lo tanto, en Estados Unidos se da antes una sólida construcción institucional, sintetizada en la Constitución de Filadelfia en 1787; segundo, tuvieron un proyecto nacional y una estrategia de desarrollo, que indicaba que sabían a dónde querían ir y se pusieron como meta homologar los desarrollos más avanzados de su época, que en ese momento eran los avances británicos. Logran mantener una política aislacionista prácticamente en todo el siglo XIX, que solo concluyó en 1898 cuando se desata la guerra hispano-estadounidense. Lo interesante a destacar es que al mismo tiempo que desarrollan una política expansionista para formar un país bioceánico y de alcance continental, también se reservan la alternativa de participar o desentenderse de los conflictos de los demás países.

Estados Unidos alcanza su cénit en los llamados "veinticinco años gloriosos", en el cuarto de siglo posterior a la Segunda Guerra Mundial. En ese tiempo, Estados Unidos se convierte en la primera economía del mundo, en la primera potencia militar del planeta, en la mayor potencia en el sistema internacional. Entonces Washington controlaba todo y se convirtió en un modelo a imitar por la mayoría de países del sistema internacional.

El inicio de su declinación -en todo caso, relativa y muy gradual- se produce con las crisis de inicios de los años 1970, el fin de la paridad entre el oro y el dólar, la derrota en Vietnam, que se convierte en la primera derrota militar de los Estados Unidos, la inexplicable recesión con inflación de 1974 y 1975, el bloqueo del petróleo de los países árabes que encarece el petróleo, después de la guerra de Yom Kipur. Todo esto marca momentos de mayor inseguridad norteamericana e inicia para Estados Unidos el aprendizaje de su declinación.

3. El proceso de declinación gradual de los Estados Unidos en el marco de la crisis de 2008 y el sistema internacional

Luego de una fuerte recuperación que coincide con el fin de la guerra fría y la desaparición de la Unión Soviética, Estados Unidos comienza a hacer frente, al concluir la primera década del siglo XXI, a nuevas dificultades. La crisis económica y financiera de 2008 es una crisis del primer mundo, de los países desarrollados. Tiene su epicentro en *Wall Street* y es, en concreto, una crisis norteamericana extendida a Europa, Japón y al mundo desarrollado que, esta vez, encontró a América Latina mejor blindada, porque los gobiernos del sur hicieron un mejor trabajo al conseguir manejar los equilibrios macroeconómicos: ahora tenían más reservas, menos inflación y más ahorros que en ninguna otra época de la historia. Sin embargo, aún no sabemos si podrán mantener ese ritmo dinámico o cuánto acabará por afectarlos la recesión de los países centrales si se prolonga o agudiza.

En el libro de Paul Kennedy *Auge y caída de las grandes potencias*, el autor hace una reflexión fundamental: después del fin de un orden internacional determinado, no viene, de inmediato, otro orden internacional de reemplazo, sino un tiempo de transición donde se van acomodando y organizando las piezas de lo que será un sistema internacional de relevo.

Lo asombroso de estos veinte años de posguerra fría -iniciados con el fin de la URSS, en 1991- es que se han tenido varias apariencias del comienzo de nuevas eras, varios *New Beginnings*. Se parte en un mundo unipolar, donde la supremacía estadounidense es notable. Posteriormente, ocurren los atentados de septiembre de 2001, que hacen que los Estados Unidos se enfrenten a un nuevo enemigo difícil de encarar, pues no es un Estado, sino una red de entidades fundamentalistas privadas que lo llevan a entrar en una guerra contra el terrorismo que es algo sustancialmente distinto a lo que como superpotencia habían conocido hasta ese momento. Y en medio de esta guerra, viene la recesión económica que se inicia en setiembre de 2008, cuando uno de los bancos más antiguos y consolidados de Estados Unidos, *Lehman Brothers*, quiebra a mediados de ese mes.

El célebre historiador Eric Hobsbawm pronunció entonces una frase muy lúcida que poco tomaron en cuenta: “La recesión que se ha desatado en Estados Unidos es para el mundo capitalista y para *Wall Street* el equivalente de lo que la caída del Muro de Berlín fue para los sistemas del mundo comunista”. Era usual al principio desconsiderar esta recesión y verla como una más, como muchas de las que ya había habido. Sin embargo, Paul Krugman, al igual que Hobsbawm, advirtió que esto era un fenómeno de gran profundidad y envergadura, que iba a durar por mucho tiempo y que tenía la potencialidad de reestructurar el sistema internacional. El tiempo les dio la razón. Esta crisis, luego de una apariencia de remisión, ha aumentado los niveles de pobreza y desigualdad de una manera inquietante en los Estados Unidos. Lo mismo ocurre en los países europeos donde hay un desajuste financiero y encontramos severos efectos en el campo ético, algo que también forma parte de esta recesión.

En conclusión, se continúa viviendo, en la esfera internacional, con el mismo orden institucional que dejaron los acuerdos del final de la Segunda Guerra Mundial, en Bretton Woods para lo económico y en San Francisco para lo político. La gran complicación es que este es un orden obsoleto, incompatible con el mundo de la globalización y la posguerra fría.

En este contexto, se pueden identificar tres efectos sustantivos que ha tenido esta gran recesión iniciada en 2008:

1. Esta crisis ha consolidado el fin del unilateralismo norteamericano en el sistema internacional. Ahora, un bloque alternativo de países emergentes tiene un poderío homologable al de los Estados Unidos y el Grupo de los Siete. Por lo tanto, tendremos en adelante un mundo capitalista más complejo donde habrá un segundo núcleo heterogéneo de países (el BRICS) que cada vez irá teniendo un poder económico y un peso internacional que competirá con el de los países desarrollados.

Un tema central que se está discutiendo en los Estados Unidos se refiere a la proyección que hizo el *Brookings Institute*, que estimó que para mayo de 2027 China sobrepasaría el tamaño económico y del PIB de Estados Unidos, dato que ha sido corregido a un plazo más corto a raíz de las situaciones de la crisis. Estados Unidos tuvo en la primera década del siglo XXI un 2% de crecimiento del PIB, mientras que China alcanzó un 10,3% de crecimiento. A pesar de que la economía China puede sufrir ahora altibajos, su nivel de crecimiento se mantiene muy por encima de la economía estadounidense. Y la potencialidad de sus acuerdos es superior. Las alianzas que China ha hecho con Rusia (con su arsenal nuclear y su intento por rejuvenecer su crecimiento), con la India (especialmente dinámica en el campo informático), y con Brasil (que es la primera súper potencia que existe en el subcontinente sudamericano) van a aumentar su impacto en la región sudamericana.

Ahora encontramos allí un nuevo balance de fuerzas. En 1926, la economía argentina era el doble de la economía brasileña, hoy día la economía argentina es apenas la cuarta parte de la economía de Brasil. Por lo tanto, Brasil es el gran actor económico y político de la región sudamericana, controla más del 50% del territorio del subcontinente, su economía tiene una cantidad similar de productos que los otros once países juntos, y dispone de una Cancillería inteligente y bien organizada para sus nuevas tareas de potencia emergente.

En suma, el balance de poder mundial ha cambiado: Estados Unidos y el bloque de países desarrollados han ralentizado su avance y se hallan desafiados por actores emergentes que tienen un gran espacio y seguirán creciendo en los próximos años a un ritmo más rápido que el de los países tradicionales.

2. Estados Unidos ha visto reducirse su margen de maniobra en el sistema internacional. El gobierno en Washington puede hacer ahora menos cosas para mantener su hegemonía internacional que antes.

Michael Mandelbaum, en su libro *The Frugal Superpower*, explica que Estados Unidos tendrá en adelante un margen reducido de maniobra en el mundo. Sigue disponiendo de un gran poderío internacional, pero ya no tiene los mismos recursos para hacer una política imperial. Se le disparó la deuda externa, que ya se acerca al monto de su PIB; está afectado por el enorme déficit comercial, por el déficit de la balanza de pagos, por los problemas internos que tiene para la coordinación de sus actores públicos y privados, y por los mismos problemas ocasionados por la crisis económica que lo ha obligado a enfocarse más en el enfrentamiento de las situaciones domésticas. Por lo tanto, Estados Unidos es una potencia con límites, y para usar la frase empleada por Song Xiaoping, "sostiene diez pulgas con diez dedos". Es decir, no tiene mucha capacidad para desplazarse y tomar opciones distintas de aquellas en las que está situado. Estados Unidos es poderoso, influyente, tiene una supremacía científico-tecnológica indudable, y va a seguir siendo *primus inter pares*. Pero ya no es el poder unipolar que dirige a su arbitrio el mundo, por lo que tiene cada vez más que funcionar de acuerdo a una geometría variable en su relación con otros actores influyentes, que tienen otros proyectos y comienzan a desafiar cada día más su conducción.

3. La perspectiva política para Estados Unidos no es solo la de una crisis prolongada en sus efectos, sino que además plantea una complicación adicional: es el descrédito ético que el curso de esta recesión ha traído al modelo americano y al capitalismo en general. Otras crisis no tuvieron este efecto, esta sí.

"Estados Unidos vive bajo una codicia desenfrenada". Esto no es una frase de Ahmadineyad, tampoco de Hugo Chávez, es una frase del presidente Barack Obama. Paul Krugman dice: "Vivimos un espectáculo obsceno, el de la distribución de los costos de la recesión dentro de Estados Unidos". Esta es la única crisis que ha sido acompasada por fenómenos de imagen, algo que importa mucho por la nueva condición mediática del mundo. Estados Unidos nunca había tenido actores que medraran de esta crisis.

Los mismos ejecutivos que la provocaron se enriquecen con ella y no pagan ningún costo, porque Estados Unidos tiene que sostener el sistema financiero y su quiebra sería más dramática que la no ayuda. En consecuencia, los primeros que se han beneficiado con los subsidios que el gobierno otorga a las empresas en dificultades son los mismos directores y administradores que provocaron la situación que las llevó a la quiebra, en septiembre de 2008.

The Economist dice: "El 1% más rico del mundo, 70 millones de personas, controla el 43% del producto mundial, mientras el 10% más rico controla el 85% del producto mundial". Estados Unidos vive hoy en la actualidad el deterioro de su prosperidad, ha dejado atrás la imagen de "sociedad de la abundancia" que tuvo en los años 1960 y 1970. Hoy tiene más pobres de los que nunca tuvo en su historia, 47 millones, según lo indicó el Departamento de Estadística de ese país, y tiene también más desigualdad que en cualquier otro período previo. (Con todo, su índice de Gini es 0,46, un índice que resulta envidiable en América Latina, donde solo Uruguay no es un país de alta desigualdad. Todos los demás países latinoamericanos están sobre 0,50.)

En conclusión, la desigualdad no es un fenómeno privativo de Estados Unidos, donde ha crecido mucho, sino que empieza a ser un problema crucial a escala global cuyas repercusiones se manifiestan con gran fuerza en muchos países de América Latina. Chile actualmente tiene un escándalo en una multitienda, La Polar, que le renegoció unilateralmente las deudas a sus clientes y estas fueron subidas cuatro o cinco veces el monto de la deuda original.

Lo más sorprendente de la situación latinoamericana es que, a pesar de que ha perdido vigencia el proyecto neoconservador y se desvanece la arrogancia inverosímil de sus líderes, pierden validez muchos de sus instrumentos de política económica, como la desregulación que exigía que todo se ajustara en el mercado. Sin embargo, se advierte que los sectores que tienen un pensamiento alternativo son capaces de mostrar a la sociedad el nexo que existe entre esas visiones neoconservadoras y la responsabilidad de la crisis. Hasta ahora no se muestran capaces, en ningún país de la región, de mostrar la culpa que cabe a los ideólogos de la derecha radical en los altos costos que han debido pagar los sectores de ingresos medios y bajos de nuestros países. Mucho menos encontramos las ideas y el proyecto alternativo para conducir a la superación de la crisis.

De esta manera, este es un tiempo difícil para Estados Unidos y los países desarrollados. Pero también va a ser difícil para quienes viven en la América Latina, del norte o del sur. Probablemente, la única diferencia sea que para nosotros este es también un tiempo de expectativas si logramos mantenernos fuera del impacto que situaciones catastróficas pudieran proyectar desde Europa y América del Norte.

Relación de autores

Song Xiaoping. Profesor y economista del Instituto de América Latina, Academia de China de Ciencias Sociales. Vicepresidente de la Asociación Nacional de China de Estudios Latinoamericanos. Miembro permanente del Consejo del Centro de Estudios sobre el Socialismo Mundial, Academia de China de Ciencias Sociales. Graduado de el Colegio de México y de la Universidad de la Habana. Profesor visitante de la Universidad del Salvador de Argentina.

Günther Maihold. Sociólogo y politólogo. Posee el grado de Doctor por la Univeridad de Regensburg, donde se desempeñó como investigador en *Institute for Scientific Policy and Public Law.* Desde septiembre 1999 es profesor en el Instituto de Estudios Latinoamericanos de la Universidad Libre de Berlín. Desde julio de 2004 es el Subdirector del Instituto Alemán de Política Internacional y Seguridad, *Stiftung Wissenschaft und Politik* (SWP), Berlín; actualmente es titular de la Cátedra Guillermo y Alejandro de Humboldt en el Colegio de México y la UNAM. También se desempeñó como Presidente de la Asociación Alemana de Investigación sobre América Latina (ADLAF). Entre sus publicaciones más recientes se encuentran, "Crimen organizado y seguridad en América Latina", en *Política Exterior,* vol. 25, núm. 143, 2011; "A Format in Search of Substance - An Overview of Relations between the EU and Latin America in a European Perspective", en Birte Klemm,

Niu Haibin (eds.), *China, the EU and Latin America : current issues and future cooperation.* SIIS, FES [Shanghai], 2011; "Reorientación y diversificación: América Latina entre nuevas oportunidades y viejos legados", en Dörte Wollrad; Günther Maihold; Manfred Mols (eds.), *La agenda internacional de América Latina: entre nuevas y viejas alianzas*, Buenos Aires, 2011.

Arturo Valenzuela. Profesor Titular de Ciencias Políticas y director fundador del Centro de Estudios Latinoamericanos de la Universidad de Georgetown en Washington DC, Estados Unidos. Es especialista en los orígenes y consolidación de los procesos democráticos y las relaciones entre Estados Unidos y América Latina. El presidente Barack Obama lo nombró Subsecretario de Estado para el hemisferio Occidental, cargo que ocupó hasta agosto del 2011 cuando regresó a Georgetown. En el segundo gobierno del presidente William Clinton se desempeño como Asesor Especial del Presidente y Director Jefe para asuntos Interamericanos en el Consejo de Seguridad Nacional de la Casa Blanca, mientras que en el primer gobierno del mismo fue Subsecretario de Estado Adjunto para Asuntos Interamericanos con especial responsabilidad de la relación EE.UU.-México. Se ha desempeñado como asesor de empresas transnacionales.

Francisco Carrión. Profesor Asociado del Programa de Relaciones Internacional FLACSO, Ecuador. Fue Embajador de Ecuador ante Naciones Unidas. Doctor en Ciencias Internacionales, con especialización jurídico-diplomático, de la Universidad Central del Ecuador. Tiene una amplia experiencia en la diplomacia ecuatoriana. Ministro de Relaciones Exteriores de Ecuador (2005-2007), Embajador de Ecuador en España (2000-2005), Viceministro de Relaciones Exteriores (1998-2000). Es representante del Presidente de la República para la Iniciativa Yasuní-ITT. Miembro de las comisiones negociadoras de paz con Perú (1996-1998). Subsecretario de Soberanía Nacional del Ministerio de Relaciones Exteriores de Ecuador (1996-1998). Designado Embajador de Carrera del Servicio Exterior del Ecuador (1996). Encargado de Negocios a.i. del Ecuador en Londres (1991-1996). Asesor y Coordinador Diplomático del Presidente de la República (1988-1991). Funcionario de carrera del Servicio Exterior del Ecuador desde 1974. Director General del Observatorio Andino de Política Exterior (2009). Investigador asociado de FLACSO-Ecuador. Columnista de importantes diarios y revistas. Es miembro de Comités Directivos de importantes organismos nacionales e internacionales. Ha sido conferencista invitado en numerosos seminarios y universidades internacionales. En sus funciones como Ministro, Viceministro y funcionario diplomático ha participado en representación del Ecuador en múltiples reuniones internacionales relacionadas con la solución de conflictos, temas migratorios, de integración, de desarrollo fronterizo, entre otros. Ha sido condecorado por Brasil, Chile, Perú, Francia, España y Portugal.

Olaya Hanashiro. Ph.D. en Ciencia Política por la *London School of Economics and Political Science* (LSE). Graduada en Ciencias Sociales y Magíster en Ciencias Políticas por la Universidad de San Pablo (USP). Fue profesora-investigadora de la Facultad Latinoamericana de Ciencias Sociales (FLACSO-Sede Ecuador), donde coordinó el Programa de Relaciones Internacionales. Actualmente es investigadora asociada del Forum Brasileño de Seguridad Pública. Sus áreas de trabajo son relaciones internacionales, con énfasis en derechos humanos e integración regional, y política comparada, con énfasis en democracia y estado de derecho. Profesora e investigadora de la FLACSO-Sede Ecuador.

José Antonio Sanahuja. Doctor en Ciencias Políticas, es profesor titular de Relaciones Internacionales en la Facultad de Ciencias Políticas y Sociología (Universidad Complutense de Madrid), Vicedecano de Investigación y Doctorado de dicha Facultad, y director del Departamento de Desarrollo y Cooperación del Instituto Complutense de Estudios Internacionales (ICEI). Ha sido investigador o consultor de la Comisión y el Parlamento Europeo, el Ministerio de Asuntos Exteriores y de Cooperación de España, y distintas ONG. En dos períodos distintos ha sido nombrado Vocal Experto del Consejo de Cooperación al Desarrollo (órgano asesor de la Secretaría de Estado de Cooperación Internacional). Ha publicado diversos trabajos sobre relaciones internacionales, cooperación internacional al desarrollo, integración y regionalismo en América Latina, y las relaciones de la Unión Europea con Latinoamérica.

Thomas Legler. (Ph.D. *York University*) es Profesor de Relaciones Internacionales en la Universidad Iberoamericana en Ciudad de México. El Dr. Legler es considerado un especialista en política y desarrollo de América Latina. Dr. Legler ha sido observador electoral con el Centro Carter, la OEA y organizaciones de la sociedad civil en la Argentina, República Dominicana, Ecuador, México, Nicaragua, Perú y Venezuela, así como consultor para la Comisión de la Verdad y la Reconciliación de Honduras. Ha sido profesor en la Universidad Mount Allison, la Universidad de Victoria, y la Universidad de Toronto. Es miembro del Sistema Nacional Mexicano de Investigadores, nivel II. Es coautor de *Intervention without Intervening?: The OAS Promotion and Defense of Democracy in the Americas* (Palgrave MacMillan, 2006). También es coeditor del volumen *Promoting Democracy in the Americas* (Johns Hopkins University Press, 2007), el cual fue nominado para la Universidad de Georgetown Lepgold Book

Prize y el Premio APSA de Democracia Comparativa. Sus escritos han sido publicados en *Global Governance, Journal of Democracy, Democratization, Latin American Politics and Society, International Journal, Canadian Foreign Policy, Foreign Affairs Latinoamérica, Pensamiento Propio*, y en otros espacios reconocidos internacionalmente. Actualmente está preparando como coeditor un número especial sobre el décimo aniversario de la Carta Democrática Interamericana para la revista internacional arbitrada *Latin America Policy* (mayo de 2012).

Francisco Rojas Aravena. Secretario General de FLACSO (2004-2012). Doctor en Ciencias Políticas, Universidad de Utrecht, Holanda. Máster en Ciencias Políticas, FLACSO. Especialista en Relaciones Internacionales y Seguridad Internacional. Secretario General de FLACSO (2004-a la fecha). Director de FLACSO-Chile (1996-2004). Fue profesor en la Escuela de Relaciones Internacionales de la Universidad Nacional de Costa Rica (UNA). Fue profesor de la Universidad de Stamford en su campus de Santiago, Chile. Profesor invitado del Instituto de Estudios Internacionales de la Universidad de Chile y la Academia Diplomática "Andrés Bello", Chile. Como profesor Fulbright se desempeñó en el *Latin American and Caribbean Center* (LACC) en la *Florida International University*, Miami, Estados Unidos. Forma parte del Consejo Consultivo para América Latina del *Open Society Institute* (OSI). Ha efectuado trabajos de asesoría y consultoría para diversos organismos internacionales y gobiernos de la región. Es miembro de la Junta Directiva de *Foreign Affairs* en español, México, del Consejo Asesor de la revista *Pensamiento Iberoamericano*, España y del Comité Editorial de la revista *Ciencia Política* de la Universidad Nacional de Colombia. Es autor y editor de más de medio centenar de libros. Entre sus últimas publicaciones, destacan Francisco Rojas Aravena (coordinador),

Iberoamérica: distintas miradas, diferentes caminos para metas compartidas. El bienestar y el desarrollo. Aportes a la XXI Cumbre Iberoamericana, FLACSO Secretaria General, San José, Costa Rica, 2011 (www.flacso.org); Francisco Rojas Aravena y Andrea Álvarez Marín (editores), *América Latina y el Caribe: Confianza, ¿un bien escaso?* Editorial Teseo, Buenos Aires, Argentina, 2011 (www.editorialteseo.com); Francisco Rojas Aravena y Andrea Álvarez Marín (editores), *América Latina y el Caribe: Globalización y conocimiento. Repensar las Ciencias Sociales*, Montevideo, Uruguay, 2011 (www.flacso.org ywww.unesco.org.uy); Francisco Rojas Aravena (editor), *América Latina y el Caribe: Multilaterialismo vs Soberanía: la Construcción de la comunidad de Estados Latinoamericanos y Caribeños*, Editorial Teseo, Buenos Aires, Argentina, 2011 (www.editorialteseo.com); Francisco Rojas Aravena, *VII Informe del Secretario General de FLACSO. La Década Latinoamericana. Hacia el desarrollo regional. El Estado que necesitamos*, FLACSO Secretaria General, San José, Costa Rica, 2011 (www.flacso.org).

Manuela Mesa. Directora del Centro de Educación e Investigación para la Paz (CEIPAZ), de la Fundación Cultura de Paz. Presidenta de la Asociación Española de Investigación para la Paz (AIPAZ). Dirige el anuario de CEIPAZ sobre paz y conflictos. Sus líneas de investigación actuales se centran en violencia social y transnacional en América Latina y el papel de la sociedad civil en la construcción de la paz. Profesora y docente en diversos máster, cursos y seminarios. Miembro del Comité Internacional de la red Global *Action to Prevent War* y del Comité de Expertos sobre el *Peace Index*. Entre sus últimas publicaciones- Manuela Mesa (coord.), *El mundo a la deriva*, Anuario CEIPAZ 2011-2012; *1325 mujeres tejiendo la paz* 2010; *Claves para entender la violencia de carácter transnacional en*

Centroamérica (2009); y *Diagnóstico de la Educación para el Desarrollo en España* (2011).

Juany Guzmán. Coordinadora Académica Regional de la Facultad Latinoamericana de Ciencias Sociales (FLACSO), Secretaría General de FLACSO. Doctora en Ciencias Políticas y Sociología por la Universidad Complutense de Madrid. Docente e Investigadora en la Escuela y la Maestría de Ciencias Políticas, el Doctorado en Gobierno y Políticas Públicas, en los Posgrados de Administración Pública y Administración Universitaria, y el Instituto de Investigaciones Sociales (I.I.S.) de la Universidad de Costa Rica (U.C.R.). Entre sus publicaciones más recientes se encuentran, "El binomio gobernanza y convivencia política", "Gobierno Municipal y Seguridad Ciudadana en Centroamérica y República Dominicana: cuatro temas para la reflexión", "Cooperación horizontal: nuevas formas de interacción de Costa Rica con la región centroamericana".

Josette Altmann Borbón. Historiadora y politóloga. Coordinadora Regional de Cooperación Internacional y Directora del Observatorio de la Integración Regional Latinoamericana (OIRLA) de la Secretaría General de FLACSO. Profesora en la Facultades de Ciencias Sociales y Educación de la Universidad de Costa Rica. Miembro de la Comisión de Estudios de Pos Grado en Evaluación Educativa de la Universidad de Costa Rica. Ha publicado y colaborado en diversos libros. Entre sus últimas publicaciones se destaca, Altmann Borbón, Josette *et al.*, *Perspectivas de desarrollo y coincidencias para la transformación del Estado*, FLACSO-Secretaría General/AECID, 2011; Altmann Borbón, Josette (ed.), *América Latina y el Caribe: Alba: ¿Una Nueva Forma de Integración Regional?* Editorial Teseo, FLACSO Secretaría General; Altmann Borbón, Josette, "Desarrollo: medio y fin para la gobernanza y la convivencia democrática", en

Rojas Aravena, Francisco (coord.), *Iberoamérica: distintas miradas, diferentes caminos para metas compartidas. El bienestar y el desarrollo,* FLACSO/AECID, 2011; Altmann Borbón, Josette y Rojas Aravena, Francisco, "La década latinoamericana: Integración y multilateralismo para el desarrollo", en Altmann Borbón, Josette *et al.*, *Perspectivas de desarrollo y coincidencias para la transformación del Estado,* FLACSO-Secretaría General/AECID, 2011; Altmann Borbón, Josette, "Integración Latinoamericana: Historia de crisis Inacabadas". En: Rojas Aravena; Francisco y Álvarez Marín, Andrea, *América Latina y el Caribe: Globalización y conocimiento. Repensar las Ciencias Sociales.* Además es autora de numerosos artículos publicados en revistas profesionales y académicas, entres sus más recientes se encuentran, Altmann Borbón, Josette, "Múltiples iniciativas de la integración", en *Revista ATENEA*, año IV, núm. 27; Altmann Borbón, Josette, "Entre la unión y la desunión: Alcances y limitaciones de la integración centroamericana", en *IdeAS Journal. Idées d'Ameriques* 1-2011; Altmann Borbón, Josette, "The Bolivarian Chavez effect. Worth a second look", en *Canada Watch,* 2010; Altmann, Borbón, Josette (ed.), *América Latina: Caminos de la integración regional,* San José, Costa Rica, FLACSO, 2012.

Abraham Stein. Director del Departamento de Defensa y Seguridad Hemisférica de la Secretaría de Seguridad Multidimensional de la Organización de los Estados Americanos (OEA). Ha desempeñado el cargo de Secretario Adjunto de Seguridad Multidimensional así como de Secretario Ejecutivo Adjunto de la Comisión Interamericana para el Control del Abuso de Drogas de la Organización de los Estados Americanos (CICAD) desde el año de 2003. Así mismo, ha colaborado con la Comisión de Seguridad Hemisférica del Consejo Permanente de la OEA. Antes de formar parte de la OEA, se desempeñó como Oficial a Cargo y de Programas de la Oficina Regional para México y Centroamérica de las Naciones Unidas contra las Drogas y el Crimen (ONUDD). Ha colaborado con Instituciones gubernamentales y no gubernamentales en el área de prevención de Consumo de Drogas, Readaptación y Reinserción Social. Igualmente ha colaborado como asesor en políticas estratégicas y Desarrollo Organizacional en diferentes instituciones privadas.

Juan Emilio Cheyre. Es el Director del Centro de Estudios Internacionales de la Pontificia Universidad Católica de Chile. Doctor en Ciencia Política y Sociología por la Universidad Complutense. Magíster en Ciencia Política con mención en RR II por la Universidad Católica de Chile. Fue Comandante en Jefe del Ejército de Chile entre 2002-2006. Autor de libros y artículos especializados en temas de Estrategia, RR II, Geopolítica, columnista en los principales medios escritos de Chile.

David Scott Palmer. BA Dartmouth, MA Stanford, Ph.D. Cornell. Profesor titular de Relaciones Internacionales y Ciencias Políticas de la Universidad de Boston, y director fundador de su programa de estudios latinoamericanos. Anteriormente desempeño el cargo de Director de Estudios Latinoamericanos y del Caribe y Vice Decano de la escuela de estudios del área del Instituto de Servicio Exterior del Departamento de Estado de los EEUU. Es autor de varios libros, entre ellos *U.S. Relations with Latin America during the Clinton Years* (2006), y coautor, con David Mares, *de Power, Institutions, and Leadership in War and Peace: Lessons from Peru and Ecuador,* 1995-1998 (2012). Sigue como consultor para el Departamento de Estado y el Consejo Nacional de Seguridad, entre otras actividades profesionales.

Hal Klepak. Profesor emérito de Historia y Estrategia del *Royal Military College of Canada*. Habiendo servido como oficial de infantería en *The Black Watch of Canada*, regimiento del cual se jubiló como teniente coronel comandante. Se dedicó a la enseñanza universitaria en *Le Collège Militaire royal de Saint-Jean*, la *Université de Montréal*, la Universidad Queen's y el *Royal Military College*. Posee un BA en Relaciones Internacionales de la Universidad McGill en Montreal y obtiene su maestría y doctorado de la Universidad de Londres, ambos en Historia Latinoamericana. Trabajó también como analista estratégico por ocho años con el ministerio de defensa de Canadá y con el cuartel general de la OTAN. Ha enseñado como profesor invitado en la Universidad de Oxford. Es miembro del Consejo de RESDAL, la Red de Seguridad y Defensa en América Latina. Ha publicado ocho libros y numerosos artículos sobre cuestiones de defensa y seguridad en la región. Su último libro se titula *Raúl Castro: estratega de la defensa revolucionaria de Cuba*, Buenos Aires, Le Monde Diplomatique/Capital Intelectual, 2010.

Natalia Saltalamacchia. Docente e investigadora en el Departamento Académico de Estudios Internacionales del ITAM (México). Es egresada de la Licenciatura en Relaciones Internacionales del ITAM, obtuvo el grado de maestría por *Jonhs Hopkins University* y es doctora por la Universidad Complutense de Madrid. Su libro más reciente es Derechos humanos en la política exterior. Seis casos latinoamericanos, Miguel Ángel Porrúa/ITAM, 2011, coordinado con Ana Covarrubias.

Rubén Silié. Embajador de la República Dominicana en la República de Haití. Es además sociólogo y posee una maestría en Ciencias del Desarrollo del Instituto de Desarrollo Económico y Social (IEDES). Fungió como

Secretario General de la Asociación de Estados del Caribe (AEC) y fue Director de la Facultad Latinoamericana de Ciencias Sociales (FLACSO)/ Programa República Dominicana. Ha sido autor y editor de más de veinte libros. Entre sus más recientes publicaciones se encuentra *Intra-Caribbean Migration and the Conflict Nexus, Encuesta Sobre Inmigrantes Haitianos en República Dominicana, Hacia una Nueva Visión de la Frontera y de las Relaciones Fronterizas y Una Isla para Dos.*

Luis Maira. Abogado, investigador y político chileno. Fue diputado de la República de Chile y ministro de Planificación y Cooperación de Chile en la administración del presidente Eduardo Frei Ruiz-Tagle. Además fue embajador de Chile en Argentina. Realizó sus estudios en leyes en la Universidad de Chile. Ha realizado cursos de relaciones internacionales en las universidades de Oxford y Bristol, y en la Universidad Nacional Autónoma de México (UNAM). Se desempeñó como director del Instituto de Estudios de Estados Unidos en el CIDE, también como profesor de la UNAM, de la Universidad Católica de Rio de Janeiro y en las sedes de FLACSO en México y Buenos Aires. Ha publicado una destacada cantidad de artículos y trabajos, entre los que se destacan *Superando la Pobreza, Construyendo la Equidad; Chile la transición interminable; Chile-México, dos transiciones frente a frente* (coautor).

www.ingramcontent.com/pod-product-compliance
Lightning Source LLC
LaVergne TN
LVHW090547110826
845146LV00001B/48

* 9 7 8 9 8 7 1 8 6 7 4 8 6 *